Uta Krukowska

KRIEGSVERSEHRTE

Allgemeine Lebensbedingungen und medizinische Versorgung deutscher Versehrter nach dem Ende des Zweiten Weltkrieges in der Britischen Besatzungszone Deutschlands

-

dargestellt am Beispiel der Hansestadt Hamburg

Das Foto auf dem Umschlag wurde von Gerhard Mingram - *Germin* - nach 1945 aufgenommen. Es zeigt einen beidseitig beinamputierten Mann in einem Handwagen.

(Bildarchiv im Denkmalschutzamt der Kulturbehörde Hamburg)

Krukowska, Uta

KRIEGSVERSEHRTE

Allgemeine Lebensbedingungen
und medizinische Versorgung deutscher Versehrter
nach dem Ende des Zweiten Weltkrieges in der
Britischen Besatzungszone Deutschlands
-dargestellt am Beispiel der Hansestadt Hamburg

© Uta Krukowska, Hamburg 2006
Alle Rechte vorbehalten
Herstellung und Verlag: Books on Demand GmbH, Norderstedt
ISBN 3-8334-4725-7

III. SOZIALE ASPEKTE

IV. SCHLUSSBETRACHTUNG

V. ANHANG

VORBEMERKUNG

Das im Oktober 1945 in der *Sowjetischen Besatzungszone Deutschlands* im Land Thüringen in Kraft getretene *„Gesetz über die Nichtanwendung der Reinigungsgesetze auf Blinde und Schwerbeschädigte"* verweist auf die Tatsache, dass Kriegsversehrte vor dem Zusammenbruch des nationalsozialistischen Staates - wie nicht Versehrte auch - „Parteimitglieder" gewesen sein konnten. Ihre Weiterbeschäftigung im öffentlichen Dienst beziehungsweise die Genehmigung zur Fortsetzung ihrer beruflichen Tätigkeit und eine mögliche Enteignung wurde im Herbst 1945 in Thüringen davon abhängig gemacht, dass Blinde und Schwerbeschädigte *„eine Funktion in der ehemaligen NSDAP. oder ihren Gliederungen nicht ausgeübt"*[1] hatten. Eine nominelle Partei- beziehungsweise Verbandsmitgliedschaft hatte ab einem bestimmten Versehrtheitsgrad - 70% und darüber - in Thüringen keine sich auf den Arbeitsplatz beziehenden Konsequenzen mehr:[2]

„Gesetz über die Nichtanwendung der Reinigungsgesetze auf Blinde und Schwerbeschädigte vom 10. Oktober 1945

§ 1 Die Gesetze über die Reinigung von öffentlichen Verwaltungen vom 23. Juli 1945, die der Rechtsanwaltsberufe vom 1. Oktober 1945, die des Ärzte- und Apothekerberufs vom 1. Oktober 1945, die des Wirtschaftstreuhänderberufs vom 1. Oktober 1945, die der gewerblichen Wirtschaft und freier Berufe von Nazi-Elementen vom 9. Oktober 1945, sowie die über die Sicherstellung und Enteignung von Nazivermögen vom 9. Oktober 1945 werden auf Blinde und 70% und mehr Beschädigte grundsätzlich nicht angewandt.

§ 2 Dieses Gesetz tritt mit seiner Verkündung in Kraft.

Weimar, den 10. Oktober 1945
Der Präsident des Landes Thüringen
Dr. Rudolf Paul."

Im Gefolge des *Zweiten Weltkrieges* waren Deutsche verschiedener politischer Einstellungen zu Versehrten geworden - Nationalsozialisten ebenso wie Nichtnationalsozialisten.

---

[1] StAH, Sozialbehörde II, 150.10 - 7: Abschrift eines Schreibens des Präsidenten des Landes Thüringen vom 28. Dezember 1945 an u.a. alle Landesämter und nachgeordneten Dienststellen

[2] StAH, Sozialbehörde II, 150.10 - 7: Auszugsweise Abschrift aus dem Regierungsblatt für das Land Thüringen, Teil I: Gesetzsammlung Nr. 11, Weimar, den 1. November 1945

Seite 6

I. Einführung

Seite 8

1. EINLEITUNG

Die Zeit nach dem Ende des *Zweiten Weltkrieges* erzählt viele Geschichten. Auch die von Menschen, welche in dreirädrigen Wagen, vorwärtsbewegt durch Armkraft, gleichsam sitzend die Straßen durchquerten. So genannte *Selbstfahrer* - beidseitig Beinamputierte oder Menschen, deren Gehfähigkeit durch Schussverletzungen im Rückenbereich beeinträchtigt worden war - gehörten zum Bild der Straßen ebenso wie jene, die ein Bein verloren hatten und welche sich mittels Krücken fortbewegten. Männer, denen ein Arm fehlte sowie „Ohnhänder", d.h. Menschen, die keine Hände mehr hatten und Blinde, teilweise mit *Führhunden*, ergänzten gleich den Hirnverletzten und Dystrophikern den Kreis der Versehrten, der Kriegsbeschädigten, wie sie zunächst genannt wurden. Ihre Geschichte, die Geschichte der (west-)deutschen Kriegsversehrten, der durch den Krieg zu Körper-, Sinnes- und Geistesbehinderten gewordenen Menschen, soll im Weiteren nachgezeichnet werden.

Im Mittelpunkt der Darstellung steht die Situation Kriegsversehrter in der zur *Britischen Besatzungszone* gehörenden Hansestadt Hamburg. Als Untersuchungszeitraum wurden die Jahre 1945 bis 1955 gewählt. Einerseits rücken damit die Gegebenheiten der Besatzungszeit in den Blickpunkt, andererseits wird auch die Situation der frühen Bundesrepublik bis zur Verabschiedung der ersten verbindlichen, die Kriegsopferversorgung betreffenden Rechtsgrundlage - des 1950 in Kraft getretenen *Bundesversorgungsgesetz*es - angesprochen. Der Umstand, dass aussagekräftiges statistisches Material, insbesondere zum Aspekt der orthopädischen Versorgung Kriegsversehrter, erst für die Mitte der fünfziger Jahre vorliegt, erklärt die zeitliche Ausdehnung des Untersuchungszeitraumes bis 1955. Für die genannten zehn Jahre, die Zeit zwischen 1945 und 1955, konnten u.a. überlieferte Krankenakten Versehrter ausgewertet werden, welche in einem der städtischen Krankenhäuser der Hansestadt, im *Allgemeinen Krankenhaus St. Georg*, angelegt worden waren.

Zwei Aspekte strukturieren den Untersuchungsgegenstand: medizinische und soziale. Zum einen wird die für alle Deutschen grundsätzlich gegebene Problematik hinsichtlich der Versorgung mit Lebensmitteln, Kleidung, Wohnraum und die Schaffung von Arbeitsplätzen für Kriegsversehrte sowie deren Freizeitgestaltung angesprochen. Thematisiert werden zudem Selbsthilfemaßnahmen Kriegsversehrter - in organisierter und nicht organisierter Form. Zum anderen rücken psychische und physische Momente in das Blickfeld, die Versehrte in der Nachkriegszeit von nicht Versehrten unterschieden.

Die Frage, inwieweit Kriegsversehrte ihre Situation dahingehend reflektierten, dass sie wahrnahmen, den gegebenen gesellschaftlichen Normen vermeintlich oder tatsächlich nicht zu genügen, begleitete die Untersuchung von Beginn an: Diejenigen, welche vor dem Ende des Krieges verwundet worden waren, konnten dem Bild des für die Heimat kämpfenden Soldaten nicht mehr genügen; wobei jedoch zu berücksichtigen ist, dass ihr sozialer Status auch durch den offensichtlichen Verlust der körperlichen Unversehrtheit *für das Vaterland* geprägt gewesen sein kann. Nach dem Krieg, als der für den wirtschaftlichen Wiederaufbau tätige Familienvater das Leitbild darstellte, mag es für kriegsversehrte Männer schwieriger als für nicht Versehrte gewesen sein, diesem zu entsprechen.

Ergänzend zur obigen Aussage ist darauf hinzuweisen, dass der Begriff „Kriegsversehrter" sowohl auf Erwachsene als auch auf Kinder beziehungsweise Jugendliche weiblichen und männlichen Geschlechts angewendet wurde. Menschen, deren Versehrtheit eine Folge des *Zweiten Weltkrieges* war (hierzu zählten auch gesundheitliche Folgeerscheinungen einer Kriegsgefangenschaft)[3], sind derart bezeichnet worden. Hinsichtlich der Kinder und Jugendlichen ist darauf aufmerksam zu machen, dass diese nicht allein durch Bombardierungen gesundheitliche Schädigungen erlitten, sondern auch durch das Spielen mit Munition zu Schaden kamen, die sie gefunden hatten. Frauen, die als Krankenschwestern arbeiteten, wurden darüber hinaus teilweise während des Einsatzes an der Front zu Versehrten[4]; daneben erlitten auch sie aufgrund von Bombardierungen körperliche Schädigungen.

Die Geschichte der Kriegsversehrten nach 1945 kann in viele Kontexte gestellt werden; u.a. erweitert sie den Blick auf die Leidtragenden des *Nationalsozialismus*, welche nicht zu den vom totalitären System selbst verfolgten Gegnern zählten. Tote, Angehörige von Toten, Flüchtlinge und Vertriebene sowie Ausgebombte können ebenso wie Kriegsversehrte vom *Nationalsozialismus* überzeugt gewesen sein und wurden letztendlich zu Leidtragenden dieser Ideologie.

Detlef Garbe machte vor zwei Jahrzehnten auf die *"vergessenen Opfer des NS-Regimes in Hamburg"* aufmerksam[5], auf politisch und religiös Verfolgte, mithin *Andersdenkende und -lebende*, auf körper- und sinnesbehinderte Menschen sowie Sinti und Roma. Auch diese Schrift wendet den Blick Menschen zu, welche zu den Leidtragenden der nationalsozialistischen Herrschaft in Deutschland zählten. Ihre Geschichte soll das Wissen um die Folgen der nationalsozialistischen Herrschaft ergänzen. Gleichzeitig wird ein Schlaglicht auf die Gesellschaft der frühen *Bundesrepublik* geworfen, auf deren sozialpolitische Grundlagen. Gesundheitliche und soziale Momentaufnahmen - nicht Endschicksale - sollen vermittelt

---

[3] BA Koblenz, Z 40, 275, Bl. 1-4: Leistungen an Kriegsbeschädigte und Kriegshinterbliebene. Ein Vergleich zwischen dem Recht in der britischen und amerikanischen Besatzungszone, Stand: 15. Januar 1948, hier: Bl. 1

[4] Die Sozialversicherungsanordnung Nr. 11 beschreibt im Einzelnen, wer zur Gruppe der Kriegsversehrten zählte (Sozialversicherungsanordnung Nr. 11 des Präsidenten des Zentralamts für Arbeit in der britischen Zone, 5. Juli 1947. In: Sonderdruck des Arbeitsblattes für die britische Zone, S. 3 - 8, hier: S. 3 - 4).

[5] Detlef Garbe: Projektgruppe für die vergessenen Opfer des NS-Regimes in Hamburg. In: Angelika Ebbinghaus, Heidrun Kaupen-Haas, Karl Heinz Roth: Heilen und Vernichten im Mustergau Hamburg. Bevölkerungs- und Gesundheitspolitik im Dritten Reich, Hamburg 1984, S. 198 - 199

werden, indem der Alltag ebenso wie die medizinische Versorgung Kriegsversehrter beschrieben wird.

In seinem 1990 erschienenem Buch „*Jugend 1945. Politisches Denken und Lebensgeschichte*" schreibt Rolf Schörken allgemein, dass „*der Zeitgenosse, der eine Zeit miterlebt und miterlitten hat (...) sich, d.h. seine Person und seine Teilnahme am Geschehen, im Geschichtswerk, das nach gehörigem Abstand erscheint, nicht wieder*" finde.[6] Tatsächlich liegt eine geschichtliche Darstellung zum Schicksal deutscher Kriegsversehrter mehr als ein halbes Jahrhundert nach dem Ende des *Zweiten Weltkrieges* nicht vor, wie überhaupt die *"Binnenstruktur der Wehrmacht auf der Ebene des einfachen Soldaten, (...)bisher nur in Ansätzen untersucht worden ist".*[7] Viele Fragen blieben bislang ungefragt. Etwa die, wie Kriegsversehrte die Bedingungen der Nachkriegszeit meisterten, von denen Thomas Hermann zusammenfassend schreibt, es seien „*besonders die Fähigkeiten zur Selbstorganisation gefragt*" gewesen.[8] Hans-Ulrich Sons beschreibt den Aspekt der Lebensmittelversorgung ergänzend dahingehend, dass er die zur Versorgung wichtigen so genannten *Hamsterfahrten* als für „*ältere, gebrechliche und kranke Personen*" nicht infrage kommend erklärt. '*Zusatzrationen*' durch „*Hamsterfahrten*" zu erwerben, war demnach für diese Gruppe nicht möglich.[9] Gebrechliche und Kranke, mithin auch Kriegsversehrte, litten somit stärker als andere unter der gegebenen Lebensmittelknappheit.

Sibylle Meyer und Eva Schulze sprechen für den November 1950 von mehr als zwei Millionen registrierten Kriegsbeschädigten des *Ersten* und *Zweiten Weltkrieges* in der *Bundesrepublik Deutschland*; davon ca. eineinhalb Millionen, deren Erwerbsfähigkeit zu 30 Prozent und mehr beeinträchtigt war.[10] Zum Vergleich sei die 1924 erhobene Gesamtzahl der in Deutschland lebenden versorgungsberechtigten Beschädigten des *Ersten Weltkrieges* genannt, welche sich auf 663.726 Personen belief.[11] Differenziert nach einem Versehrtheitsgrad von über beziehungsweise unter 50% stellt sich die Situation in den Jahren 1953 bis 1960 in der *Bundesrepublik Deutschland* nach Sibylle Meyer und Eva Schulze so dar, dass die Anzahl derjenigen, welche zu weniger als 50% versehrt waren, geringfügig unter 10% über der Anzahl der Versehrten mit einem Versehrtheitsgrad von mehr als 50% lag; d.h. in der *Bundesrepublik*

[6] Rolf Schörken: Jugend 1945. Politisches Denken und Lebensgeschichte, Opladen 1990, S. 10

[7] Vorwort von Oberst Friedhelm Klein, Amtschef des Militärgeschichtlichen Forschungsamtes, zu: Rüdiger Overmans, Deutsche Militärische Verluste im Zweiten Weltkrieg, Bd. 46 d. Beiträge zur Militärgeschichte, hrsg v. Militärgeschichtlichen Forschungsamt, München 1999

[8] Thomas Hermann: Trümmerfrau und Heimkehrer - Zur Sozialgeschichte der Geschlechter im Schleswig-Holstein der Nachkriegszeit. In: Demokratische Geschichte, Jahrbuch zur Arbeiterbewegung und Demokratie in Schleswig-Holstein VIII, Kiel 1993, S. 301 - 322, hier: S. 302

[9] Hans-Ulrich Sons: Gesundheitspolitik während der Besatzungszeit. Das öffentliche Gesundheitswesen in Nordrhein-Westfalen 1945-1949, Wuppertal 1983, S. 100

[10] Sibylle Meyer / Eva Schulze: Von Liebe sprach damals keiner. Familienalltag in der Nachkriegszeit, München 1985, S. 130

[11] Hamburger Schriften zur Wirtschafts- und Sozialpolitik, hrsg. v. E. Heimann u.a., Heft 2: Gustav Tonkow, Das Schicksal der Schwerkriegsbeschädigten in Hamburg, Rostock 1927, S. 32

lebten mehr Kriegsbeschädigte, die zu weniger als 50% versehrt waren, als Beschädigte, deren Versehrtheitsgrad über 50% lag.[12]

TABELLE 1: DIE ANZAHL DER KRIEGSVERSEHRTEN (NACH DEM *BUNDESVERSORGUNGSGESETZ* ANERKANNTE VERSORGUNGSBERECHTIGTE) IN DER *BUNDESREPUBLIK DEUTSCHLAND* 1953 BIS 1960

Anzahl der Schwerbeschädigten (Erwerbsminderung: 50 bis 100%) / J a h r							
1 9 5 3	1 9 5 4	1 9 5 5	1 9 5 6	1 9 5 7	1 9 5 8	1 9 5 9	1 9 6 0
682021	676932	671398	672355	664498	654994	644800	634000

Anzahl der Leichtbeschädigten (Erwerbsminderung: u n t e r 5 0 %) / J a h r							
790082	790069	779633	773580	763931	752274	743600	732600

GESAMTZAHL DER KRIEGSVERSEHRTEN / J a h r							
1472103	1467001	1451031	1445935	1428429	1407268	1388400	1366600

Auch 1924 lebten in Deutschland mehr Kriegsbeschädigte, die zu weniger als 50% versehrt waren, als Beschädigte, deren Versehrtheitsgrad über 50% lag: Von insgesamt 663726 Kriegsversehrten waren 293300 schwerkriegsbeschädigt, d.h. ihr Versehrtheitsgrad lag zwischen 50 und 100%.[13] Im Jahre 1954 erhielten im Bundesgebiet über 1,4 Millionen Menschen aufgrund ihrer Kriegsverletzungen oder wegen kriegsbedingter Krankheiten eine Rente; damals *„lebten im Bundesgebiet 43000 Menschen, denen die Ärzte einen Arm hatten amputieren müssen. 132000 Menschen hatten nur noch ein Bein. Mehr als zehntausend hatten keine Beine mehr."*[14] Die genannten Zahlen geben die Situation nach dem *Ersten* und *Zweiten Weltkrieg* wieder. Wieviele Soldaten und Zivilpersonen während der Kriege zu Versehrten wurden und letztendlich an ihren Verwundungen vor dem Ende der Kampfhandlungen starben - die sich über Jahre erstreckten - ist damit nicht beantwortet.

Anschaulich wird die Situation eines Teiles der Kriegsversehrten, der *Einarmigen* und *„Ohnhänder"*, in dem Buch „als der krieg zu ende war" dargestellt. Zu leben, ohne die Unterstützung anderer Menschen in Anspruch nehmen zu müssen, war oberste Zielsetzung.[15]

"Der Autor einer 'Fibel für Einarmige und Ohnhänder' schildert detailliert, wie die Kriegsversehrten sich im Alltag bewegen und ohne fremde Hilfe auskommen können. Zum

---

Beispiel schreibt er: 'Arbeiten, die mit einer Hand auszuüben im ersten Augenblick unmöglich erscheinen, können erledigt werden, wenn durch Nachdenken und Übung der noch verbliebenen Hand, bisweilen unter Zuhilfenahme des Stumpfes, der künstlichen Hand oder des Ersatzarmes die Vorteile herausgefunden werden, die hierzu nötig sind. Unterscheiden muß man dabei solche Geschädigte, denen der ganze Arm fehlt, und die, welche noch den Ellbogen haben. Der Ellbogen ersetzt in vielen Fällen die greifende, haltende Hand. Es ist auch nicht gleich, ob man einen kurzen Oberarmstumpf besitzt, mit dem sich mancher Gegenstand festhalten und sogar eine Türklinke aufdrücken läßt, oder nicht. Je weniger von dem verlorenen Arm erhalten ist, desto öfter wird sich der Einarmer mit anderen Körperteilen behelfen müssen. So mit den Lippen, dem Kinn, der Brust, den Beinen, den Füßen. Mit der Schulter kann man den Telefonhörer mühelos ans Ohr halten; ein Buch oder ähnliche nicht zu umfangreiche Gegenstände können zwischen Stumpf und Körper eingeklemmt und getragen werden. Fast jeder Körperteil vermag die fehlende Hand zu ersetzen'."

Eine andere *Art des Zurechtkommens* vermittelt das Buch *„Anfangsjahre. Leipzig 1945 bis 1950",* das die Geschichte des Fotografen Karl Heinz Mai erzählt:[16]

„Schon als Soldat hat er fotografiert(...) wurde er an der Front so schwer verwundet, daß ihm beide Beine amputiert werden mußten(...) Als der Krieg zu Ende war, begann er dann, systematisch Aufnahmen zu machen(...) Bevor er in seinem 'Selbstfahrer' losfuhr, machte er sich einen genauen Plan, um kräftezehrende Umwege zu vermeiden."

Auch Karl Heinz Mai berücksichtigte seine Kriegsversehrung insoweit, als er sie bei der Erledigung anfallender Arbeiten als Faktor mit einkalkulierte; sie hielt ihn nicht davon ab, seinem Beruf nachzugehen.

Die Anstrengungen der Versehrten, möglichst selbstständig zu agieren, wurden von medizinischer Seite unterstützt. Chirurgen und Orthopäden verbesserten in der *Nachkriegszeit* die prothetische Versorgung; beispielsweise von Arm- und Handamputierten.[17]

Darüber hinaus wurden Regelungen getroffen, welche die materielle Situation der Versehrten betrafen. Als Orientierungspunkte beziehungsweise nach Kriegsende geschaffene rechtliche Grundlagen sind insbesondere zu nennen:[18]

---

[16] Karl Heinz Mai: Anfangsjahre. Leipzig 1945 bis 1950, Berlin (West) 1986, S. 7
[17] Vgl. Heinz Schott: Die Chronik der Medizin, Augsburg 1997, S. 493
[18] Reichsbund der Kriegs- und Zivilbeschädigten, Sozialrentner und Hinterbliebenen (Hrsg.): Verwaltungsvorschriften zur Durchführung des Gesetzes über die Versorgung der Opfer des Krieges (Bundesversorgungsgesetz) mit den Rechtsverordnungen zu den §§ 13 und 28 *BVG*, Schriftenreihe des Reichsbundes, Folge 2, Februar 1951

das

Reichsversorgungsgesetz aus dem Jahre 1920,
die
Sozialversicherungs-Direktive Nr. 27 aus dem Jahre 1947
und das
Bundesversorgungsgesetz aus dem Jahre 1950.

Letzteres ist bis in die Gegenwart hinein von zentraler Bedeutung für das so genannte Soziale Entschädigungsrecht in der *Bundesrepublik Deutschland*. Das *"Soziale Entschädigungsrecht"* regelt die Versorgung bei Gesundheitsschäden, für deren Folgen die staatliche Gemeinschaft einsteht. U.a. nachstehende gesundheitliche Schädigungen zählen zu den so genannten *Schädigungstatbeständen* nach *BVG*:

gesundheitliche Schädigungen durch

eine militärische oder militärähnliche Dienstverrichtung,

einen Unfall während der Ausübung militärischen oder

militärähnlichen Dienstes,

eine Kriegsgefangenschaft,

unmittelbare Kriegseinwirkung.

Das *Reichsversorgungsgesetz* aus dem Jahre 1920 bemaß Leistungen entsprechend dem Grad der jeweiligen Erwerbsminderung, wobei auch die soziale und berufliche Situation der Versehrten berücksichtigt wurde. Ab einem bestimmten Grad der Erwerbsminderung - zunächst 15%, seit 1923 25% - wurde eine *Grundrente* gewährt. Zu dieser kam ab 50% Erwerbsminderung eine gestaffelte *Schwerbeschädigtenzulage* hinzu. Bei einer Erwerbsminderung von 90% wurde Erwerbsunfähigkeit angenommen.[19] Grundgedanke des *Reichsversorgungsgesetzes* war es, den Versehrten eine Geldentschädigung durch Renten zu gewähren und ihnen die Rückkehr in das Arbeitsleben zu ermöglichen. Insofern stand der Anspruch der Beschädigten auf Heilbehandlung im Vordergrund des Gesetzes.[20] Die in der *Weimarer Republik* gelegten Grundlinien der Kriegsopferversorgung wirkten nach 1945 fort.[21] Staatliche Ansprechpartner für die Gewährung einer finanziellen Unterstützung waren in der

---

[19] Rainer Hudemann: Sozialpolitik im deutschen Südwesten zwischen Tradition und Neuordnung 1945 - 1953. Sozialversicherung und Kriegsopferversorgung im Rahmen französischer Besatzungspolitik, Mainz 1988, S.390
[20] Ebd.
[21] Hudemann, S. 388

Nachkriegszeit die *Fürsorgestellen*, *Versorgungsämter* und *Landesversicherungsanstalten*.[22] Auch das - gleich dem *Reichsversorgungsgesetz* - in der *Weimarer Republik* 1920 verkündete *Schwerbeschädigtengesetz* beeinflusste die Situation der Versehrten nach dem Ende des *Zweiten Weltkrieges* insoweit, als es Grundlagen für ihre Wiedereingliederung in das Berufsleben bereithielt. Die nach 1945 erfolgte Festlegung von Einstellungsquoten für Versehrte[23] ist auf dieses Gesetz zurückzuführen.[24] Im Jahre 1953 schließlich wurde in der *Bundesrepublik Deutschland* ein Beschäftigungsgesetz für Schwerbeschädigte, das so genannte *Gesetz über die Beschäftigung Schwerbeschädigter*, verabschiedet.[25]

Einen Überblick über die sozialpolitischen Gegebenheiten - d.h. konkret über die Kriegsopferversorgung und den Aufbau der Sozialversicherung - in den ersten Jahren nach dem Ende des *Zweiten Weltkrieges* vermittelt die 1984 in Trier als Habilitationsschrift angenommene Arbeit von Rainer Hudemann „*Sozialpolitik im deutschen Südwesten zwischen Tradition und Neuordnung 1945-1953*". Im Mittelpunkt der Arbeit stehen die Verhältnisse in der *Französischen Besatzungszone*, doch wird auch die Situation in den anderen Besatzungszonen angesprochen.

Sozialpolitische Entwicklungslinien vor dem Hintergrund der Situation in der *Britischen Besatzungszone* Deutschlands nachzuzeichnen ist im Folgenden beabsichtigt. Darüber hinaus soll auch dargestellt werden, inwieweit die britische Besatzungsmacht Einfluss auf die Lebensumstände deutscher Kriegsversehrter nahm.

1.1 FORSCHUNGSSTAND

Das Forschungsprojekt zur Geschichte Kriegsversehrter in der *Britischen Besatzungszone* Deutschlands ordnet sich ein in die bereits existierenden Ansätze einer Geschichte der Kriegsbeschädigtenfürsorge, welche von Klaus-Dieter Thomann und Deborah Cohen stammen. Es schreibt die Geschichte der im 20. Jahrhundert im Gefolge von Kriegen zu *"disabled persons"* gewordenen Menschen fort. In Anlehnung an Ulrich Herbert, der das 20. Jahrhundert als das *"Jahrhundert der Lager"* bezeichnete, erscheint es gerechtfertigt, das 20. Jahrhundert auch das *"Jahrhundert der Kriegsversehrten"* zu nennen.

---

[22] Vgl. hierzu: 4. DIE MATERIELLE UND KULTURELLE VERSORGUNG DER KRIEGSOPFER
[23] Vgl. hierzu: 5. DIE (WIEDER-)EINGLIEDERUNG DER KRIEGSVERSEHRTEN IN DAS ERWERBSLEBEN
[24] Hudemann, S.393
[25] Rühland, S. 201

Die Anfänge der so genannten *Kriegskrüppelfürsorge* datiert Thomann[26] auf die Zeit des *Ersten Weltkrieges*. Einerseits habe die *"höhere Durchschlagkraft der Waffen"* und der *"vermehrte Einsatz von Explosivgeschossen"* die Zahl der Verwundeten und Getöteten im *Ersten Weltkrieg* - gemessen an vorangegangenen Kriegen - stark ansteigen lassen, andererseits habe durch die nunmehr mögliche *"aseptische Wundbehandlung"* vielen Verletzten das Leben gerettet werden können. Im Gefolge des medizinischen Fortschritts habe sich gleichzeitig die Anzahl körperlich behinderter Menschen in Deutschland vergrößert, da *Schussbrüche* teilweise Gliedmaßenverkürzungen beziehungsweise Gelenkversteifungen nach sich zogen.[27] Aus orthopädischer Sicht wurde es deshalb als legitim angesehen, eine gesonderte *"Kriegskrüppelfürsorge"* zu fordern.[28] Erfahrungen, welche Orthopäden zuvor - innerhalb der *"Friedenskrüppelfürsorge"*[29] - bei der schulischen und beruflichen Eingliederung körperlich behinderter Kinder und Jugendlicher hatten sammeln können, sollten - gemäß dem Berliner Orthopäden Konrad Biesalski - für die Nachbehandlung und *"Wiederertüchtigung"* Kriegsversehrter genutzt werden. Ebenso wie bereits vorhandene orthopädische Kliniken und so genannte *Krüppelheime*.[30]

Laut Thomann waren es mithin Orthopäden - allen voran der erwähnte Konrad Biesalski - , die den Grundstein für die *"Kriegskrüppelfürsorge"* in Deutschland legten.[31] Wegbegleiterin der Orthopäden sei die *"Deutsche Vereinigung für Krüppelfürsorge"* gewesen, die die vorhandenen Vereine und Anstalten für *"Krüppelfürsorge"* aufgefordert habe, Betten für Verwundete zur Verfügung zustellen; dieser Bitte kamen die Vereine und Anstalten nach.[32]

Orthopäden, Organisationen und Institutionen, die im Umfeld der *"Friedenskrüppelfürsorge"* gearbeitet hatten beziehungsweise entstanden waren, etablierten demnach als Reaktion auf Art und Ausmaß der Verwundungen im Gefolge des *Ersten Weltkrieges* in Deutschland die *"Kriegskrüppelfürsorge"*.

Die Aufgaben der *"Kriegskrüppelfürsorge"* umriss Konrad Biesalski dahingehend, dass er zwischen zu leistender ärztlicher Hilfe und sozialer Fürsorge unterschied.[33] So sollten Verwundete zum einen in fachärztlich geleiteten Spezialeinrichtungen medizinisch versorgt und in vorhandenen *"Krüppelheimen"* und orthopädischen sowie chirurgischen Kliniken nachbehandelt werden, zum anderen beschrieb er in berufsfürsorgerischer Hinsicht zu leistende

---

[26] Klaus-Dieter Thomann: Das behinderte Kind. "Krüppelfürsorge" und Orthopädie in Deutschland 1886 - 1920, Stuttgart / Jena / New York 1995

[27] Ebd., S. 237

[28] Ebd.

[29] Ebd., S. 251

[30] Ebd., S. 239

[31] Ebd.

[32] Ebd., S. 241

[33] Ebd., S. 242

Maßnahmen: Kriegsversehrten war - entsprechend Biesalski - vorrangig Gelegenheit zu geben, im *"alten Beruf"* zu arbeiten, erst in zweiter Linie sollte - wenn erforderlich - an eine berufliche Umschulung gedacht werden; wobei im betreffenden Fall eine Trennung der Versehrten von ihrer Familie zu vermeiden war. Als Hauptaufgabe der *"Kriegskrüppelfürsorge"* wurde die Arbeitsvermittlung angesehen. Biesalski propagierte den kriegsversehrten Arbeitnehmer, nicht den Almosenempfänger.[34] Er forderte die deutschen Unternehmer auf, Kriegsversehrte einzustellen.[35]

Vertreter des Deutschen Reiches und der einzelnen Länder unterstützten das <u>Konzept einer weiterführenden medizinischen Behandlung und beruflichen Förderung Kriegsversehrter</u>.[36] Einerseits sollte durch die Rückführung Versehrter in den Arbeitsprozess Stimmungen unter den Versehrten entgegengewirkt werden, die in Richtung Hoffnungslosigkeit und Verbitterung gingen, andererseits wurde durch die berufliche Tätigkeit Versehrter auch ein positiver Effekt für die deutsche Volkswirtschaft erwartet.[37] Fürsorge und *chirurgische* beziehungsweise *mechanische* Orthopädie sah Biesalski als Träger der *"Kriegskrüppelfürsorge"* in Deutschland an.[38] Im Verlauf des *Ersten Weltkrieges* erfolgte eine Abkehr von der von Biesalski gewählten Bezeichnung *"Kriegskrüppel"*, die u.a. Militärärzte als diskriminierend empfanden. Aus der *"Kriegskrüppelfürsorge"* wurde die *"Kriegsbeschädigtenfürsorge."*[39]

Die gesellschaftliche Integration Kriegsversehrter bereiteten auf kommunaler Ebene während des Krieges - teils auf Anregung staatlicher Organe - entstandene Gruppen vor, die sich aus Vertretern unterschiedlicher Berufsstände zusammensetzten.[40] Im Jahre 1916 wurden diese so genannten *Fürsorgestellen* dem neu gegründeten *'Reichsausschuss für Kriegsbeschädigtenfürsorge'* unterstellt.[41] Grundsätzlich kann von einer Arbeitsteilung im Bereich der *"Kriegsbeschädigtenfürsorge"* in Deutschland gesprochen werden: Die medizinische Behandlung Versehrter unterstand der militärischen Führung, die Rentengewährung und Kapitalabfindung der Invaliden unterlag der reichsgesetzlichen Regelung und die berufliche Wiedereingliederung ruhte auf dem Engagement freier und gemeinnütziger Organisationen, wobei gesetzliche Regelungen fehlten.[42]

Zeigt Thomann die Anfänge der *"Kriegsbeschädigtenfürsorge"* in Deutschland während des *Ersten Weltkrieges*, schildert Tanja Wolloscheck das Schicksal einer bestimmten Gruppe

---

[34] Ebd., S. 241 - 242
[35] Ebd., S. 245
[36] Ebd., S. 248
[37] Ebd., S. 249
[38] Ebd., S. 251
[39] Ebd., S. 262ff
[40] Ebd., S. 267
[41] Ebd., S. 269
[42] Ebd., S. 283

Versehrter, der Beinamputierten.[43] Deborah Cohen beschreibt die materielle Situation Kriegsversehrter in der *Weimarer Republik*.

In ihrer Untersuchung zu deutschen und britischen Kriegsversehrten nach dem Ende des *Ersten Weltkrieges* betont Deborah Cohen das außerordentlich starke Engagement des *Weimarer Staates* - gemessen an Großbritannien - hinsichtlich der materiellen Versorgung Versehrter. Als *"pioneer in the field of social welfare"*[44] bezeichnet sie die *Weimarer Republik*. Vom Staat an Kriegsversehrte gezahlte Renten hätten einerseits dazu dienen sollen, Versehrten einen Ausgleich dafür zugeben, dass sie ihren Lebensunterhalt nicht mehr (vollständig) selbst verdienen konnten, andererseits seien diese auch als Entschädigung für den Verlust der körperlichen Unversehrtheit gedacht gewesen.[45] So hätten Renten für Schwerkriegsversehrte nicht allein die Einkommenshöhe gelernter Arbeiter erreicht, darüber hinaus sei auch finanzielle Vorsorge für die Ehefrauen und Kinder Schwerkriegsversehrter getroffen worden.[46] Mit dem *Reichsversorgungsgesetz* des Jahres 1920 habe der Staat einerseits durch die Zahlung von Renten ein Abgleiten Kriegsversehrter in die Armut verhindern wollen, andererseits sei durch dieses Gesetz auch die berufliche Integration Versehrter befördert worden.[47] Die Beteiligung Kriegsversehrter am Arbeitsleben wurde staatlicherseits - gemäß Cohen - als erforderliche therapeutische Maßnahme betrachtet, die durch zahlreiche Förderprogramme des Arbeitsministeriums unterstützt worden sei.[48] Cohen zitiert in diesem Zusammenhang aus einem Entwurf zum *Schwerbeschädigtengesetz* aus dem Jahre 1923, in welchem es hieß, dass keine noch so gute Fürsorge die Befriedigung ersetzen könne, welche Kriegsversehrte aus der von ihnen selbst geleisteten Arbeit ziehen könnten. [49]Deborah Cohen zeigt in ihrer Untersuchung das Verhältnis von staatlicher Verwaltung und Kriegsversehrten. Im Mittelpunkt steht die materielle Versorgung Versehrter. Andere Aspekte werden ebenfalls bezogen auf dieses Moment dargestellt, etwa die Frage nach der Rolle der Kriegsversehrtenorganisationen in der *Weimarer Republik*.[50]

Studien zur Situation deutscher Kriegsversehrter liegen mithin für die Zeit des *Ersten Weltkrieges* beziehungsweise der *Weimarer Republik*, nicht aber für die Jahre nach dem Ende des *Zweiten Weltkrieges* vor

---

[43] Tanja Wolloscheck: Das Schicksal der Beinamputierten des Ersten Weltkrieges in Deutschland, Inaugural-Dissertation zur Erlangung des Doktorgrades der Medizin der Johannes Gutenberg-Uni- versität Mainz, Mainz 1999

[44] Deborah Cohen: The War Come Home. Disabled Veterans in Britain and Germany, 1914 - 1939, Berkeley/ Los Angeles/London 2001, S. 5

[45] Ebd.

[46] Ebd.

[47] Ebd., S 155

[48] Ebd.

[49] Ebd.

[50] Vgl. ebd., u.a. S. 96

2. DIE ANZAHL DER KRIEGSVERSEHRTEN

Ein „*Kriegssanitätsbericht*" wurde nach dem Ende des *Zweiten Weltkrieges* für die deutsche Seite nicht erstellt.[51] Art und Ausmaß der Kriegsverletzungen konnte mithin erst im Nachhinein rekonstruiert werden; wobei unmittelbar nach Kriegsende Daten teilweise gar nicht oder nur ungenügend erhoben worden sind. Im Jahre 1965 erfolgte die Zusammenfassung deutscher Krankenurkunden (Einzel- und Sammelurkunden, Truppen- und Lazarettkrankenbücher) des *Zweiten Weltkrieges* im *"Krankenbuchlager Berlin".*[52] Auch die Unterlagen des so genannten *Krankenbuchlagers* der britischen Zone in Kassel kamen dorthin.[53] Das *"Krankenblattarchiv der Landesversicherungsanstalt Hansestadt Hamburg"* war einige Jahre zuvor, im Herbst 1952, an das *"Krankenbuchlager Kassel"* abgegeben worden.[54] Eine quantitative Auswertung des sich in Berlin befindlichen Materials liegt - sofern sich dieses überhaupt dafür eignet (oder geeignet hat) - nicht vor.

Die Anzahl der in Hamburg ansässigen Kriegsversehrten ist als M i n d e s t z a h l den Aufzeichnungen der Fürsorge zu entnehmen. Eine Unterscheidung zwischen weiblichen und männlichen Kriegsversehrten ist nicht möglich, da die Akten entsprechende Angaben nicht aufweisen. Dass es - wie im *Ersten Weltkrieg* [55]- weibliche Kriegsversehrte gegeben hat, macht u.a. ein Schreiben des *Reichsarbeitsministers* vom März 1945 deutlich und auch in den Krankenunterlagen des *AK St. Georg* finden sich entsprechende Hinweise. Im Schreiben des *Reichsarbeitsministers* hieß es:[56]

> „*Die besonderen Verhältnisse des Krieges haben es mit sich gebracht, daß zu dem Kreis der versorgungsberechtigten Kriegsbeschädigten eine größere Zahl weiblicher Kriegsbeschädigter mit Verwundungen oder sonstigen Beschädigungen gehört.*"

Als Kriegsbeschädigte definierte die Fürsorge zunächst Personen:[57]

---

[51] Ekkehart Guth (Hrsg.): Sanitätswesen im Zweiten Weltkrieg. Vorträge zur Militärgeschichte, Bd. 11, Herford / Bonn 1990, S. 7

[52] Overmans, S. 98

[53] Ebd.

[54] Jahresbericht Versorgungsamt Hamburg. Rechnungsjahre 1951 und 1952 (1. Mai 1951 - 31. März 1953), o. O. / J., S. 23. Zum Aspekt der Zusammenlegung von Krankenunterlagen in Kassel vgl.: BA Koblenz, B 149, 1832

[55] Vgl. Hamburger Schriften zur Wirtschafts- und Sozialpolitik, Heft 2, S. 32. In der erwähnten Publikation ist von 1151 weiblichen Beschädigten die Rede.

[56] StAH, Sozialbehörde II, 150.10 - 1 Band 1: Schreiben des Reichsarbeitsministers vom 8. März 1945 an die Hauptfürsorgestellen der Kriegsbeschädigten- und Kriegshinterbliebenenfürsorge, betr.: „Versorgung und Fürsorge für weibliche Kriegsbeschädigte"

[57] StAH, Sozialbehörde II, 014.72 - 1 Band 1: Statistisches Amt für die Britische Besatzungszone, Hauptabteilung D: Erläuterungen zum Vierteljahresbericht der Fürsorgestatistik vom 1. Juni 1947

> *„die bis zum 31. Juli 1946 Empfänger von Bezügen nach dem Reichsversorgungsgesetz,*
> *dem Wehrmachtsfürsorge- und versorgungsgesetz, dem Reichsarbeitsdienstversorgungsgesetz*
> *oder anderen entsprechenden Versorgungsgesetzen waren".*

Als so genannte *Gleichgestellte* galten:[58]

> *„ehemalige Empfänger von Bezügen nach der Personenschädenverordnung".*

Da die erwähnten Versorgungsgesetze für Kriegsbeschädigte am 1. August 1947 durch die auf der *Reichsunfallversicherung* aufgebauten Vorschriften der *Sozialversicherungs-Direktive Nr. 27* vom 2. Mai 1947 außer Kraft gesetzt wurden, galten fortan diejenigen als Kriegsbeschädigte und Kriegshinterbliebene, die einen Anspruch auf Leistungen nach der *Sozialversicherungs-Direktive Nr. 27* hatten; wobei diese Personen gleichzeitig auch durch die öffentliche Fürsorge unterstützt werden konnten.[59] Mit anderen Worten: <u>Nur wer finanzielle Leistungen in Anspruch nahm, zählte offiziell zur Gruppe der Kriegsbeschädigten.</u>

Überliefert sind für den Untersuchungszeitraum Tabellen, welche wiedergeben, wie groß die Gruppe derjenigen gewesen ist, die finanziell von der Fürsorge unterstützt wurde. Da Kriegsversehrte im vorliegenden Fall jedoch zusammengefasst worden sind mit *Kriegshinterbliebenen* und den so genannten *Gleichgestellten* können Zahlenangaben nur mit relativer Genauigkeit gemacht werden. Zu sagen ist, dass maximal x Kriegsversehrte finanziell unterstützt wurden, wobei x immer der Gesamtzahl der unterstützten Kriegsversehrten, Kriegshinterbliebenen und Gleichgestellten entspricht; d.h. anzunehmen ist, dass weniger als x Kriegsversehrte unterstützt wurden. Gesagt werden kann jedoch, dass es nicht mehr waren. Weil in der zugrundegelegten Statistik Personen, auf welche mehrere Gruppenmerkmale zutrafen, immer nur an einer Stelle gezählt wurden, ist die vorangegangene Aussage insoweit zu relativieren, als so genannte *Flüchtlinge, Zugewanderte* (als *Zugewanderte* wurden Personen bezeichnet, die in der *SBZ* beziehungsweise Berlin beheimatet waren, ihren Wohnort nach dem 1. Januar 1945 verlassen hatten und die nicht zurückkehren wollten oder konnten) und *Evakuierte* immer nur als *Flüchtlinge, Zugewanderte* oder *Evakuierte* gezählt wurden, unabhängig von der Frage, ob sie auch kriegsversehrt waren.[60]

Zu der sich aus den Aufzeichnungen der Fürsorge ansatzweise ergebenden Anzahl von Kriegsversehrten ist die Anzahl derjenigen hinzuzurechnen, welche keine Unterstützung von der Fürsorge erhielten. Renten und Beihilfen standen Kriegsversehrten - wie bereits

---

[58] Ebd.

[59] StAH, Sozialbehörde II, 014.72 - 1 Band 1: Statistisches Amt für die Britische Besatzungszone, Hauptabteilung D: Erläuterungen zum Vierteljahresbericht der Fürsorgestatistik (Offene Fürsorge), 1. April 1948

[60] Ebd.

erwähnt - seitens der Sozialversicherungen zu.[61] Die im Folgenden zu nennenden Zahlen sind - wie eine Tabelle von Gertrud Schiefelbein[62] zeigt - tatsächlich zu niedrig, dennoch sollen sie Erwähnung finden, geben die Zahlen doch immerhin einen Eindruck von der Anzahl der von der Fürsorge unterstützten Kriegsversehrten.

Gertrud Schiefelbein bezieht sich in ihrer Arbeit auf Zahlenangaben der *Hauptfürsorgestelle Hamburg*, welche besagen, dass im **A p r i l 1 9 4 9** in **H a m b u r g** insgesamt **3 3 . 7 5 0 B e s c h ä d i g t e** lebten:[63]

TABELLE 2: DIE ANZAHL DER HAMBURGER KRIEGSBESCHÄDIGTEN IM APRIL 1949

Anzahl der Kriegsbeschädigten mit einer Erwerbsminderung von	
3 0 %	10.500
4 0 %	2.400
5 0 %	10.600
6 0 %	1.100
7 0 %	6.800
8 0 %	850
9 0 %	100
1 0 0 %	1.400
Gesamtzahl der Kriegsbeschädigten:	33.750

Ob es sich hierbei um Beschädigte allein des *Zweiten* oder aber des *Zweiten* und *Ersten Weltkrieges* handelte, bleibt offen. Zum Vergleich sei erwähnt, dass eine im Jahre 1924 durchgeführte Erhebung eine Gesamtzahl von 11612 in Hamburg lebenden Kriegsversehrten des *Ersten Weltkrieges* ergeben hatte; 11587 männliche standen 25 weiblichen Versehrten gegenüber.[64] Entsprechend einer Angabe aus dem Jahre 1948 sollen ein Jahr zuvor, 1947, in Hamburg insgesamt 60000 Kriegsbeschädigte gelebt haben; davon 27000 Schwerbeschädigte.[65] Zu vermuten ist, dass der Begriff *"Schwerbeschädigte"* als Synonym für

---

[61] StAH, Sozialbehörde II, 014.72 - 1 Band 1: Statistisches Amt für die Britische Besatzungszone, Hauptabteilung D: Erläuterungen zum Vierteljahresbericht der Fürsorgestatistik vom 1. Juni 1947

[62] Gertrud Schiefelbein: Versorgung und Fürsorge im Kriegsopferrecht. Eine Untersuchung über Entstehung und Wandel ihrer Probleme in den Ländern Deutschland, England und den Vereinigten Staaten, Dissertation zur Erlangung der Würde eines Doktors der Rechts- und Staatswissenschaftlichen Fakultät der Universität Hamburg, Hamburg 1950, S. 115

[63] Ebd.

[64] Hamburger Schriften zur Wirtschafts- und Sozialpolitik, Heft 2, S. 32

[65] Paul Neumann: Appell an die Mitarbeiter der freien Wohlfahrtspflege in der Hansestadt Hamburg. In: Hilfe in Not. Aus der Arbeit der öffentlichen und freien Wohlfahrtspflege in der Hansestadt Hamburg, Hamburg o.J. (1948), S. 5 - 23, hier: S. 18

die Empfänger öffentlicher Leistungen genutzt wurde. Hinsichtlich der Gruppe derjenigen, die bis zum ersten Vierteljahr 1950 von der Fürsorge unterstützt wurden, kann durch Hinzuziehung der Höhe der Zuwendungen angegeben werden, wieviel Geld monatlich durchschnittlich zur Verfügung stand, da die Statistik bis zum betreffenden Zeitpunkt allein so genannte *laufende Leistungen* aufweist. Erst mit Beginn des zweiten Vierteljahres 1950 wird ein sich aus laufenden und einmaligen Unterstützungen ergebender *Gesamtaufwand* ausgewiesen. Indem die Höhe der durchschnittlich im Untersuchungszeitraum zur Verfügung stehenden finanziellen Mittel in Beziehung zum Durchschnittslohn in der *Britischen Besatzungszone* beziehungsweise seit 1949 im Stadtstaat Hamburg gesetzt wird, ist es zudem möglich, eine Vorstellung von der materiellen Situation der Kriegsversehrten zu entwickeln, welche im betreffenden Zeitraum auf die Unterstützung der Fürsorge angewiesen waren. Wobei noch die finanziellen Mittel hinzuzurechnen sind, welche aufgrund der *Sozialversicherungs-Direktive Nr. 27* zur Verfügung standen.[66] Die den Akten erstmals für das Rechnungsjahr 1950 zu entnehmende *Jahresstatistik der offenen Fürsorge* vermittelt überdies einen Eindruck von der Bedeutung der in Hamburg geleisteten *Kriegsfolgenhilfe* im Verhältnis zur so genannten *allgemeinen (nicht kriegsbedingten) Fürsorge*. Zur Gruppe der Hilfsbedürftigen, welche Zahlungen im Rahmen der *Kriegsfolgenhilfe* erhielten, zählten neben den Kriegsversehrten auch *Heimatvertriebene (Flüchtlinge)*, *Evakuierte* und *Zugewanderte* aus der *Sowjetischen Besatzungszone* und Berlin [tatsächlich hieß es 1950/51 in der Jahresstatistik nicht *DDR*, sondern *Sowjetische Besatzungszone*!], *Ausländer* und *Staatenlose*, *Angehörige von Kriegsgefangenen* sowie *Vermisste* und *heimgekehrte Kriegsgefangene*.

Im Jahr 1950 wurden insgesamt DM 4.427.985,- als so genannte *Kriegsfolgenhilfe* gezahlt, während dreimal soviel, DM 13.533.997,-, auf die *„allgemeine (nicht kriegsbedingte) Fürsorge"* entfielen. Ein Jahr später, 1951, hielten sich *Kriegsfolgenhilfe* und *„allgemeine Fürsorge"* nahezu die Waage: DM 2205769,- entfielen auf die *Kriegsfolgenhilfe* und DM 2.595.193,- auf die *„allgemeine (nicht kriegsbedingte) Fürsorge"*.

---

[66] Vgl. hierzu: 4. DIE MATERIELLE UND KULTURELLE VERSORGUNG DER KRIEGSOPFER

2.1 PERSONENKREIS UND KOSTEN DER „OFFENEN FÜRSORGE"[67]

Verwaltungsmäßig unterschieden wurde zwischen *„offener"* und *„geschlossener Fürsorge"*. Unter dem Begriff *„geschlossene"* Fürsorge ist *„die Betreuung von Hilfsbedürftigen in Einrichtungen (Anstalten, Heimen usw.), oder in Familien, die Vollpflege für Tag und Nacht gewähren"*, verstanden worden.[68] Hingegen erfasste die den Akten zu entnehmende Statistik der *„offenen Fürsorge"*, *„die von den Bezirksfürsorgeämtern ausgeübte offene Fürsorge, und zwar die Zahl der laufend in bar unterstützten Parteien (Familien und Alleinstehende), die Zahl der insgesamt unterstützten Personen (Parteien zuzüglich mitunterstützte Angehörige) am Schluß jedes Vierteljahres, sowie vierteljährlich die Kosten der gesamten offenen Fürsorge".[69]

TABELLE 3: DIE ANZAHL DER VON DER FÜRSORGE UNTERSTÜTZTEN "*PARTEIEN*" 1946 - 1955 (JE GRUPPE DER HILFSBEDÜRFTIGEN / VIERTELJAHR)

I. Gruppe der Hilfsbedürftigen	laufend bar unterstützte *Parteien* („*Familienhäupter*")				
	am 31.12.1946	am 31.03.1947	am 30.06.1947	am 30.09.1947	am 31.12.1947
„Kriegsbeschädigte,	8.912	8.926	8.988	8.445	6.436
	am 31.03.1948	am 30.06.1948	am 30.09.1948	am 31.12.1948	am 31.03.1949
Kriegshinterbliebene und	5.210	2.618	2.763	2.686	2.593
Gleichgestellte"	am 30.06.1949	am 30.09.1949	am 31.12.1949	am 31.03.1950	
	2.706	2.629	2.439	2.321	

---

[67] StAH, Sozialbehörde II, 014.72 - 4 Band 1: Statistisches Amt für die Britische Besatzungszone, Bezirksfürsorgeverband Hamburg, Personenkreis und Kosten der offenen Fürsorge im Vierteljahr Okt.-Dez. 1946; Jan.-März 1947; April-Juni 1947; Juli-Sept. 1947; Okt.-Dez. 1947; Jan.-März 1948; April-Juni 1948; Juli-Sept. 1948; Okt.-Dez. 1948; Jan.-März 1949; April-Juni 1949: Juli-Sept. 1949 und Statistisches Landesamt Hamburg, Bezirksfürsorgeverband Hamburg, Personenkreis und Kosten der offenen Fürsorge im Vierteljahr Okt.-Dez. 1949; Jan.-März 1950 sowie Statistisches Lan- desamt Hamburg, Bezirks-/Landesfürsorgeverband Hamburg, Personenkreis und Kosten der offenen Fürsorge im Vierteljahr April-Juni 1950; Juli-Sept. 1950; Okt.-Dez. 1950; Jan.-März 1951; April-Juni 1951; Juli-Sept. 1951; Okt.-Dez. 1951; Jan.-März 1952 und StAH, Sozialbehörde II, 014.72 - 4 Band 1: Sozialbehörde II, Übersicht über die Einnahmen und Ausgaben der Kriegsfolgenhilfe und allgemeinen Fürsorge im Rechnungsjahr 1952/53/54/55: April-Juni 1952; Juli-Sept. 1952; Okt.-Dez. 1952; Jan.-März 1953; April-Juni 1953; Juli-Sept. 1953; Okt.-Dez. 1953; Jan.-März 1954; April-Juni 1954; Juli-Sept. 1954; Okt.-Dez. 1954; Jan.-März 1955 sowie im Rechnungsjahr 1950; 1951 und StAH, Sozialbehörde II, 014.72 - 4 Band 2: Landesfürsorgeverband Hamburg, Vierteljahresstatistik der öffentlichen Fürsorge: April-Juni 1955; Juli-Sept. 1955; Okt.-Dez. 1955

[68] StAH, Sozialbehörde II, 014.72 - 1 Band 1: Statistisches Amt für die Britische Besatzungszone, Hauptabteilung D: Erläuterungen zum Vierteljahresbericht der Fürsorgestatistik (Geschlossene Fürsorge), 1. April 1948

[69] Ebd.

Gruppe der Hilfsbedürftigen	Unterstützungsaufwand Parteien, laufende und einmalige Unterstützungen				
	am 30.06.1950	am 30.09.1950	am 31.12.1950	am 31.03.1951	
„Körperbeschädigte und Hinterbliebene aus beiden Weltkriegen und ihnen Gleichgestellte"	4.231	3.990	3.969	4.027	
	am 30.06.1951	am 30.09.1951	am 31.12.1951	am 31.03.1952	
„Kriegsbeschädigte, Kriegshinterbliebene und ihnen gleichgestellte Personen"	3.827	3.413	3.035	2.727	
	am 30.06.1952	am 30.09.1952	am 31.12.1952	am 31.03.1953	am 30.06.1953
„Kriegsbeschädigte,	2.833	2.749	2.767	2.702	2.665
Kriegshinterbliebene und	am 30.09.1953	am 31.12.1953	am 31.03.1954	am 30.06.1954	am 30.09.1954
ihnen Gleichgestellte"	2.634	2.818	2.779	2.539	2.614
	am 31.12.1954	am 31.03.1955			
	2.667	2.597			
	am 30.06.1955	am 30.09.1955	am 31.12.1955		
„Kriegsbeschädigte und Kriegshinterbliebene und ihnen gleichgestellte Personen, Angehörige von Kriegsgefangenen und Vermißten, Heimkehrer"	2.711	2.755	2.447		

Auffällig ist, dass die Anzahl der *„laufend bar unterstützten Parteien"* vom letzten Vierteljahr 1946 an betrachtet bis zum ersten Vierteljahr 1950 einschließlich rückläufig war. Im Dezember 1946 unterstützte die Fürsorge 8912 Hilfsbedürftige. Der Kreis der Unterstützten verkleinerte sich bis zum März 1950 auf 2321. Waren seit dem Dezember 1946 nahezu kontinuierlich immer weniger „*Familienhäupter*" von der Fürsorge unterstützt worden, verringerte sich nach der *Währungsreform* am 20. Juni 1948 die Anzahl der Unterstützten sogar um die Hälfte; nämlich von 5210 am 31. März auf 2618 Ende Juni 1948. Begründet könnte dieser Rückgang in mehrfacher Hinsicht gewesen sein. Denkbar ist eine Verschärfung der Richtlinien, welche die Gruppe der Anspruchsberechtigten bestimmten. Möglich wäre es auch, dass sich die materielle Situation der ursprünglich auf die Fürsorge angewiesenen „*Parteien*" insoweit verbesserte, als sie nicht mehr der Zuwendungen bedurften; möglicherweise erhielten sie von anderer Seite Unterstützungen. Nicht zuletzt könnte eine eventuell gegebene hohe Sterblichkeit - auch durch eine große Anzahl von Selbsttötungen bedingt[70] - innerhalb der genannten Gruppe den Kreis der Unterstützten derart drastisch verringert haben.

In der Zeit nach der *Währungsreform* bis zum Jahre 1955 schwankte die Anzahl der unterstützten „*Parteien*" („*Familienhäupter*") zwischen ca. zweieinhalb und viertausend; wobei seit dem ersten Quartal 1952 stets weniger als dreitausend „*Familienhäupter*" von der Fürsorge unterstützt wurden. **Werden Ausgangs- und Endpunkt der vorliegenden Betrachtung hervorgehoben, ist zu sagen, dass 1955 zwei Drittel weniger kriegsbeschädigte „*Familienhäupter*" von der Fürsorge finanziell unterstützt wurden als 1946. Absolut sank die Anzahl von knapp 9000 auf etwa 2500.** Im April 1950 veränderte sich von der erhaltenen Statistik her gesehen die Bezeichnung der für die vorliegende Untersuchung relevanten Gruppe. Die „*Vierteljahresstatistik der offenen Fürsorge*" für den Zeitraum April bis Juni 1950 spricht von „*Körperbeschädigten und Hinterbliebenen aus beiden Weltkriegen und ihnen Gleichgestellten*". Da die genannte Gruppe eine von mehreren Gruppen ist, die unter dem Stichwort „*Kriegsfolgenhilfe*" zusammengefasst wurden, dürften „*Körperbeschädigte*" Beschädigte sein, deren Behinderung eine Folge des Krieges war. Bemerkenswert ist jedoch, dass sich die betreffende Gruppe - wenn sie als vergleichbar mit der bis März 1950 statistisch erfassten Gruppe angesehen wird - vom ersten zum zweiten Vierteljahr 1950 nahezu verdoppelt hat. Als Grund hierfür könnte angenommen werden, dass mit Beginn April 1950 neben so genannten *laufenden* auch *einmalige* Unterstützungen von der Fürsorge gewährt wurden.

Am Beginn des zweiten Vierteljahres 1951 wurde die Bezeichnung der hier relevanten Gruppe erneut verändert; nunmehr war die Rede von „*Kriegsbeschädigten, Kriegshinterbliebenen und ihnen gleichgestellten Personen*" beziehungsweise von „*Kriegsbeschädigten, Kriegshinterbliebenen und Gleichgestellten*". **Entsprechend dem *BVG* waren „*Gleichgestellte*" Beschädigte, deren Erwerbsminderung mindestens 30% betrug; sie unterschieden sich insoweit von den im *BVG* als „*Schwerbschädigte*" bezeichneten Versehrten, als deren Erwerbsminderung mindestens 50% ausmachte.**[71]

Abgesehen von geringen Schwankungen verkleinerte sich die Gruppe der von der Fürsorge unterstützten „*Kriegsbeschädigten, Kriegshinterbliebenen und ihnen gleichgestellten Personen*" beziehungsweise „*Kriegsbeschädigten, Kriegshinterbliebenen und Gleichgestellten*" seit der zweiten Hälfte des Jahres 1950 nahezu kontinuierlich. Im zweiten Vierteljahr 1955 wurde die Gruppe der

---

[70] Vgl. hierzu: 6.1 UNION DER SCHWERBESCHÄDIGTEN BEIDER WELTKRIEGE

[71] Rühland, S. 203

Kriegsbeschädigten in der vorliegenden Statistik zusammengefasst mit der Gruppe der Angehörigen von Kriegsgefangenen und Vermissten sowie mit der Gruppe der Heimkehrer. Dies bedingte, dass die Anzahl derer anstieg, welche zur Gruppe jener gehörten, die auch die Kriegsbeschädigten umfasste; die Anzahl der von der Fürsorge unterstützten Kriegsbeschädigten muss damit jedoch nicht zugenommen haben.

<u>TABELLE</u> 4: DIE ANZAHL DER VON DER FÜRSORGE UNTERSTÜTZTEN "*PERSONEN*" 1946 - 1955 (JE GRUPPE DER HILFSBEDÜRFTIGEN / VIERTELJAHR)

II. <u>Gruppe der Hilfsbedürftigen</u>	laufend bar unterstützte Personen insgesamt (*„Familienhäupter*" + Angehörige)				
„Kriegsbeschädigte, Kriegshinterbliebene und Gleichgestellte"	am 31.12.1946	am 31.03.1947	am 30.06.1947	am 30.09.1947	am 31.12.1947
	16.755	16.780	16.897	15.876	12.100
	am 31.03.1948	am 30.06.1948	am 30.09.1948	am 31.12.1948	am 31.03.1949
	9.795	4.922	5.194	5.050	4.693
	am 30.06.1949	am 30.09.1949	am 31.12.1949	am 31.03.1950	
	4.898	4.864	4.512	4.294	
<u>Gruppe der Hilfsbedürftigen</u>	Unterstützungsaufwand Personen, laufende <u>und</u> einmalige Unterstützungen				
„Körperbeschädigte und Hinterbliebene aus beiden Weltkriegen und ihnen Gleichgestellte"	am 30.06.1950	am 30.09.1950	am 31.12.1950	am 31.03.1951	
	7.010	7.032	7.068	7.144	
„Kriegsbeschädigte, Kriegshinterbliebene und ihnen gleichgestellte Personen"	am 30.06.1951	am 30.09.1951	am 31.12.1951	am 31.03.1952	
	6.746	5.938	5.245	4.611	
„Kriegsbeschädigte, Kriegshinterbliebene und ihnen Gleichgestellte"	am 30.06.1952	am 30.09.1952	am 31.12.1952	am 31.03.1953	am 30.06.1953
	4.712	4.556	4.569	4.456	4.400
	am 30.09.1953	am 31.12.1953	am 31.03.1954	am 30.06.1954	am 30.09.1954
	4.348	4.715	4.692	4.006	4.024
	am 31.12.1954	am 31.03.1955			
	4.149	4.051			
„Kriegsbeschädigte und Kriegshinterbliebene und ihnen gleichgestellte Personen, Angehörige von Kriegsgefangenen und Ver-	am 30.06.1955	am 30.09.1955	am 31.12.1955		
	4.120	3.985	3.571		

mißten, Heimkehrer"					

Vergleichbar der Gruppe der „*Familienhäupter"* verkleinerte sich auch der Kreis der „*laufend bar unterstützen Personen",* d.h. der „*Familienhäupter"* und ihrer Angehörigen, von ursprünglich 16755 im Dezember 1946 auf 4294 Personen im März 1950, um dann im Juni 1950 einen Sprung auf 7010 Personen zu machen. Auch hier könnte das neue Element der einmaligen Unterstützungen eine Erklärung dafür abgeben, warum die Anzahl der unterstützten Personen mit Beginn des zweiten Vierteljahres 1950 wieder anstieg, um dann Mitte 1951 erneut rückläufig zu werden. **Letztendlich pendelte sich die Anzahl der unterstützten „*Familienhäupter"* und ihrer Angehörigen bis 1955 bei ca. viertausend ein, d.h., gemessen am Jahr 1946, in dem mehr als 16000 „*Familienhäupter"* und Angehörige von der Fürsorge unterstützt wurden, waren es im Jahre 1955 drei Viertel weniger.**

TABELLE 5: DIE HÖHE DER FÜRSORGEKOSTEN 1946 - 1954 (JE GRUPPE DER HILFSBEDÜRFTIGEN / VIERTELJAHR IN RM/DM)

III. Gruppe der Hilfsbedürftigen	Aufwand in „*vollen RM"*				
	Okt.-Dez. 1946	Jan.-März 1947	Apr.-Juni 1947	Juli-Sept. 1947	Okt.-Dez. 1947
„Kriegsbeschädigte, Kriegshinterbliebene und Gleichgestellte"	1.571.580,--	1.488.305,--	1.411.460,--	1.306.625,--	1.011.583,--
Gruppe der Hilfsbedürftigen	Aufwand in „*vollen RM/DM"*				
	Jan.-März 1948	Apr.-Juni 1948	Juli-Sept. 1948	Okt.-Dez. 1948	Jan.-März 1949
„Kriegsbeschädigte, Kriegshinterbliebene und Gleichgestellte"	813.145,--	345.753,--	345.424,--	326.143,--	334.327,--
Gruppe der Hilfsbedürftigen	Aufwand in „*vollen DM"*				
	Apr.-Juni 1949	Juli-Sept. 1949	Okt.-Dez. 1949	Jan.-März 1950	
„Kriegsbeschädigte, Kriegshinterbliebene und Gleichgestellte"	349.982,--	342.938,--	312.499,--	265.760,--	
Gruppe der Hilfsbedürftigen	Aufwand in „*vollen DM",* laufende <u>und</u> einmalige Unterstützungen				
	Apr.-Juni	Juli-Sept.	Okt.-Dez.	Jan.-März	

	1950	1950	1950	1951	
„Körperbeschädigte und Hinterbliebene aus beiden Weltkriegen und ihnen Gleichgestellte"	803.530,--	639.178,--	989.230,--	975.581,--	
	Apr.-Juni 1951	Juli-Sept. 1951	Okt.-Dez. 1951	Jan.-März 1952	
„Kriegsbeschädigte, Kriegshinterbliebene und ihnen gleichgestellte Personen"	964.359,--	1.244.642,--	1.093.835,--	883.539,--	
	Apr.-Juni 1952	Juli-Sept. 1952	Okt.-Dez. 1952	Jan.-März 1953	
„Kriegsbeschädigte, Kriegshinterbliebene und ihnen Gleichgestellte"	740.815,13	803.847,89	931.904,31	688.841,13	
<u>Gruppe der Hilfsbedürftigen</u>	Aufwand in DM, laufende <u>und</u> einmalige Unterstützungen				
	Apr.-Juni 1953	Juli-Sept. 1953	Okt.-Dez. 1953	Jan.-März 1954	
„Kriegsbeschädigte, Kriegshinterbliebene und ihnen Gleichgestellte"	593.154,42	761.798,78	913.424,34	833.603,63	

Der von der Fürsorge geleistete finanzielle Aufwand verringerte sich bis zur *Währungsreform* kontinuierlich. Nach der *Währungsreform* stagnierte der Aufwand, um dann im zweiten Vierteljahr 1950 sprunghaft anzusteigen. Die geleistete finanzielle Unterstützung verdreifachte sich nahezu: Im ersten Vierteljahr 1950 betrug sie DM 265760.-, im zweiten waren es DM 803530.-. Analog hierzu vergrößerte sich - wie oben erwähnt - die Gruppe der Anspruchsberechtigten. Ein Drittel der Zahlungen - DM 305143.- - entfiel im zweiten Halbjahr 1950 auf so genannte *einmalige* Unterstützungen. Im dritten Vierteljahr 1951 überstieg die Höhe der Summe der *einmaligen* Unterstützungen erstmals die Höhe der Summe der *laufenden* Unterstützungen: DM 742204.- wurden für so genannte *einmalige* Unterstützungen und DM 502438.- für *laufende* Unterstützungen ausgegeben. Das ursprüngliche Verhältnis - höchstens ein Drittel *einmalige* und mindestens zwei Drittel *laufende* Unterstützungen - pendelte sich jedoch im letzten Vierteljahr 1951 wieder ein. Insgesamt schwankte die Höhe der Zahlungen seit der zweiten Hälfte des Jahres 1950 und der ersten Hälfte des Jahres 1954 zwischen ca. DM 600000.- und 1000000.-. Mit Beginn des zweiten Quartals 1954 liegen keine Angaben mehr zur Höhe der Zahlungen an Kriegsbeschädigte vor.

Die den Akten für das zweite Vierteljahr 1952 erstmals zu entnehmende Höhe der Summe der finanziellen Aufwendungen, betr.: *„geschlossene Fürsorge" („Anstalts- und Heimpflege")* für *„Kriegsbeschädigte, Kriegshinterbliebene und ihnen Gleichgestellte"*, vermittelt einen Eindruck von der Anzahl der Fürsorgeempfänger, welche den Kreis der bislang erwähnten Kriegsversehrten ergänzten. Im genannten Zeitraum wurden DM 385567,44 für diese Gruppe aufgewendet. Die Summe entspricht gut der Hälfte der Summe, welche im Vergleichszeitraum für die *„offene Fürsorge"* zur Verfügung stand. Innerhalb der *„offenen Fürsorge"* waren es insgesamt 4712 Personen, die mit der genannten Summe unterstützt wurden. Mit großer Wahrscheinlichkeit ist daher zu sagen, dass es nicht mehr als 4712 in *„Anstalten"* untergebrachte Personen gewesen sein werden, die im zweiten Vierteljahr 1952 auch von der Fürsorge unterstützt wurden. In den folgenden Quartalen glich sich die Höhe der Summe der für die *„offene"* beziehungsweise *„geschlossene Fürsorge"* aufgebrachten finanziellen Mittel kontinuierlich an; wobei stets mehr Mittel für die *„offene Fürsorge"* bereitstanden. Erwähnt wurde bereits, dass sich die Anzahl der innerhalb der *„offenen Fürsorge"* unterstützten *„Familienhäupter"* im genannten Zeitraum zwischen zweieinhalb bis viertausend bewegte, d.h. maximal dürften es viertausend Kriegsversehrte gewesen sein, die Anfang der fünfziger Jahre im Rahmen der *„geschlossenen Fürsorge"* versorgt wurden.

2.2 KRIEGSVERSEHRTENSCHICKSALE NACHVOLLZOGEN MIT-HILFE VON KRANKENUNTERLAGEN DES *AK ST. GEORG*

Krankenunterlagen, welche in den Jahren 1946 bis 1955 in einem der Hamburger Krankenhäuser, dem *AK St. Georg*, angelegt wurden, gewähren - sowohl in medizinischer als auch sozialer Hinsicht - detaillierte Einblicke in die Situation einer Anzahl Versehrter, nämlich der im *AK St. Georg* behandelten. Überliefert sind schwerpunktmäßig Akten aus den fünfziger Jahren, insbesondere der Jahre 1953/54. Die Gründe für den jeweiligen Krankenhausaufenthalt waren unterschiedlicher Art: Neben einer Begutachtung für einzelne Versicherungsträger wurden im *AK St. Georg* Kriegsversehrte beispielsweise wegen Alkoholabusus, epileptischer Anfälle, Kopfschmerzen, Kreislaufstörungen, Lähmungserscheinungen oder infolge von Verkehrsunfällen behandelt. Die Krankenunterlagen ermöglichen u.a. Aussagen zum Geburtsjahrgang und -ort, zum Familienstand und Beruf sowie zur Art der Verwundung. Erhalten geblieben sind 65 Akten Kriegsversehrter. Die betreffenden Akten sind Teil des Gesamtbestandes an Krankenunterlagen, welche für den genannten Zeitraum überliefert wurden.[72] 97% (63) der im *AK St. Georg* behandelten Kriegsversehrten waren Männer, 3% (2) Frauen. Der älteste, der im *AK St. Georg* behandelten Kriegsversehrten, war im Jahre

---

[72] Da die im Folgenden zu nennenden Prozentwerte auf volle Kommastellen aufgerundet wurden, kann eine Addition derselben zu einem höheren Prozentwert als 100 führen.

1890 geboren worden, die beiden jüngsten 1927. Die meisten Kriegsversehrten, 29, waren zwischen 1910 und 1919, die wenigsten, 2, zwischen 1890 und 1900 geboren worden. 22 Kriegsversehrte gehörten den Geburtsjahrgängen zwischen 1920 und 1927 an, 12 denjenigen zwischen 1900 und 1909. Mehr als 78% (51) der im *AK St. Georg* behandelten Kriegsversehrten waren zwischen 1910 und 1927 geboren worden. Der Geburtsjahrgang 1913 wies mit 7 (11%) Versehrten die meisten Kriegsversehrten auf. Eine der beiden kriegsversehrten Frauen war 1890, die andere 1916 geboren worden. 29% (19) der Kriegsversehrten gaben an, in Hamburg geboren worden zu sein, weitere 9% (6) waren in Altona und Harburg geboren worden; diese Städte wurden in den späten dreißiger Jahren des 20. Jahrhunderts Hamburg eingemeindet. Von den beiden kriegsversehrten Frauen war eine in Hamburg geboren worden. Mithin kann für 40% (26) der im *AK St. Georg* behandelten Kriegsversehrten gesagt werden, dass sie Hamburger waren. 68% (44) der im *Ak St. Georg* behandelten Kriegsversehrten waren verheiratet, 9% (6) geschieden, 17% (11) ledig, 6% (4) machten keine Angabe zum Familienstand. Beide Frauen waren verheiratet, wobei eine der Frauen angab, dass ihr Ehemann "vermisst" war. Die Mehrheit der Kriegsversehrten, 45% (29), machte keine Angabe hinsichtlich der Frage, ob sie Kinder hatten oder nicht. 17% (11) verneinten diese Frage. 38% (25) gaben an, Kinder zu haben; wobei 12 Kriegsversehrte Vater eines Kindes waren, 7 hatten 2 Kinder, 2 hatten 3 und 4 Versehrte waren Vater von 4 Kindern. Beide Frauen waren nicht Mutter eines Kindes.

Als Zwischenergebnis kann festgehalten werden: Die Mehrheit der im *AK St. Georg* behandelten Kriegsversehrten waren verheiratete Männer, die zwischen 1910 und 1927 außerhalb Hamburgs geboren worden waren und die keine Angabe hinsichtlich der Frage machten, ob sie Vater eines Kindes waren oder nicht; wobei nahezu ebensoviele festhielten, Vater eines oder mehrerer Kinder zu sein.

Gut die Hälfte der Versehrten, 51% (33), war berufstätig. Ein Viertel der Kriegsversehrten, 25% (16), gab an, Rentner zu sein. Erwerbslos waren nach eigenen Angaben 11% (7). Keine Angaben zur Berufstätigkeit machten 14% (9). Letzteres galt auch für eine der beiden Frauen, die andere war Rentnerin.

Hinsichtlich der Verwundungsarten überwogen unter den Patienten des *AK St. Georg*, deren Krankenunterlagen überliefert worden sind, mit 52% (34) die Kopfverletzungen, 32% (21) der Patienten waren u.a. durch die Folgen von Verschüttungen oder einer Kriegsgefangenschaft (Dystrophiker) zu Versehrten geworden. 15% (10) wiesen Extremitätenverletzungen auf.

II. Medizinische Aspekte

3. DER ANSPRUCH DER KRIEGSVERSEHRTEN AUF HEILBEHANDLUNG

„Die Unterbringung der Kriegsbeschädigten in geschlossenen Heimen ist fast völlig aufgegeben worden. Es hat sich gezeigt, dass die Absonderung von den gesunden Menschen dazu geführt hat, die Depressionen der Beschädig- ten über ihre körperliche Behinderung nur zu vertiefen. Erfahrungsgemäss zeigen die Kriegsbeschädigten auch wenig Neigung, mit ihren Schicksalsge- nossen auf engem Raum zusammenzuleben. Nach Möglichkeit sollen alle Kriegsbeschädigten wieder in ihre Familien zurückgeführt werden. Das ist in Deutschland heute aber sehr oft nicht möglich. Viele der heimgekehrten Soldaten finden weder Angehörige noch Freunde vor, die sich ihrer anneh- men können. Für sie bestehen verschiedene Heime, in denen sie wohnen können, bis sie des Schutzes des Heimes nicht mehr bedürfen."
(Gertrud Schiefelbein, S. 116)

In der Besatzungszeit und später hatten Kriegsversehrte, die in einem versicherungs- pflichtigen Arbeitsverhältnis standen, als Krankenkassenmitglieder Anspruch auf Heilbe- handlung. Das *Bundesversorgungsgesetz* des Jahres 1950 sicherte diesen Anspruch auch nichtversicherten Kriegsversehrten zu. Nichtversicherte wurden für die Behandlung ihres Kriegsbeschädigungsleidens einer Krankenkasse zugeteilt. Diese so genannten *Zugeteilten* wurden auf Grundlage des vom *Bundesarbeitsministerium* ausgegebenen "Bundesbehandlungsschei- nes für Zugeteilte" nach einem Bundestarif für Kriegsbeschädigte (dem "Bundesversorgungstarif") medizinisch behandelt. Die *Bundesbehandlungsscheine* hatten die behandelnden Ärzte nach Ab- lauf eines Behandlungsvierteljahres den zuständigen Abrechnungsstellen der *Kassenärztlichen Vereinigung* zuzustellen; diese rechneten im Weiteren mit den Kassen ab.[73] Mithin sicherte die Gemeinschaft der Krankenkassenmitglieder nach 1950 die medizinische Versorgung nicht- versicherter Kriegsversehrter.

Vor 1950 stellte sich die Situation in ihren Grundzügen in Hamburg vergleichbar dar:[74] Versicherte Beschädigte hatten bei ihrer Krankenkasse einen Antrag auf "Heilfürsorge" zu stellen. Dies galt auch für aus der *Wehrmacht* Entlassene, die vor ihrer Einberufung Mitglied einer Krankenkasse gewesen waren. Die Kasse hatte den Versehrten innerhalb der ersten drei Wochen nach ihrer Entlassung "Heilfürsorge" zu gewähren. Nichtversicherte Beschädigte - Beschädigte, die noch nicht im Berufsleben gestanden hatten oder Angehörige *Freier Berufe* - konnten beim *Versorgungsamt* "Heilfürsorge" beantragen. Sie erhielten dann den so genannten

---

⁷³ Sievers: Das Bundesversorgungsgesetz. In: „Ärztliche Mitteilungen", 36. Jhg., Heft 13, 1. Mai 1951, S. 185 - 188
⁷⁴ StAH, Sozialbehörde II, 150.10-4: Ausschnitt aus der Niederschrift über die Besprechung mit den Fürsorgestellen für KB. und KH. am 19. Januar 1946

Heilfürsorgeschein und wurden der *AOK* zugeteilt. „*Art, Umfang und Dauer der Heilfürsorge*" waren die gleiche, wie die Krankenkasse sie ihren versicherten Mitgliedern gewährte.

Hinsichtlich der Bewilligung medizinischer Leistungen sind für die Zeit nach dem Ende des *Zweiten Weltkrieges* drei Institutionen zu nennen, die jeweils unterschiedliche Aufgaben wahrnahmen; nämlich *Krankenkassen*, die der *Gesundheits- und Sozialverwaltung* unterstehenden *Versorgungsämter* sowie die *Orthopädischen Versorgungs-* beziehungsweise *Beschaffungsstellen.*[75]

> 1. <u>Krankenkassen</u> kamen auf für ärztliche Behandlungen, die Versorgung mit Arzneien, Brillen und Bruchbändern sowie anderen Heilmitteln und die Krankenhauspflege

> 2. <u>Versorgungsämter</u> waren zuständig für die Bewilligung von *Blindenführhunden,* Heilkuren und Zahnersatz

> 3. <u>Orthopädische Versorgungs-/Beschaffungsstellen</u> hielten *Blindenführhunde,* Hörapparate, orthopädische Handschuhe, Krankenfahrzeuge, Körperersatzstücke, Regenmäntel, orthopädisches Schuhwerk, Stumpfstrümpfe usw. bereit.

Die medizinische Versorgung der Kriegsversehrten erfolgte in städtischen Krankenhäusern beziehungsweise in öffentlichen Dienstgebäuden, die für Krankenhauszwecke genutzt wurden - u.a. handelte es sich dabei um Schulen und Finanzämter[76] - sowie in so genannten *Hilfskrankenhäusern.* Anfang 1946 wurde ein Teil der Wehrmachtslazarette der *Gesundheitsverwaltung* übergeben und von dieser als "*Hilfskrankenhäuser*" weitergeführt (u.a. handelte es sich um die Lazarette: *Bergedorf, Berne, Blankenese, Flottbek, Ohlstedt, Rahlstedt, Sasel* und *Wellingsbüttel*)[77].

In den *Hilfskrankenhäusern* führte die *Amtliche Hauptfürsorgestelle für Kriegsbeschädigte und Kriegshinterbliebene* ab Februar 1946 alle zwei Wochen Sprechtage durch. Erörtert wurden anläßlich dieser *Sprechtage* Fragen zum Beruf und Arbeitseinsatz, zur Wohn- und Zuzugsgenehmigung, zu Beihilfen und Vergünstigungen, Ausweisen usw.[78]

---

[75] Ebd. u. StAH, Sozialbehörde II, 150.10-5: Schreiben des Leiters der Orthopädischen Versorgungsstelle Hamburg vom 6 Juli 1946 an das Hauptversorgungsamt Nordmark

[76] StAH, Wohnungsamt II, 191: Schreiben von Medizinalrat Dr. Nachtrab vom 4. Januar 1949 an das Wohnungsamt der Hansestadt Hamburg

[77] StAH, Sozialbehörde II, 150.10 - 9: Niederschrift von dem Ergebnis einer "Besprechung am 24. Januar 1946 über offene Fragen, die sich aus der Übernahme der Lazarette in den Bereich der Gesundheitsverwaltung ergeben haben" zwischen Vertretern der Gesundheits- und Sozialverwaltung u.a.

[78] StAH, Sozialbehörde II, 150.10 - 9: Schreiben der Amtlichen Hauptfürsorgestelle für Kriegsbeschädigte und Kriegshinterbliebene vom 12. Februar 1946 an die Gesundheitsverwaltung Hamburg

Überliefert ist der Bericht einer Mitarbeiterin der *"Deutschen Hilfsgemeinschaft"*[79] vom Februar 1946, welcher die von dieser anläßlich zweier Besuche im *"Hilfskrankenhaus"* Flottbek gesammelten Eindrücke wiedergibt:[80]

"Bei den entlassenen Soldaten herrscht eine unbeschreibliche Not. In den letzten Tagen wurden viele Entlassungen vorgenommen, bei denen der Befehl lautete, daß das Lazarett innerhalb von 24 Std. verlassen werden müsste. Die Versehrten - es handelt sich in den meisten Fällen um Schwerverwundete - sind ohne Geldmittel, sie haben keine Unterkunfts- und Arbeitsmöglichkeiten, die meisten sind hier fremd und ganz allein; die Kleidung ist nicht ausreichend, die seelische Verfassung katastrophal. Es ist daher nicht verwunderlich, daß die Fälle der Selbstmorde in den Lazaretten zunehmen. Der Zustand ist so trostlos, daß unsbedingt [sic!] etwas unternommen werden muss, um hier eine Änderung zu schaffen. Die jetzt entlassenen Soldaten haben z.B. zuletzt Ende Januar RM 30,-- erhalten. Sie sollen dann noch Taschengelder von je RM 1,-- erhalten, diese Beträge können jedoch nur dann ausgezahlt werden, wenn die Mittel hierfür vorhanden sind, welches leider nicht immer der Fall ist. Um weiter zu kommen, müssen sich die Entlassenen zunächst bei der Sozialabteilung des zuständigen Ortsamtes melden, bei der sie Überbrückungsgelder erhalten. Wegen einer Unterkunftsmöglichkeit müssen sie dann zu der Zentrale des Wohnungsamtes, Bieberhaus. Diese Stelle teilt ihnen dann mit, in welchem Lager sie untergebracht werden. Von diesen Lagern werden sie dann den verschiedenen Arbeitsämtern zugewiesen. Die Fahrkarten müssen sie sich von der S.V. [Sozialverwaltung?] im Bieberhaus holen. Alle diese Wege und das lange Warten sind Schwierigkeiten, die für die Schwerkriegsversehrten kaum tragbar sind. Ein entlassener Soldat hatte z.B. ein Zimmer nachgewiesen bekommen, das so schlecht war, daß er nicht darin wohnen konnte. Es wurde ein anderes Zimmer gesucht. Man fand einen Raum, der ohne ein Möbelstück war. Der junge Mann, dem ein Bein amputiert war, war den ganzen Tag herumgelaufen, um die erforderlichen Dinge zu ordnen. Er kam völlig erschöpft wieder zum Lazarett zurück und erklärte, er bliebe die Nacht noch dort, obgleich es nicht erlaubt sei, sein Bett sei noch frei und er ginge einfach nicht. Alles andere wäre ihm gleichgültig. Der Betreuungsoffizier meinte, auch er könnte und würde nichts dazu sagen, denn es sei doch unmöglich, den jungen Menschen auf die Strasse zu setzen. Da die meisten Kriegsversehrten nicht ausreichend mit Kleidung versorgt sind, ist es

---

[79] Die Deutsche Hilfsgemeinschaft (DHG) wurde am 18. Oktober 1945 vom Hamburger Bürgermeister Rudolf Petersen gegründet. Ziel der Hilfsgemeinschaft war es, die Not der Menschen zu lindern und ihnen Mut zur Zukunft zu geben. Bei der Militärregierung setzte sich die Deutsche Hilfsgemeinschaft u.a. dafür ein, dass Versehrte mit Kleidung versorgt und die zur Prothesenherstellung erforderlichen Materialien zur Verfügung gestellt wurden (vgl. StAH, Verbindungsstelle zur Militärregierung, III 1 Band 4: Schreiben der Deutschen Hilfsgemeinschaft vom 18. und 30. April 1946 an Miss Dickinson, Militärregierung, Public Welfare u. StAH, Verbindungsstelle zur Militärregierung, III 1 Band 3: Schrei- ben der Deutschen Hilfsgemeinschaft vom 25. Januar 1946 an Major Maccoll, Militärregierung).
[80] StAH, Sozialbehörde II, 150.10 - 9: "Bericht über die Besuche im Hilfslazarett Gross-Flottbek am 11. und 12.2.1946" seitens einer Mitarbeiterin der Deutschen Hilfsgemeinschaft e.V.

dringend notwendig, dass alles versucht wird, um hier zu helfen. Es würde durchaus genü-
gen, wenn wenn [sic!] sie altes oder gebrauchtes Militärzeug bekämen, das sie sich selbst än-
dern können oder [sic!] und würden."

Obigen Bericht, der die Situation Kriegsversehrter als *"trostlos"* beschrieb, bezeichnete der für die *Sozialverwaltung* zuständige Senator Nevermann einen Monat später, im März 1946, als *"sehr übertrieben".*[81]

In Not geratene Kriegsversehrte fanden auch bei der Kirche Unterstützung. Diese setzte in den Hamburger Kirchengemeinden „*Kriegsversehrtenbetreuer*" ein.[82]

3.1 AMPUTATIONEN

TABELLE 6: DIE ANZAHL DER ORTHOPÄDISCH VERSORGTEN IM JAHRE 1955[83] (NACH DER ART DER SCHÄDIGUNG)

ART DER SCHÄDIGUNG	ORTHOPÄDISCH VERSORGTE, DEREN SCHÄDIGUNG EINGETRETEN IST NACH DEM 31.08.1939 ODER VOR UND NACH DEM 31.08.1939
Gesamtzahl der orthopädisch versorgten Kriegsbeschädigten	12.328
darunter:	
Einseitig Beinamputierte	3.514
davon:	
Oberschenkelamputierte	1.919
Unterschenkelamputierte	1.319
Fußstümpfe	276
Einseitig Armamputierte	1.027
davon:	
Oberarmamputierte	678
Unterarm- und Handamputierte	349
Doppelt-Beinamputierte	233
davon:	
Doppelt-Oberschenkelamputierte	25
Doppelt-Unterschenkelamputierte	93

[81] StAH, Sozialbehörde II, 150.10 - 9: Schreiben von Senator Dr. Nevermann vom 23. März 1946 an die Deutsche Hilfsgemeinschaft e.V., z. Hd. Herrn Senator Neumann
[82] StAH, Sozialbehörde II, 150.10 - 1 Band 2: Schreiben von Pastor Rottenberger, Landeskirchliches Amt für Innere Mission, vom 5. Dezember 1947 an die Amtliche Hauptfürsorgestelle für Kriegsbeschädigte und Kriegshinterbliebene
[83] StAH, Sozialbehörde II, 4.014.80 - 3 Band 1: „Die orthopädisch versorgten Kriegsbeschädigten nach den für die orthopädische Versorgung bedeutensten [sic!] Schädigungen und nach der Art der benutzten größeren Hilfsmittel", Land Hamburg, Stand: 30.09.1955

Doppelte Fußstümpfe	75
Sonstige (z.B. 1 Ober- und 1 Unter-schenkel amputiert)	40
Doppelt-Armamputierte	20
davon:	
Doppelt-Oberarmamputierte	3
Doppelt-Unterarm und -Handamputierte	15
Sonstige (z.B. 1 Ober- und 1 Unterarm amputiert)	2
Sonstige Doppelt-Amputierte (z.B. 1 Bein und 1 Arm)	21
Dreifach-Amputierte	4
davon:	
Doppelt-Bein- bzw. -Fußstumpf- und Ein-seitig-Arm- bzw. -Handamputierte	2
Doppelt-Arm- bzw. Hand- und Einseitig-Bein- bzw. -Fußstumpfamputierte	2
Vierfach-Amputierte	./.
Sonstige Amputierte	659
Ohnhänder insg.	22
Blinde	159
darunter:	
blinde Ohnhänder	5
Blinde mit sonstigen schweren Beschädigungen	14
Querschnittsgelähmte	30

TABELLE 7: DIE ART UND ANZAHL DER VON DEN ORTHOPÄDISCH VERSORG-TEN BENUTZTEN HILFSMITTEL IM JAHRE 1955[84]

ART DES BENUTZTEN HILFSMITTELS	ORTHOPÄDISCH VERSORGTE, DEREN SCHÄDI-GUNG EINGETRETEN IST NACH DEM 31.08.1939 ODER VOR UND NACH DEM 31.08.1939
Gesamtzahl der orthopädisch versorgten Kriegsbeschädigten	12.328
Apparateträger	1.106
davon:	
an den unteren Extremitäten (einschl. einf. und dopp. Beinschienen)	458
an den oberen Extremitäten	471
am Rumpf (Korsetts, nicht einfache Leibbandagen)	177
Träger orthopädischen Maßschuhwerks	4.378
Träger von Hörapparaten	163

[84] StAH, Sozialbehörde II, 4.014.80 - 3 Band 1: „Die orthopädisch versorgten Kriegsbeschädigten nach den für die orthopädi-sche Versorgung bedeutenstten [sic!] Schädigungen und nach der Art der benutzten größeren Hilfsmittel", Land Hamburg, Stand: 30.09.1955

davon:	
Kohlebatteriegeräte	9
Röhrengeräte	154
Benutzer von Kranken- und motorisierten Fahrzeugen	230
davon:	
Benutzer von Selbstfahrern	109
„ Krankenschiebewagen	14
„ Zimmerfahrstühlen	24
„ mit Kostenzuschüssen beschafften mot. Krankenfahrzeugen	22
„ mit Kostenzuschüssen beschafften sonst. mot. Fahrzeugen	61
mit sonst. Hilfsmitteln orthopädisch Versorgte	2.306

Einen Eindruck von der Art und dem Ausmaß der orthopädischen Versorgung Kriegsversehrter in Hamburg vermittelt eine 1955 erstellte Statistik: Die Karteikarten der *Orthopädischen Versorgungsstellen* bilden die Grundlage dieser Statistik, welche einerseits Auskunft über die Schädigungen gibt, die Versehrte und nicht Versehrte - Bezugspunkt ist der *Erste Weltkrieg* - im *Zweiten Weltkrieg* erlitten hatten, andererseits wird auch über die den Versehrten zur Verfügung gestellten Hilfsmittel informiert. **Insgesamt wurden 12.328 Kriegsversehrte des *Zweiten Weltkrieges* - mithin weniger als ein Prozent der hamburgischen Bevölkerung - orthopädisch versorgt.**[85] Für nicht ganz die Hälfte der Kriegsversehrten, 5667, liegen Angaben zur Art ihrer Schädigung vor. Die größte Gruppe bildeten die Beinamputierten mit 3514 Personen. Die zweitgrößte Gruppe stellten die einseitig Armamputierten mit 1027 Betroffenen.[86]

Die Tragweite der jeweiligen Knochenfrakturen und Gefäßverletzungen beziehungsweise deren unzureichende Behandlungsmöglichkeiten, insbesondere das lokal gegebene Fehlen eines wirksamen medikamentösen Schutzes vor Entzündungen, bedingten im Krieg Amputationsentscheidungen.

Ein knappes Jahrzehnt zuvor, im Mai 1946, hatte sich die Situation in Hamburg ähnlich dargestellt: Einer den Akten der *Sozialverwaltung* zu entnehmenden Angabe zufolge, lebten am 13. Mai 1946 in Hamburg 6226 Beinamputierte und 3944 Armamputierte, d.h. auch 1946 bildeten die beinamputierten Kriegsversehrten die größere Gruppe.[87]

---

[85] 1955 zählte Hamburg 1752125 Einwohner (Statistik der Ärzteschaft. In: „Hamburger Ärzteblatt", 9. Jhg., Nr. 4, April 1955, S. 80 - 81).

[86] "Träger von Hörapparaten" waren entsprechend der Statistik 163 Versehrte. Detaillierte Informationen zur Versorgung Kriegsversehrter mit Hörgeräten finden sich in: BA Koblenz, B 149, 2485, Band 1

[87] StAH, Sozialbehörde II, 150.10-5: Aufstellung der Sozialverwaltung vom 13. Mai 1946

Für mehr als 8000 Versehrte liegen Angaben zu den von ihnen benutzten orthopädischen Hilfsmitteln vor. Die größte Gruppe, 4378 Personen, waren Träger orthopädischer Maßschuhe - Maßschuhe wurden insbesondere von Prothesenträgern benötigt, aber auch Versehrte, die Erfrierungen erlitten hatten, waren auf diese angewiesen - , ihnen folgten die so genannten *Apparateträger* für die unteren beziehungsweise oberen Extremitäten mit 1106 Personen.

Das große Ausmaß der Erfrierungen verdeutlichen die Schilderungen von Professor Hans Killian, der während des Krieges in Rußland als Chirurg gearbeitet hatte:[88]

"Nach den Truppen-Krankennachweisen haben sich im Winter 1941/42 230.000 Soldaten Erfrierungen zugezogen. Einschließlich Winter 1942/43 haben sich 133.000 Soldaten die Zehen erfroren, 95.000 die Füße und über 2300 sogar die Beine."

Die Tätigkeit der *Orthopädischen Versorgungsstelle* Hamburg in der Stresemannstraße, welche Körperersatzstücke und orthopädische Maßschuhe bereithielt, beleuchtet ein Rundschreiben vom 10. Oktober 1945, in welchem die in den Großen Bleichen ansässige *Amtliche Hauptfürsorgestelle für Kriegsbeschädigte und Kriegshinterbliebene* die *Amtlichen Fürsorgestellen* darauf aufmerksam machte, dass die *Versorgungsämter* und *Fürsorgestellen* Beschädigte *„nicht mehr wie bisher"* zu einem *„Orthopädischen Sprechtag"* schicken, sondern dass diese die Versehrten anweisen sollten, ihre Anträge zunächst schriftlich an die *Orthopädische Versorgungsstelle* zu richten, um dann von dieser zum Sprechtag vorgeladen zu werden.[89] Hintergrund der Maßnahme war die außerordentliche Überfüllung der Sprechtage gewesen, welcher auf diese Art begegnet werden sollte. Bei der Antragstellung wurden die Beschädigten aufgefordert, nähere Angaben zu ihrer Person zu machen, so dass eine Einteilung der Antragsteller in drei Gruppen erfolgen konnte. Zu unterscheiden waren - entsprechend der *Hauptfürsorgestelle* - Beschädigte,

1. die bereits von der *Orthopädischen Versorgungsstelle* Hamburg,

2. die noch nicht von der *Orthopädischen Versorgungsstelle* Hamburg, aber schon von einer anderen *Orthopädischen Versorgungsstelle* und

3. die noch von keiner *Orthopädischen Versorgungsstelle*

---

[88] Karlheinz Schneider-Janessen: Arzt im Krieg. Wie deutsche und russische Ärzte den zweiten Weltkrieg erlebten, Frankfurt am Main 1993, S. 72 - 76, hier: S.76
[89] StAH, Sozialbehörde II, 150.10-5: Rundschreiben der Amtlichen Hauptfürsorgestelle für Kriegsbeschädigte und Kriegshinterbliebene vom 10. Oktober 1945 an die Amtlichen Fürsorgestellen

unterstützt worden waren.[90] Versehrte, die zur ersten Gruppe gehörten, mussten neben dem Antrag auf orthopädische Versorgung keine weiteren Unterlagen einreichen. Diejenigen, welche zur zweiten Gruppe zählten, hatten neben dem Antrag auch ihren Rentenbescheid einzureichen und mitzuteilen, von welcher *Orthopädischen Versorgungsstelle* sie mit welchen Hilfsmitteln ausgestattet worden waren. Beschädigte, die zur dritten Gruppe zu rechnen waren, hatten neben dem Antrag ihren Rentenbescheid vorzulegen.[91]

„*Praktisch*", so Gertrud Schiefelbein, wurden nach dem Ende des Krieges „*die Arbeiten der sozialen Fürsorge und der Heilbehandlung nie eingestellt*", doch waren auf Druck der Militärregierung zeitweilig *"Belastete"* von der Versorgung ausgeschlossen worden.[92] Konkret hieß dies: Da „*aktive Nationalsozialisten*" keinen Anspruch auf Bezüge nach dem *Versorgungsgesetz*, mithin auch nicht auf *"Heilfürsorge"* hatten, wurden Amputierte, die zur Wiederherstellung ihrer Arbeitsfähigkeit Prothesen benötigten, noch im Januar 1946 „*bei Hilfsbedürftigkeit wegen Übernahme der Kosten*" an die öffentliche Fürsorge verwiesen.[93] Ein knappes halbes Jahr später, Ende Mai d.J., ordnete die Militärregierung jedoch an, dass „*ehemalige schwerkriegsbeschädigte Nationalsozialisten*" bei der Bewilligung von Prothesen vom *Versorgungsamt* „*wie andere Schwerbeschädigte zu behandeln*" waren. „*Nichtnationalsozialisten*" sollten allerdings „*bevorzugt beliefert werden*".[94] Die 1947 in Kraft getretene *Sozialversicherungs-Direktive Nr. 27* sah dann jedoch vor, dass diejenigen <u>keine Leistungen</u> erhalten sollten, „*die im Verlauf einer Dienstleistung für die NSDAP., deren Gliederungen oder angeschlossenen Verbänden [sic!], verletzt wurden. Solche Körperschäden gelten demnach nicht als Gesundheitsschädigungen, die durch unmittelbare Kriegseinwirkungen oder anläßlich [sic!] militärischen oder militärähnlichen Dienstes erlitten wurden. Als Leistungen im Sinne des Gesetzes gelten nicht nur Renten und andere Zahlungen, sondern ebenso die gesamte Heilbehandlung einschließlich der orthopädischen Versorgung. Das hat zur Folge, daß Schwerbeschädigte aus diesem Personenkreis keinerlei Hilfe von der LVA. oder den anderen Versicherungsträgern erhalten. Sie haben insbesondere keinen Anspruch auf ärztliche Behandlung und auf Versorgung mit orthopädischen Hilfsmitteln und müssen mit derartigen Anträgen unter Berufung auf die gesetzliche Vorschrift abgewiesen werden.*"[95] Entscheidend für die Frage, ob Mitgliedern einzelner Gliederungen der *NSDAP* *"Heilfürsorge"* und Versorgung gewährt wurde, war mithin, ob diese ihre Verwundungen in Kampfhandlungen, d.h. als aktive Soldaten, erlitten hatten oder nicht. Ausschließlich in Kampfhandlungen verwundete Angehörige einzelner Gliederungen der *NSDAP* erhielten die notwendige medizinische Versorgung und Renten von der *LVA*. Diejenigen, welche in Ausübung einer Tätigkeit für die *NSDAP* oder eine ihrer Gliederungen verletzt worden waren, blieben unversorgt. Diese Regelung wurde im März 1948 vom *"Arbeitsausschuss der*

---

[90] Ebd.

[91] Ebd.

[92] Schiefelbein, S. 119

[93] StAH, Sozialbehörde II, 150.10-5: Auszug aus der Niederschrift über die 331. Amtsleitersitzung am 18. Januar 1946

[94] StAH, Sozialbehörde II, 150.10-5: Auszug aus der Niederschrift über die 345. Amtsleitersitzung am 24. Mai 1946

[95] StAH, Sozialbehörde II, 150.10-5: Schreiben des Arbeitsausschusses der Hauptfürsorgestellen in der britischen Zone vom 18. März 1948 an sämtliche Hauptfürsorgestellen in der britischen Zone

Hauptfürsorgestellen in der britischen Zone" aus finanzpolitischer Sicht kritisiert. In einem Schreiben an die *Hauptfürsorgestellen* hieß es:[96]

> *„Es bedarf keiner besonderen Ausführungen, daß jeder wieder für nützliche Erwerbsarbeit befähigt werden muß(...)Auch finanziell ist der jetzige Zustand bedenklich, weil dadurch möglicherweise zeitlebens die Notwendigkeit von laufender Unterstützung bedingt ist."*

Im Juli d.J. erließ das *Zentralamt für Arbeit in der britischen Zone* mit der *Sozialversicherungsanordnung Nr. 41* weitere Durchführungsvorschriften zur *Sozialversicherungs-Direktive Nr. 27*. Die Leistungen für Angehörige der *Waffen-SS* wurden - entsprechend der jeweiligen *"politischen Belastung"* - wie folgt neu geregelt:[97]

> *„3. Ehemalige Angehörige der Waffen-SS, die entweder*
>
> *a) nach dem 31. Dezember 1918 geboren und weder in die Gruppen 1 oder 2 nach der Direktive des Kontrollrats Nr. 38 vom 12. Oktober 1946 eingereiht, noch wegen eines Kriegsverbrechens oder eines Verbrechens gegen die Menschlichkeit angeklagt oder verurteilt sind, oder*
>
> *b) rechtskräftig in die Gruppe 5 nach der Direktive des Kontrollrats Nr. 38 eingereiht worden sind, oder*
>
> *c) unter die Verordnung der Britischen Militärregierung über die Amnestie gewisser ehemaliger Angehöriger der Waffen-SS. und der allgemeinen SS. vom 1. Juni 1948 fallen (Angehörige der Waffen-SS., die keinen höheren Rang in der SS. als den eines Unterscharführers bekleidet und weder zu den Wachmannschaften eines Konzentrationslagers gehört, noch einer Einheit während einer Zeit angehört haben, zu der sie zur Bewachung eines Konzentrationslagers eingesetzt war [sic!], noch wegen eines Kriegsverbrechens oder eines Verbrechens gegen die Menschlichkeit angeklagt oder verurteilt sind), erhalten die Leistungen nach der Direktive, auch wenn sie der Waffen-SS. freiwillig beigetreten sind.*

---

[96] Ebd.
[97] StAH, Sozialbehörde II, 150.10 - 1 Band 2: Schreiben der Hauptfürsorgestelle für Schwerbeschädigte vom 25. September 1948 an die Ortsämter - Fürsorgestellen für Schwerbeschädigte - und die Ortsdienststellen

4. Andere freiwillige Angehörige der Waffen-SS. erhalten Heilbehandlung, aber keine Geldleistungen.

Die unter Ziffer 3 bezeichneten Personengruppen erhalten auf Antrag Vergünstigungen und Ausweise wie Kriegsbeschädigte. Den unter Ziffer 4 bezeichneten Personen können bis auf weiteres Ausweise nicht erteilt werden.''

Ein gutes halbes Jahr später, im Februar 1949, erhielten auch die unter Ziffer 4 bezeichneten Personen Ausweise, *„vorausgesetzt, daß sie weder in die Gruppen 1 oder 2 nach der Direktive des Kontrollrats Nr. 38 vom 12.10.46 eingereiht, noch wegen eines Kriegsverbrechens oder eines Verbrechens gegen die Menschlichkeit angeklagt oder verurteilt [worden] sind.''*[98] **Während der Besatzungszeit verlor das Kriterium der *"politischen Belastung"* hinsichtlich der Art und Weise der medizinischen und finanziellen Versorgung Kriegsversehrter mehr und mehr an Bedeutung.**

3.1.1 STUMPFKORREKTUREN

Jahrzehnte nach Kriegsende findet sich in den von Carl Schüddekopf herausgegebenen Erzählungen deutscher Soldaten über den *Zweiten Weltkrieg* die Schilderung eines Soldaten, der einem Arzt bei einer Amputation assistierte; vermittelt wird der Eindruck einer großen *"handwerklichen"* Routine:[99]

"Der Hauptverbandsplatz war schon voller Verwundeter(...)Einer der Sanitäter, den ich um Hilfe bat, sagte, wir sollten ihn [den Verwundeten] gleich reinbringen. In einem Raum wie in einem Schlachthaus haben wir ihn auf einen Tisch gelegt, und der Arzt, der merkte, daß der Hermann was intus hatte, fragte mich, ob ich mit anpacken könnte. Da hab ich das Bein mit amputiert. Zuerst wurde er in Narkose versetzt. Er mußte zählen und hat ganz schnell alles durcheinandergeworfen. Die Hose dann runter, die Splitter, die noch im Oberschenkel saßen, wurden mit der Pinzette rausgeholt und eine Bandage kam ums Bein. Es wurde desinfiziert und dann ging es ruckzuck mit dem Messer. Das Bein wurde rundherum eingeschnitten bis auf den Knochen. Der Arzt hat die Säge genommen und, was vom Knochen übrig war, durchgesägt. Ich hab das Bein nach draußen getragen und auf einen Haufen geschmissen, auf dem lagen schon lauter Arme und Beine noch mit den Stiefeln

---

[98] StAH, Sozialbehörde II, 150.10 - 1 Band 2: Schreiben der Hauptfürsorgestelle für Schwerbeschädigte vom 15. Februar 1949 an die Ortsämter - Fürsorgestellen für Schwerbeschädigte - und die Ortsdienststellen

[99] Carl Schüddekopf: Krieg. Erzählungen aus dem Schweigen, Deutsche Soldaten über den Zweiten Weltkrieg, S. 263

dran. Dann bin ich wieder rein und hab weiter zugeguckt. Der Arzt löste die Bandage una machte sie direkt wieder zu. Mit Klemmen, die wie eine Schere aussahen, hat er die einzelnen Venen zugedrückt, mit Katzendarm oder was das war abgebunden, die Klemmen weg, abgebauscht und gekuckt, ob noch irgendwo Blut kam. Dann wurde die Knochenhaut über den Knochen zurück geschoben und das offenliegende Ende des Knochens, da war ja Mark drin, mit Mull zugestopft. Ich hab gewartet, bis der Hermann wieder wach wurde, und dann bin ich weg."

Um einen guten Prothesensitz zu erreichen, mussten während des Krieges und in der Zeit danach teilweise Korrekturen an den Amputationsstümpfen durchgeführt werden. Nachamputationen wurden während des Krieges u.a. in Travemünde, im *"Amputierten-Fachlazarett"* vorgenommen.[100] Ein Schreiben des Leiters der *Hauptfürsorgestelle* Hamburg vom Mai 1947 an die *LVA* beleuchtet, dass der gute Sitz von Prothesen in der *Nachkriegszeit* keineswegs die Regel war. In dem betreffenden Schreiben wurde darauf aufmerksam gemacht, dass es den Versehrten oft nicht möglich war, ihre Prothesen zu tragen, wegen *„Fistelbildung, Druckstellen, Veränderung und Abmagerung des Stumpfes, Schäden an der Prothese, Reparaturen und andere [sic!] Störungen".*[101] Unterschiedliche Herangehensweisen betonten verschiedene Aspekte, welche ärztlicherseits für einen guten Prothesensitz als ausschlaggebend erachtet wurden: Neben der jeweiligen <u>Stumpflänge</u> wurde die <u>Hautnarbenbeschaffenheit</u> und die <u>Weichteilpolsterung</u> als bestimmend angesehen.

In der *„Monatsschrift für Unfallheilkunde und Versicherungsmedizin"* kamen im Jahre 1949 die Vertreter zweier Arten von *„Stumpfkorrekturen"* zu Wort. Eine stärkere Betonung der absoluten Stumpflänge findet sich im Aufsatz von Josef Koestler; Koestler schrieb:[102]

„Die Kriegsverhältnisse zwangen im Hinblick auf die möglicherweise nachfolgende Wundinfektion bei Zertrümmerungsverletzungen und Abrissen von Gliedmaßen zur gewebesparenden Notamputation, bzw. Stumpfversorgung ohne Nahtverschluß der Stumpfwunde. Die prothesengerechte Stumpfformung mußte so lange zurückgestellt werden, bis die Gefahr einer ernsten Wundheilstörung als behoben gelten konnte. So kommt es, daß noch heute in gehäuftem Maße Stumpfkorrekturen erforderlich sind. Handelt es sich dabei um die Versorgung kurzer Stümpfe, so findet sich im Schrifttum immer wieder der Hinweis auf sparsamstes Vorgehen bei etwa notwendigen Knochenkürzungen, da die Ausnützbarkeit eines Kunstgliedes in hohem Maße von der Fähigkeit seines Trägers abhängt, dieses

---

[100] Ebd., S. 250

[101] StAH, Sozialbehörde II, 150.10 - 1 Band 1: Schreiben der Hauptfürsorgestelle Hamburg, Dr. Litzenberg, vom 5. Mai 1947 an die *LVA* Hamburg

[102] Josef Koestler (Dr. med. habil., Dozent, Bichl/Oberbayern): Zur prothesengerechten Formung kurzer Amputationsstümpfe. In: „Monatsschrift für Unfallheilkunde und Versicherungsmedizin", 52. Jhg., 1949, S. 181 - 182, hier: S. 181

zweckentsprechend zu führen. Hierbei scheint ein Hinweis auf die Auswertung überschüssiger Weichteillappen an kurzen Gliedmaßenstümpfen gerechtfertigt. Derartige, überhängende, schlaffe Weichteillappen neigen beim Anlegen der Kunstglieder zur Schoppung und Faltung und lösen nicht selten darüber hinaus durch Geklemmtwerden Schmerzen aus. Außerdem erschweren sie den festen Sitz der Prothese. Es könnte naheliegend erscheinen, diese überschüssigen Weichteillappen so zu verkleinern, daß sie eben ausreichen, den Knochenstumpf unter mäßiger Spannung zu überdecken und so 'köchergerecht' werden. Gerade an kurzen Gliedstümpfen erweisen sich aber schon geringe Längenunterschiede entscheidend für die Prothesennutzung. Ein Längengewinn ist an solchen Stümpfen dadurch zu erzielen, daß derartige überhängende Weichteillappen nach ihrer Aufspaltung und Straffung als Hüllgewebe für Knochentransplantate verwendet werden, die in den freigelegten, zurechtgeformten Knochenstumpf durch Bolzung oder Schienung eingepflanzt werden. Dieses Vorgehen ermöglicht eine wesentliche Verbesserung des Sitzes und der Führung der Prothese(...)."

Als mögliches Knochentransplantat - beispielsweise für einen Oberarmstumpf - empfahl Josef Koestler ein Wadenbeinstück:[103]

„Eine störende Gangbehinderung durch die Entnahme eines Schaftstückes aus dem Wadenbein tritt nach abgelaufener Wundheilung erfahrungsgemäß nicht auf(...)."

Anders als Josef Koestler betonte Hans Heinz Mutschler als Voraussetzung für einen guten Prothesensitz die Hautbeschaffenheit des Stumpfes:[104]

„M. Lange schreibt in seiner 'Kriegsorthopädie', daß der lange Oberschenkelstumpf für den Träger nur dann von Wert ist, wenn er reizlos und von einem guten Weichteilpolster unter dem Knochenende bedeckt ist. Ich kann M. Lange nur recht geben, wenn er die gute Hautnarbenbeschaffenheit und Weichteilpolsterung (...) für wichtiger hält als die absolute Stumpflänge."

Mutschler sprach sich für die so genannte *Visierlappenplastik* aus, die er als „*knochensparende Methode*" bezeichnete, welche aber „*genügend Material zur spannungslosen Hautdeckung der Stumpfkuppe*" biete.[105] Entsprechend seiner Darstellung verlangte die „*Feldamputation(...)in nahezu allen Fällen die Nach- oder Reamputation. Sie wird dadurch notwendig*", führte er aus, „*daß durch Retraktion der Weichteile, insbesondere der Muskulatur, beim linearen Scheibenschnitt der Knochen meist*

---

[103] Ebd., S. 182

[104] Hans Heinz Mutschler (Facharzt für Orthopädie, Konstanz): Die Visierlappenplastik bei Nachamputationen. In: „Monatsschrift für Unfallheilkunde und Versicherungsmedizin", 52. Jhg., 1949, S. 321 - 331, hier: S. 324

[105] Ebd., S. 325

von einer dünnen Granulationsschicht bedeckt aus der Stumpfwunde hervorragt. Häufig sind die trockenen Granulationen in der am schlechtesten durchbluteten Mitte geschwürig zerfallen(...)und im günstigsten Falle ist als Bedeckung der Stumpfkuppe eine minderwertige, auf dem Knochen festgewachsene, rundovale Narbe vorhanden, die der Schiebebeanspruchung beim Tragen einer Prothese niemals gewachsen sein kann(...)." [106]

Im Jahre 1951 befasste sich Karl Krömer mit dem Für und Wider langer Amputationsstümpfe.[107] Zwar bestünde, so Krömer, bei langen Amputationsstümpfen die Gefahr stärkerer Zirkulationsstörungen[108], doch könne dieser dadurch vorgebeugt werden, dass *"mit dem amputierten Erfolgsorgan Phantomübungen"* gemacht würden, *"z.B. bei der Unterschenkelamputation mit dem Fuß, bei der Oberschenkelamputation mit dem Kniegelenk"*[109] Dieses Vorgehen verbessere die Weichteilpolsterung, mithin die Stumpfbeschaffenheit.[110] Der *"Kurzstumpf"* stellte - laut Krömer - ein *"notwendiges Übel"* dar, wenn der Patient keine Einsicht zeige, Phantomübungen zu machen oder der Stumpf nicht habe länger gelassen werden können.[111] Zur Führung der Prothese, etwa einer *"Oberschenkelhaftprothese"* eigne sich der lange Stumpf besser.[112] Gleich ob kurzer oder langer Stumpf - bei Unterschenkelamputationen existierten unterschiedliche Techniken - habe die *"übliche Stumpfbehandlung"* zu erfolgen:[113]

"(...)elastische Wicklungen (zum Wegpressen überflüssiger Weichteilmassen), Massagen (zur Besserung der Zirkulationsverhältnisse und Besserung der Stumpfmuskeln), Wechselbäder (zur Besserung der Zirkulationsverhältnisse) und Bewegungsübungen der proximalen Gelenke (zur Verhütung von Kontrakturen)".

Die so genannte *Krukenberg-Operation*, bei welcher am Unterarm Elle und Speiche gespalten werden[114], ermöglichte *"Ohnhändern"* - denjenigen, denen Teile der oberen Extremitäten amputiert worden waren - zudem eine Greifbewegung, so dass mit Hilfe orthopädischer Hilfsmittel Gegenstände gehalten werden konnten.

---

[106] Ebd., S. 322

[107] Karl Krömer (Dr. med. habil., Dozent für Chirurgie): Über die funktionsarme Strecke bei Amputationsstümpfen, ihre Bedeutung und Beseitigung. In: "Monatsschrift für Unfallheilkunde und Versicherungsmedizin", 54. Jhg., 1951, S. 211 - 214

[108] Ebd., S. 213

[109] Ebd., S. 212

[110] Ebd.

[111] Ebd., S. 213

[112] Ebd.

[113] Ebd.

[114] BUND DER KRIEGSBLINDEN DEUTSCHLANDS e.V. (Hrsg.): 75 Jahre Bund der Kriegsblinden Deutschlands e.V., 1916 - 1991, Bonn 1991, S. 34

3.1.2 PROTHESENVERSORGUNG

Schreiben an die *Sozialverwaltung* Hamburg, Presseartikel und Veranstaltungen geben Auskunft über die Weiterentwicklung der Prothetik in den Jahren nach dem Ende des *Zweiten Weltkrieges*: Im März 1946 stellte Max Förster aus Berlin-Steglitz der *Orthopädischen Versorgungsstelle* schriftlich die von ihm entwickelte „*Kniegelenkfederung*" vor, welche „*Beinamputierten und Gelähmten*" eine „*der normalen Gangart angleichende Gehfähigkeit zurückgeben*" sollte. Max Förster versprach:[115] „*Der bekannte schleppende Gang mit den Schulterverschränkungen wird vollkommen beseitigt, ebenso das harte Anschlagen an die Gelenkstellung*". Am 4. Mai d.J. meldete die „Hamburger Freie Presse":[116] „*Mit der Massenherstellung einer neuen Beinprothese, aus Leichtmetall, die vom Münchener 'Institut für Medizintechnik' entwickelt wurde, wird demnächst ein Eßlinger Industriewerk beginnen. Die Prothese soll nicht nur deutschen, sondern auch ausländischen Kriegsversehrten zur Verfügung gestellt werden: Die neue Prothese wird ungefähr sechs Pfund wiegen, sie kann sogar zur kurzen Hose getragen werden, da sie nach außen kaum erkennbar ist.*" Ebenfalls im Mai 1946 erreichte den für die *Sozialverwaltung* zuständigen Senator Nevermann eine Einladung zur Vorstellung einer von einem Oberarzt des Kreiskrankenhauses Pinneberg entwickelten „*Säulenprothese*", die, von ihrer Funktion und vom finanziellen Aspekt her betrachtet, eine Weiterentwicklung der vorhandenen Hilfsmittel darstellen sollte.[117] Tatsächlich nahm ein Vertreter der *Sozialverwaltung* an der Vorstellung der „*Säulenprothese*" teil.[118] Ebenfalls eingeladen wurde ein Hamburger Chirurg, der die „*Säulenprothese*" im Anschluss an die Vorstellung als „*revolutionäre Entwicklung auf dem Gebiet des Prothesenbaues*" bezeichnete. Die „*Säulenprothese*" war „*eine einfache, in den Stumpfrestknochen eingeführte V2a-Stahlsäule, die durch fünf Querverschraubungen mit dem harten Knochen verbunden*" wurde. „*Auf das herausragende Stahlstück*" wurde die Prothese „*durch Bajonettverschluß aufgesetzt*". Da die „*gesamte Montage*" bei der „*Säulenprothese*" entfiel, hieß es, dass sich „*Prothesengänger*" zukünftig „*nicht mehr wundscheuern*" würden.[119] Die „*Säulenprothese*" berührte das Moment der Prothesenmontage; als "*Nachfolgerin des Vakuum- oder Saugbeines*"[120] wurde nach dem *Zweiten Weltkrieg* für Oberschenkelamputierte auch die "*Haftprothese*" entwickelt.[121] Durch die "*Haftprothese*" verschwanden die "*lästigen Schulterbandagen*"; die Prothese haftete fest am Oberschenkelstumpf.[122] "*Durchblutungsstörungen, die oft beim Vakuumbein auftraten*", waren nicht mehr gegeben.[123] "*Während des Krieges machte [der Orthopädiemechaniker] Hepp, Hamburg, die Beobachtung, daß es Saugprothesen gab, die gut vertragen wurden. Es fehlten die bekannten blauen Stümpfe,*

---

[115] StAH, Sozialbehörde II, 150.10-5: „Beschreibung meiner [gemeint ist Max Förster] durch DRP Nr. 764972 geschützten Kniegelenkfederung"

[116] StAH, Sozialbehörde II, 150.10-5: Nachricht in der „Hamburger Freien Presse" vom 4. Mai 1946

[117] StAH, Sozialbehörde II, 150.10-5: Schreiben des Landrates des Kreises Pinneberg vom 14. Mai 1946 an Senator Nevermann

[118] StAH, Sozialbehörde II, 150.10-5: Auszug aus der Niederschrift über die 346. Amtsleitersitzung vom 31. Mai 1946

[119] StAH, Sozialbehörde II, 150.10-5: „DHG-Pressestelle", Übersicht Auswärtige Presse vom 2. Juli1946

[120] Rudolf Elle: Die Haftprothese. In: "Monatsschrift für Unfallheilkunde und Versicherungsmedizin", 52. Jhg., 1949, S. 100 - 105, hier: S. 100

[121] Ebd.

[122] Ebd.

[123] Ebd.

Durchblutungsstörungen mit heftigen Schmerzen, die auf den Unterdruck zurückgeführt wurden. Hepp untersuchte daher die Druckverhältnisse im Schaft. Er fand, daß bei den guten Saugbeinen kein Unterdruck oder Vakuum bestand. Mit einem einfachen Druckapparat fand er, daß nicht der Unterdruck, sondern der Haftdruck die Prothese trägt. Der Haftdruck besteht aus: 1. dem hydrostatischen Druck; 2. dem elastischen Seitendruck und 3. dem muskulären Seitendruck.'"[124] Als Vorteil der "Haftprothesen" wurde es angesehen, dass sie keine "Schulterbandagen" erforderten. *"Mit diesem Vorteil mußte ein Nachteil in Kauf genommen werden: die Steuerung des Unterschenkels durch die Schulterbandagen. Der Patient konnte seinen Unterschenkel nicht mehr kontollieren und es bestand manchmal die Gefahr des Einknickens und Stürzens. Daher kam die Forderung nach einem gehsicheren Kniegelenk. Die Druckdiagramme zeigten, daß Gänger mit einem Brems- oder Gleitknie ebenso gut gingen wie ein Gänger mit einem Achsknie. Daraus konnte geschlossen werden, daß die Art des Kniegelenkes weniger wichtig ist. Auf den Einbau kommt es an! Vom gehsicheren Kniegelenk wird verlangt, daß es in Streckstellung stabil ist, daß der Unterschenkel leicht vorgebracht wird und daß das Kniegelenk bei leichter Beugung belastet werden kann. Dieses gehsichere Kniegelenk wurde Weihnachten 1947 von der orthopädischen Industrie , Königsee, entwickelt. Die Haftprothese besteht also aus: Haftschaft, gehsicherem Kniegelenk und systematischem Aufbau der gesamten Prothese. Die Haftprothese ist eine bandagenlose Prothese. Die lästigen Schulterbandagen fallen weg. Zur Sicherheit für unvorhergesehene Zwischenfälle wird ein Leibriemen getragen.'"*[125] Neben der Entwicklung befasste sich die *Sozialverwaltung* auch mit der Fertigung der Prothesen. In einem Gespräch im *NWDR* am 18. August 1946 nahm Senator Nevermann zu der Frage Stellung, wie lange Versehrte warten mussten, ehe sie prothetisch versorgt werden konnten.[126] Nach Aussage von Senator Nevermann betrug die **Lieferzeit für Prothesen** in Hamburg durchschnittlich **sechs bis acht Monate**, wobei die *Prothesenhandwerker* von den *Orthopädischen Versorgungsstellen* angewiesen worden waren, Doppeltamputierte bevorzugt zu behandeln. Begründet wurden die langen Lieferfristen mit Materialmangel.[127] Auf den Vorwurf, *„man hört immer wieder"*, dass *„Prothesenhandwerker schnelle Lieferung von Zurverfügungstellung von Speck, Rauchwaren und ähnl. abhängig machen"*, entgegnete Senator Nevermann, es sei *„in heutiger Zeit sehr schwierig hier an das Übel heranzukommen"*. Er appellierte an die *„Prothesenhandwerker"*, sie *„sollten sich klar sein, daß gerade ihr Beruf ein äusserst idealer sein sollte"*. Auch forderte Senator Nevermann die Versehrten auf, der *Orthopädischen Versorgungsstelle* oder der *Hauptfürsorgestelle für Schwerbeschädigte* entsprechende Fälle anzuzeigen; ohne dass jedoch gesagt wurde, welche Konsequenzen sich hieraus für die betroffenen *Prothesenhandwerker* beziehungsweise Versehrten ergeben würden.[128] Der *„Tätigkeitsbericht"* der *Sozialabteilung* in Hamburg-Lokstedt für die Zeit vom 16. September bis

---

[124] Ebd.
[125] Ebd., S. 104 - 105
[126] StAH, Sozialbehörde II, 150.10-5: Ausschnitt aus der Niederschrift über ein Rundfunkgespräch zwischen Senator Nevermann und Wolf Schäfer am 18. August 1946 um 18.30 Uhr im NWDR
[127] StAH, Sozialbehörde II, 150.10-9: Schreiben von Stadtamtmann Blohm vom 28. Februar 1946 an Senatsdirektor Völcker, Landesfürsorgeamt, Bieberhaus
[128] Ebd.

15. Oktober 1946 bestätigte die im Rundfunkgespräch angesprochenen Missstände; darin hieß es:[129]

> *„Von Amputierten ist wiederholt gemeldet worden, daß sie, um bald in den Besitz einer Prothese zu gelangen, dieses nur durch Hingabe von Wertgegenständen oder Mangelware erreichen können. In den letzten Tagen wurde ein Fall gemeldet, in dem ein Schwerbeschädigter die Uhr seiner Frau hingegeben hat. Die Prothese soll daraufhin beschleunigt geliefert sein. Es wird sich empfehlen, diese Verhältnisse zu beobachten und ggf. bei den Herstellerfirmen durchzugreifen."*

Auf Bitten der *Handwerkskammer* in Hamburg - der diese Informationen zugänglich gemacht worden sein müssen - forderte die *Sozialverwaltung* Hamburg die *Sozialabteilung* im Amt Lokstedt daraufhin auf, die entsprechenden *Prothesenhandwerker* namentlich zu benennen.[130] Ob dies geschehen ist und - wenn ja - welche Konsequenzen sich hieraus ergeben haben, ist den Akten nicht zu entnehmen.

Fehlende Materialien und eine ungenügende Zusammenarbeit zwischen Handwerk und Industrie wurden Ende des Jahres 1945 anläßlich einer Zusammenkunft von Bürgermeister Petersen und *"Vertretern der Chefs der Länder und Provinzen der britischen Besatzungszone"* als Gründe für die Probleme auf dem Gebiet der Prothesenbeschaffung genannt. Das Hauptproblem läge - so ein Vertreter des Sanitätshauses *"Krauth"* - *"nicht nur in der Materialbeschaffung, sondern auch in einer nicht genügenden Zusammenarbeit zwischen Industrie und Handwerk. Das sei kein Übelwollen, sondern es fehle der Impuls. Es werde aber gelingen, Kopiermaschinen und Kopierfräsmaschinen für die Holzbearbeitung zur Verfügung zu stellen. Auch die Einschaltung einer Gesenkschmiede für die Herstellung von zunächst 5.000 Unterschenkelschienen und anderen Metallteilen des Prothesenbaus [sic!] sei in Vorbereitung. So sei zu erwarten, dass der Prothesenbedarf des Hamburger Versorgungsbezirks [sic!] in Bälde gedeckt werden kann und auch in Zukunft unabhängig von Zulieferungen aus ferner gelegenen Bezirken der britischen Zone wird. Letzteres sei von besonderer Wichtigkeit, da eines der Hauptzentren der Prothesenherstellung in Thüringen in der russischen Zone liegt."*[131]

Dass die prothetische Versorgung der Kriegsversehrten viele Monate nach Kriegsende noch immer ungenügend war, wird auch dadurch unterstrichen, dass Mitte November 1946 auf Veranlassung der *Sozialverwaltung* eine *„Besprechung betreffend Beschleunigung der*

---

[129] StAH, Sozialbehörde II, 150.10-5: Abschrift aus dem „Tätigkeitsbericht" des Amtes Lokstedt, Sozialabteilung, für die Zeit vom 16. September bis 15. Oktober 1946

[130] StAH, Sozialbehörde II, 150.10-5: Schreiben von Senatsrat Dr. Litzenberg, Sozialverwaltung, vom 18. Oktober 1946 an die Sozialabteilung im Amt Lokstedt

[131] StAH, Staatliche Pressestelle V, II K IV b: "Protokoll über die Besprechung [zwischen] Bürgermeister Petersen mit den Vertretern der Chefs der Länder und Provinzen der britischen Besatzungszone im Rathause der Hansestadt Hamburg am 14.11.1945"

Prothesenherstellung für Beinamputierte" stattfand.[132] Vertreter des *„Reichsbundes der Körperbehinderten und Hinterbliebenen"*, der *„Union der Schwerbeschädigten beider Weltkriege"*, die Obermeister der *„Orthopädie-Mechaniker-Innung"*, Kreishandwerksmeister, Mitarbeiter des *Landesarbeitsamtes* und des *Landeswirtschaftsamtes* sowie der *Orthopädischen Versorgungsstelle* nahmen an dieser Besprechung teil.[133] Wie der Niederschrift über die Besprechung zu entnehmen ist, hatte Senatsrat Dr. Litzenberg zur *„gemeinsamen Aussprache eingeladen, um die Gründe für die bedauerliche Verzögerung [im Bereich der Prothesenherstellung] festzustellen und Mittel zu einer gründlichen Abhilfe zu erwägen"*.[134] Die große Anzahl der zu versorgenden Kriegsbeschädigten und der Umstand, dass viele von ihnen noch nicht *„prothesenreif"* waren (vgl. hierzu: 3.1.1 STUMPFKORREK-TUREN), wurde ebenso als Grund für die ungenügende Versorgung der Amputierten mit Prothesen genannt, wie insbesondere auch die zu geringe Anzahl von geeigneten Betriebsräumen für *Prothesenhandwerker* und *„der Mangel an Rohstoffen aller Art"*.[135]

Hinsichtlich der Betriebsräume setzte sich die *Hauptfürsorgestelle* beispielsweise im Juli 1946 beim *Wohnungsamt* für die Belange einzelner Unternehmen ein, so für die Firma *„Schattschneider"*. Die in den Collonaden ansässige Firma unterhielt ihr Werkstattgebäude in der Esplanade; dort waren *„nacheinander"* fünf Räume beschlagnahmt worden. Dieser Umstand veranlasste die Firmenleitung, bei der *Hauptfürsorgestelle* vorstellig zu werden und zu erklären, dass es unter den gegebenen Bedingungen nicht möglich wäre, den Prothesenbau fortzusetzen. Die *Hauptfürsorgestelle* setzte sich daraufhin - wie erwähnt - für die Belange der Firma ein und erklärte gegenüber dem *Wohnungsamt*, die beschlagnahmten Räume würden für die Prothesenherstellung benötigt.[136] Inwieweit die Fürsprache die gegebene Situation veränderte, ist den Akten nicht zu entnehmen.

Eine *Statistische Erhebung* des Hamburger Handwerks vom 1. Oktober 1947 gibt einen Eindruck von der Anzahl der in Hamburg ansässigen *Gesundheitshandwerke*.[137] Gemäß der ersten *"Wirtschaftsstatistik des Hamburger Handwerks"* existierten 1947 in der Hansestadt

74 Optiker-Betriebe mit 394 Beschäftigten,

44 Bandagisten u. Orthopädiemechaniker-Betriebe mit 439 Beschäftigten,

---

[132] StAH, Sozialbehörde II, 150.10-5: Niederschrift über die Besprechung betreffend Beschleunigung der Prothesenherstellung für Beinamputierte am 14. November 1946
[133] StAH, Sozialbehörde II, 150.10-5: Aktenvermerk vom 16. November 1946
[134] Ebd.
[135] StAH, Sozialbehörde II, 150.10-5: Niederschrift über die Besprechung betreffend Beschleunigung der Prothesenherstellung für Beinamputierte am 14. November 1946
[136] StAH, Sozialbehörde II, 150.10- 7: Schreiben von Dr. Litzenberg, Amtliche Hautfürsorgestelle für Kriegsbeschädigte und Kriegshinterbliebene, vom 6. Juli 1946 an den Präsidenten des Wohnungsamtes, Schulz-Bischoff
[137] StAH, Handwerkskammer, 4: "1. Wirtschaftsstatistik des Hamburger Handwerks"

34 Schirm- und Stockmacher-Betriebe mit 122 Beschäftigten und

73 Orthopädie-Schuhmacher-Betriebe mit 369 Beschäftigten.

Der allgegenwärtige Mangel im Bereich der Hilfsmittel für Kriegsbeschädigte wurde in der *Nachkriegszeit* zudem durch Unglücke verschärft: Im Januar 1947 vernichtete ein Großfeuer im Hamburger Stadtteil St. Georg die *„einzige Stockfabrik der britischen Zone, in der Stöcke für Kriegsbeschädigte hergestellt wurden".[138]*

Dass Prothesen im Jahre 1947 auf dem Schwarzmarkt gehandelt wurden, wirft ein weiteres Schlaglicht auf die angespannte Situation. Die Schwarzmarktpreise für Prothesen beliefen sich auf nachstehende Höhen:[139]

2.500 bis 4.000 RM für Unter- und Oberarmprothesen

2.000 bis 3.200 RM für *„Schmuckprothesen"*

3.000 bis 5.000 RM für *„Arbeitsprothesen"*

1.000 bis 3.000 RM für *„Stützprothesen".*

3.1.3 GEHSCHULEN

Beinamputierten *„einen möglichst natürlichen, unauffälligen und beschwerdefreien Gang mit den Kunstbeinen zu vermitteln",* bemühte sich die *„Gehschule des Versorgungskrankenhauses Bad Pyrmont"* in den ersten Jahren nach dem Ende des *Zweiten Weltkrieges.*[140] *„Die Vielzahl der einzelnen Amputationsformen"* bedingte, *„daß nicht eine allgemeine Gehtechnik vermittelt werden"* konnte, *„sondern eine individuelle Gehschulung entsprechend der Amputationsart und der dafür geeigneten orthopädischen Versorgung"* erfolgen musste.[141] *„Am Beginn eines jeden Gehschultages"* erfolgte *„morgens eine allgemeine Körperschulung zur Muskelkräftigung und Auflockerung(...)Nach dieser Gymnastik"* wurden *„Grundübungen mit dem Kunstbein durchgeführt, die zum Ziel"* hatten, *„daß der Amputierte sein Kunstbein in jeder Lage und Stellung beherrschen"* lernte. *„Zur eigentlichen Gehschulung"* wurden *„die Amputierten*

---

[138] StAH, Sozialbehörde II, 150.10-5: „Großfeuer vernichtet Stockfabrik". In: „Die Welt" vom 23. Januar 1947
[139] StAH, Sozialbehörde II, 150.10-5: „Die Welt" vom 11. November 1947
[140] Heinz Bohlecke: Gehschulmethoden für Beinamputierte am Versorgungskrankenhaus Bad Pyrmont. In: „Zeitschrift für Orthopädie und ihre Grenzgebiete", Bd. 83, 1953, S. 628 - 634, hier: S. 628
[141] Ebd., S. 628

ihren Amputationen enstprechend zu Gruppen zusammengefaßt".[142] Unterschiedliche „*Gehschulmetho-den*" fanden Anwendung; für 1. ein- und beidseitig Unterschenkelamputierte, 2. Oberschenkelamputierte, 3. Amputierte mit Oberschenkelkurzstümpfen beziehungsweise für beidseitig Amputierte mit Schäden auch an anderen Extremitäten und für 4. im Hüftgelenk exartikulierte Patienten.[143] Gehschulung war in Bad Pyrmont „*immer eine individuelle Schulung, entsprechend der Amputationsart und der Kunstbeinkonstruktion".*[144] Gehschulen entwickelten ihre Schulungen nach dem Krieg „unabhängig voneinander", so dass in Deutschland „*verschiedene Gehtechniken"* entwickelt wurden.[145]

Gehschulkurse fanden - wie einem Aktenvermerk aus dem Jahre 1947 zu entnehmen ist - die Zustimmung der Amputierten. Über eine *Gehschule* im St. Johannisstift in Niedermarsberg, „*zu der die Amputierten der HFSt. [Hauptfürsorgestelle] Münster zu 4- bezw. bei Doppelamputierten zu 8-wöchigen Kursen einberufen"* wurden, hieß es:[146] „*Diese Kurse erfreuen sich unter den Beschädigten ganz außerordentlicher Beliebtheit. So sind im letzten Jahr rund 1000 Teilnehmer durchgelaufen(...)Die Erfolge scheinen durchaus beachtlich. Die Oberschenkelamputierten gingen am Stock sehr sicher. Die Unterschenkelamputierten hatten sogar gelernt, sich im Laufschritt zu bewegen. Zu jedem Kursus werden auch personenbeschädigte beinamputierte Frauen mit einberufen."*

In räumlicher Nähe zur Hansestadt Hamburg lag die „*Gehschule Malente",* welche Lehrgänge für Schwerbeschädigte anbot. Die Lehrgänge erstreckten sich über einen Zeitraum von zwei Monaten; eine Zeitdauer, die im Jahre 1948 vom „*Vertrauensmann der Schwerbeschädigten bei der Reichsbahndirektion Hamburg"* kritisiert wurde. Er gab zu Bedenken, dass es den Berufstätigen nicht möglich sei, „*so lange Zeit aus ihrem Beruf fernzubleiben".*[147] Vorgeschlagen wurde, die Lehrgänge auf drei Wochen zu verkürzen. Dieser Vorschlag fand die Unterstützung der Hamburger *Sozialbehörde.*[148] Grundsätzlich hatten alle in Hamburg ansässigen *Prothesenträger* das Recht, an einem *Gehschullehrgang* teilzunehmen. [149]

Zu Beginn des Jahres 1952 eröffnete die Hamburger *Arbeitsbehörde* im schleswig-holsteinischen Wentorf eine *Gehschule* für Beinamputierte.[150] Die dort stattfindenden vierwöchigen

---

[142] Ebd., S. 630

[143] Ebd., S. 630 - 634

[144] Ebd., S. 634

[145] Kurt Siehlow und Gerhard Buchholz: Wertungsgehen für Beinprothesenträger. In: „Zeitschrift für Orthopädie und ihre Grenzgebiete", Bd. 83, 1953, S. 635 - 639, hier: S. 635

[146] StAH, Sozialbehörde II, 150.10 - 1 Band 2: Vermerk über die Sitzung des „Arbeitsausschusses der Hauptfürsorgestellen" am 29. August 1947

[147] StAH, Sozialbehörde II, 150.10-5: Aktenvermerk, betr.: Gehschule Malente vom 29. Januar 1948

[148] StAH, Sozialbehörde II, 150.10-5: Schreiben der Hauptfürsorgestelle für Schwerbeschädigte vom 9. Februar 1948 an die Landesversorgungsstelle Hamburg

[149] StAH, Sozialbehörde II, 150.10-5: Schreiben der Hauptfürsorgestelle für Schwerbeschädigte vom 23. Februar 1948 an die Verwaltungsabteilung I1

[150] StAH, Staatliche Pressestelle VI, 1575: "Gehschule für Beinamputierte". In: "Hamburger Echo" vom 9. Februar 1952

Kurse wurden kostenfrei für Amputierte angeboten. Anmeldungen nahm die *Orthopädische Versorgungsstelle* in der Stresemannstraße entgegen.[151] 35 Versehrte nutzten den ersten Lehrgang im Februar 1952.[152] Das Alter der *Gehschüler* lag zwischen 13 und 67 Jahren[153]; auch zwei Frauen nahmen im Februar an dem Kursus teil.[154]

3.1.4 DIE ÄRZTLICHE BEGUTACHTUNG VON AMPUTIERTEN

Der Arzt, welcher Amputierte begutachtete, um deren Ansprüche an Versicherungsträger einzustufen, hatte im Jahre 1955 gemäß einer für den ärztlichen Gutachter bestimmten Schrift zu beurteilen:[155]

    1. den Stumpf

    2. die Prothese

    3. den Sitz der Prothese

    4. die „*Geschicklichkeit des Amputierten im Gebrauch des Kunstgliedes*"

    5. den „*Kleidermehrverschleiß des Amputierten durch das Tragen von Kunstgliedern*"

    6. die möglicherweise „*infolge von großen Amputationen*" gegebene Pflegebedürftigkeit

    7. die Minderung der Erwerbsfähigkeit oder Berufsunfähigkeit des Amputierten

    8. die „*Zweckmäßigkeit einer eventuellen Berufsumschulung*".

Hinsichtlich der Stumpfbegutachtung hieß es in der betreffenden Schrift, dass obere und untere Gliedmaßen „*gewisse grundsätzliche Unterschiede*" bieten würden[156], wobei die „*ungeheure Vielseitigkeit der Aufgaben und Funktionen der menschlichen Hand*" dazu führe, dass „*sie nur in ganz beschränktem Umfang jeweils durch eine Kunsthand zu ersetzen*" sei.[157] Hinzugefügt wurde:[158]

---

[151] Ebd.
[152] StAH, Staatliche Pressestelle VI, 1575: "Getanzt wird in Wentorf auch". In: "Hamburger Echo" vom 28. Februar 1952
[153] StAH, Staatliche Pressestelle VI, 1575: 'Ich habe gehen gelernt'. In: "Die Welt" vom 28. Februar 1952
[154] StAH, Staatliche Pressestelle VI, 1575: "Tanz im Dienst". In: "Hamburger Morgenpost" vom 28. Februar 1952
[155] Oskar Hepp: Die ärztliche Begutachtung von Amputierten. In: Das ärztliche Gutachten im Versicherungswesen, hrsg. v. A. W. Fischer, R. Herget u. G. Molineus, Bd. 1 u. 2, zweite (völlig umgearb.) Aufl., München 1955, S. 399 - 419, hier: S. 399
[156] Ebd., S. 400
[157] Ebd.

> *„Während so bei der unteren Extremität in der Regel die Eignung des Stumfes für das Kunstglied im Vordergrund steht, so muß bei der oberen Extremität zunächst einmal die Verwendungsfähigkeit des Stumpfes für die Aufgaben des Beschädigten im Beruf und im täglichen Leben beurteilt werden, und erst dann wird die Möglichkeit der Versorgung mit einem Kunstarm zu prüfen sein(...).”*

Im Weiteren hatte der Gutachter bezogen auf die vom Amputierten genutzte Prothese zu prüfen, *„ob das Kunstglied in der Konstruktion und in der handwerklichen Fertigung den Anforderungen”* entsprach. Auch sollte die *„Güte der Stumpfeinbettung”* und die *„Befestigung des Kunstgliedes”* beurteilt werden.[159] Darüber hinaus war zu prüfen, inwieweit der Amputierte in der Lage war, die Prothese als Hilfsmittel zu nutzen. Ausgesprochen pragmatisch wurde für den obligatorischen Besuch von *„Geh”*- und *„Armschulen”* plädiert:[160]

> *„So sollte heute die Gehschule für den Kunstbeinträger und die Armschule für den Kunstarmträger eine Selbstverständlichkeit sein, ebenso wie die Fahrschule für den Autofahrer oder der Schreibmaschinenunterricht für ihre Benutzung notwendig ist.”*

Der vermehrte *„Kleiderverschleiß”* derjenigen, welche Kunstglieder trugen, wurde *„je nach Ausführung und Umfang des orthopädischen Hilfsmittels”* vergütet.[161] Die Höhe einer unter Umständen zu gewährenden *„Pflegezulage”* richtete sich nach der jeweils gegebenen Pflegebedürftigkeit, wobei die *Pflegezulage* in fünf Stufen gewährt wurde; nämlich in einer Höhe von DM 60,- 90,- 125,- 150,- und 175,- monatlich.[162] Die Minderung der Erwerbsfähigkeit beurteilten die Gutachter auf Grundlage bestimmter Rentensätze, die von Versicherungsträgern und Behörden vorgelegt wurden.[163] Außerdem gehörte es zur Aufgabe der ärztlichen Gutachter, zu der Frage Stellung zu beziehen, ob der Amputierte seinen früheren Beruf wieder würde ausüben können und wenn nein, daran mitzuwirken, zweckmäßige berufliche Alternativen für den Versehrten zu finden.[164]

---

[158] Ebd., S. 400 - 401
[159] Ebd., S. 406
[160] Ebd., S. 408
[161] Ebd., S. 410ff
[162] Ebd., S. 412
[163] Ebd., S. 414
[164] Ebd., S. 418 - 419

3.1.4.1 „GEFÄLLIGKEITSGUTACHEN"

Zu Beginn des Jahres 1950 informierte die *Ärztekammer Hamburg* ihre Mitglieder, dass sich der *„Leitende Arzt der Landesversicherungsanstalt Hamburg"* darüber beklagt habe, die *„Zahl der von Hamburger Ärzten ausgestellten 'Gefälligkeitsgutachten'"* sei *„noch immer sehr hoch"*. Durch *„medizinisch-wissenschaftlich nicht genügend begründete Bescheinigungen"* würden *„den verantwortlichen Ärzten der Landesversicherungsanstalt viel unnötige Arbeiten und Schwierigkeiten und den Schwerbeschädigten nur Enttäuschungen und Ärger bereitet"*. Die *Ärztekammer* bat *„die Kollegen"* daher *„nochmals dringend"*, *„bei Ausstellung von Bescheinigungen für Schwerbeschädigte sich an die gegebenen Richtlinien zu halten und nur solche Gutachten auszustellen, die sie ärztlich voll verantworten"* konnten.[165] Inwieweit tatsächlich „Gefälligkeitsgutachten" ausgestellt wurden, kann nicht beantwortet werden. Zu fragen ist jedoch, warum dies hätte geschehen sollen - wussten die ausstellenden Ärzte doch, dass ihre Gutachten von den Ärzten der *LVA* überprüft werden würden. Bedenken, Kriegsversehrte könnten unberechtigterweise Vorteile genießen, waren in Hamburg bereits Ende 1945 geäußert worden:[166] Anläßlich einer Besprechung in der *Sozialverwaltung* wurde darauf aufmerksam gemacht, dass *„Prüfungen der Fürsorgestellen"* ergeben hätten, dass *Schwerbeschädigtenausweise* *„oft nicht mit der gebotenen Sorgfalt"* erteilt worden wären, mithin hätten nicht Berechtigte Vergünstigungen - beispielsweise im Bahnverkehr - in Anspruch nehmen können.

Im September 1950 erhob der *Verband der Kriegsbeschädigten, Kriegshinterbliebenen und Sozialrentner Deutschlands* schwere Vorwürfe gegen leitende Ärzte der *LVA* [167]; unterstellt wurde, dass bei der ärztlichen Begutachtung bewusst zu Ungunsten der Kriegsbeschädigten gearbeitet worden sei. Senator Neuenkirch sah sich daraufhin als Präses der *Arbeitsbehörde* veranlasst, einen Untersuchungsausschuss einzusetzen. Diesem Ausschuss gehörten von den Kriegsopferverbänden, der *Gesundheitsbehörde*, der *Ärztekammer* und der *LVA* benannte Mitglieder an. Die vom Untersuchungsausschuss getroffenen Feststellungen vermitteln einen Eindruck von der Art der erhobenen Vorwürfe, welche eine bewusste finanzielle Benachteiligung Versehrter auf der Grundlage unhaltbarer medizinischer Gutachten im Interesse staatlicher Finanzen unterstellten. Der Ausschuss traf nachstehende Feststellungen:[168]

---

[165] Mitteilungen der Ärztekammer Hamburg: „Gefälligkeitsgutachten". In: „Hamburger Ärzteblatt", 4. Jhg., Nr. 2, Februar 1950, S. 33

[166] StAH, Sozialbehörde II, 150.10-4: Auszug aus der Niederschrift einer Besprechung mit den Leitern der Sozialabteilungen der Ortsämter und Ortsdienststellen am 22. Dezember 1945

[167] Vgl. hierzu: StAH, Staatliche Pressestelle VI, 1574: "Vorwürfe gegen 'ärztlichen Dienst'". In: "Hamburger Echo" vom 5. September 1950; "Offene Warnung der Kriegsbeschädigten". In: "Die Welt" vom 5. September 1950; "Vorwürfe gegen Gutachter". In: "Hamburger Abendblatt" vom 5. September 1950; "Beschwerden gegen Ärzte". In: "Hamburger Morgenpost" vom 5. September 1950; "'Kv.'-Schreiber am Werk". In: "Tägliche Rundschau" vom 7. September 1950

[168] StAH, Staatliche Pressestelle VI, 1574: Pressenotiz für den lokalen Teil, 8. Mai 1951

> *(...)Die Deputation der Arbeitsbehörde kam <u>einstimmig</u> zu der Auffassung, daß für dis-*
> *ziplinarische Maßnahmen"1. Der Vorwurf, die ärztliche Beurteilung sei nach angeordne-*
> *ten fiskalischen Gesichtspunkten vorgenommen worden, konnte nicht bewiesen werden.*
> *2. Nicht beweisbar blieb ferner, daß von den Ärzten des leitenden Dienstes ein unhaltbarer*
> *medizinischer Standpunkt eingenommen worden ist und daß die Untersuchungen nicht ob-*
> *jektiv oder oberflächlich vorgenommen wurden. In der wissenschaftlichen und gesamtmedizi-*
> *nischen Beurteilung einzelner Fälle sind Meinungsverschiedenheiten zwischen den*
> *Gutachtern der LVA und anderen Ärzten vorgekommen. Das wird auch in Zukunft*
> *nicht zu vermeiden sein, wenn man berücksichtigt, daß bei der Beurteilung bestimmter me-*
> *dizinischer Fragen selbst die Auffassungen anerkannter Kapazitäten auseinandergehen ge-*
> *gen die leitenden Ärzte oder andere Bedienstete der LVA kein Anlass vorliegt. Wie in*
> *jeder anderen größeren Organisation sind auch bei der Landesversicherungsanstalt Irrtümer*
> *und Fehlentscheidungen möglich(...)."*

Wird in Erinnerung gerufen, dass seitens der *LVA* ein Jahr zuvor unterstellt worden war, Hamburger Ärzte würden "Gefälligkeitsgutachten" ausstellen, darf festgehalten werden, dass die für die *LVA* tätigen Ärzte offenbar andere Maßstäbe bei der Beurteilung Kriegsversehr-ter anlegten als ihre niedergelassenen Kollegen.[169]

Grundsätzlich hatten Versehrte die Möglichkeit, beim *"Oberversicherungsamt"* gegen die Be-scheide des Rentenversicherungsträgers Berufung einzulegen. Dieses Recht bestand bereits vor In-Kraft-Treten des *BVG*; auch die *Sozialversicherungs-Direktive Nr. 27* räumte es ein.[170] Im Zeitraum 1. April 1951 bis 31. März 1953 gingen dort insgesamt 10400 Einsprüche ein; von diesen wurden 8995 erledigt. Etwa 20% der Einsprüche führten zu einem Erfolg.[171] Auch die Krankenunterlagen des *AK St. Georg* geben Auskunft über Begutachtungen, wel-che auf Veranlassung Versehrter durchgeführt wurden, die mit der Einstufung seitens des Rentenversicherungsträgers nicht einverstanden waren.

3.1.5 EINZELSCHICKSALE

Die im Weiteren zu schildernden Einzelschicksale werfen Schlaglichter auf die Lebensbedin-gungen Versehrter während des Krieges und nach dessen Ende:

---

[169] Zum Aspekt der ärztlichen Begutachtung Versehrter vgl. auch: BA Koblenz, B 149, 2553, Band 1 u. 2 sowie Dubitscher, Die Aufgaben des Arztes der Versorgungsverwaltung im Sozialgerichtsverfahren. In: Herbsttagung 1957 des Ärztlichen Sach-verständigenbeirats für Fragen der Kriegsopferversorgung vom 28. - 30. Oktober 1957 im Bundesministerium für Arbeit, Bonn o. J., S. 164 - 178

[170] BA Koblenz, Z 40, 225, Bl. 1: Schreiben des Verbandes der Ortskrankenkassen , Landesgeschäftsstelle Norden, vom 13. September 1947 an das Zentralamt für Arbeit in der britischen Zone

[171] Jahresbericht Versorgungsamt Hamburg, S. 24

Im April 1947 setzte sich die *Amtliche Hauptfürsorgestelle für Schwerbeschädigte* schriftlich gegenüber der *Orthopädischen Beschaffungsstelle* in Hamburg für die Belange eines "Selbstfahrers" ein, der für sein Fahrzeug einen Schuppen errichtet hatte und der um Erstattung der ihm dabei entstandenen Kosten nachsuchte:[172]

> *„Der Schwerbeschädigte(...)leidet an spastischer Lähmung beider Beine nach Schußverletzung des Rückenmarks(...)Ihm ist seinerzeit vom V.A. [Versorgungsamt?] ein Selbstfahrer zur Verfügung gestellt worden. Weil der Wagen nicht nach jedesmaliger Benutzung in die Wohnung hinaufgeschafft werden kann, auch eine Unterbringung im Keller nicht möglich ist, weil die Kellertreppe zu schmal ist, andererseits(...)aber bei Empfangnahme des Wagens die Verpflichtung auferlegt ist, ihn sicher unterzubringen, sah er sich gezwungen, einen Schuppen für den Selbstfahrer herrichten zu lassen. Die Kosten betrugen rund RM 139,--, wie die Anlagen erkennen lassen. Ich bitte um Prüfung, ob diese Kosten von dort erstattet werden können."*

Die *Orthopädische Beschaffungsstelle* teilte der *Amtlichen Hauptfürsorgestelle* einen Monat später mit, *„(...)die Kosten für die Errichtung eines Selbstfahrerschuppens"* würden *„ganz ausnahmswiese [sic!]"* bewilligt.[173]

Überliefert ist auch die *„Schilderung des Versehrten Liebetau"* vom 6. August 1946[174], welche im *NWDR* ausgestrahlt wurde und die auf eindringliche Art die Situation eines doppelt Beinamputierten nahe bringt:

> *„Am 18. März 1945 wurde ich bei Bladiau in Ostpreußen als Obergefreiter der Division 'Großdeutschland' bei der Bergung von gepanzerten Fahrzeugen verwundet. Kameraden bei der Einheit brachten mich zum Hauptverbandsplatz, dort wurde mir das linke Bein amputiert und das rechte geschient. Nach 15-tägiger Irrfahrt, ohne große ärztliche Hilfe und Verbandswechsel, landeten wir auf dem Seewege in Stralsund. Von dort kamen wir dann nach Bergen auf Rügen ins Lazarett. Das rechte Bein war inzwischen so vereitert, daß es nicht gerettet werden konnte und wurde mir am 3. April amputiert. Nach vier Wochen kamen wir nach Kopenhagen auf das Lazarettschiff 'Monte Rose' [gemeint ist "Monte Rosa"], um nach 6 Wochen wieder nach Deutschland abgeschoben zu werden. Wir kamen dort in eine Kaserne in Schwerin, um von dort nach kurzer Zeit wieder nach*

---

[172]StAH, Sozialbehörde II, 150.10-4: Schreiben der Amtlichen Hauptfürsorgestelle für Schwerbeschädigte vom 2. April 1947 an die Orthopädische Beschaffungsstelle

[173]StAH, Sozialbehörde II, 150.10-4: Schreiben der Orthopädischen Beschaffungsstelle vom 14. Mai 1947 an die Amtliche Haupfürsorgestelle für Schwerbeschädigte

[174]StAH, Sozialbehörde II, 150.10-5: „Schilderung des Versehrten Liebetau" vom 6. August 1946

Hamburg-Wandsbek in die Douaumont-Kaserne zu kommen. Dort mußten wir wieder räumen, weil eine Blindenlehranstalt eingerichtet werden sollte. Wir landeten in der Oberschule im Hilfskrankenhaus Rahlstedt. Dort wurde ich nachamputiert, war ausgeheilt, wandte mich an das Versorgungsamt wegen Prothesen. Innerhalb von 6 Monaten bekam ich meine Prothesen. Schwierig war jetzt die Schuhfrage. Ich hatte wohl Prothesen, aber keine Schuhe und wandte mich an die Orthopädische versorgungsstelle. Dort wurde ich gefragt, ob ich Hamburger wäre. Ich antwortete 'Nein, Berliner'. Da sagte mir der Herr, es bekommen nur Hamburger Schuhe, aber ich müßte mal zum Wirtschaftsamt Rahlstedt gehen. Dort sage mir die Dame dasselbe. Auf meinen Wunsch setzte sich die betreffende Dame telefonisch mit dem(...)Landeswirtschaftsamt in Verbindung. Der betreffende Herr ließ mir sagen, ich sollte mit meinen Prothesen abfahren und mir in Berlin Schuhe besorgen. Inzwischen bekamen wir von der Deutschen Hilfsgemeinschaft ein paar imprägnierte Stoffschuhe mit Gummisohlen, mit denen wir bei nassem Wetter, ohne Gefahr uns die Knochen zu brechen, nicht gehen konnten. Lederschuhe habe ich bis heute noch nicht bekommen. Es besteht Aussicht, einen Bezugschein für Schuhe zu erhalten, doch die Bezugscheine kommen von ausserhalb. Es wird also wohl wieder allerhand Zeit draufgehen. Nach 10 Monaten wurde ich in Rahlstedt abgeschoben und kam nach Harburg ins Versehrtenheim, wo ich mich im Sommer ganz wohl fühle. An den Winter denken wir alle mit Grausen. Über meine Berufsaussicht kann ich folgendes sagen: Ich bin von Beruf Schweißer und hoffe, daß ich wieder einen geeigneten Arbeitsplatz zugewiesen bekomme. Wir in Harburg sind ungefähr 20 Doppelamputierte. Wir müssen dauernd im Sand sitzen, weil keine Selbstfahrer da sind. Die Verpflegung ist gut."

Jahrzehnte nach Kriegsende schildert der Landwirt Anton Bentschen, wie er in Russland durch die Splitter einer Granate am Kopf und Bein verwundet wurde.[175] Die Schilderung macht ebenso wie die von Herrn Liebetau deutlich, dass verwundete Soldaten große Strapazen zu erleiden hatten, ehe ihnen medizinisch geholfen werden konnte. In seinem 1995 erschienenen Buch *"Frontsoldaten"* zitiert der amerikanische Historiker Stephen G. Fritz einen ehemaligen Wehrmachtssoldaten, der den Transport verletzter Soldaten als Odyssee bezeichnete.[176] Darauf aufmerksam zu machen ist überdies, dass Sanitätsschiffe und so genannte *Verwundetentransporter* auf ihren Fahrten auch durch *"Minentreffer"* und *"Luftangriffe"* in Mitleidenschaft gezogen wurden.[177] Anders als Herr Liebetau wurde Anton Bentschen nicht zu Wasser, sondern mit dem Zug hunderte von Kilometern über Land transportiert, um in einer als Krankenhaus hergerichteten Schule in Schlesien von Ärzten medizinisch versorgt zu werden. *"Diese Züge hießen zwar Lazarettzüge, aber es waren Güterzüge mit ein bißchen Stroh auf*

---

[175] Schüddekopf, S. 7 - 25, hier: S. 15 - 17
[176] Stephen G. Fritz: Frontsoldaten. The German Soldier in Word War II, Kentucky 1995, S. 67. Zum Verlauf des Transportes verwundeter Soldaten vgl. auch: Aus den Erfahrungsberichten der beratenden Chirurgen im Krieg 1939 - 1945, bearb. v. Oberstabsarzt Dr. med. Dr. phil. H. Fischer, Bd. V d. Abhandlungen aus Wehrmedizin, Wehrpharmazie und Wehrveterinärwesen (Wehrdienst und Gesundheit), Darmstadt 1963, S. 23 - 37
[177] Rudolf Schmidt / Arnold Kludas: Die deutschen LAZARETTSCHIFFE im Zweiten Weltkrieg, Stuttgart 1978, S. 102 ff

dem Boden, auf dem dann die Verwundeten lagen", gibt der im deutsch-russischen Krieg als Arzt eingesetzte Heinz Ott an.[178] Der ebenfalls in Russland als Arzt tätige Hermann Kerger ergänzt:[179]

> *"Die meisten der Soldaten, die uns in Güterwagen gebracht wurden, hatten Erfrierungen. Das war furchtbar! Es war einfach schrecklich, wie die Verletzten schon mit schwarzen Gliedern ankamen. In der Anfangszeit waren die Güterwagen unbeheizt gewesen, und die Soldaten hatten weder Mäntel noch Decken gehabt. Die Güterwagen waren nur mit etwas Stroh ausgelegt. Darauf lagen die Soldaten, verwundet und nur notdürftig erstversorgt. Jeder Wagen war voll mit Soldaten. Am schlimmsten aber war, wenn die Verwundeten bereits vierundzwanzig Stunden in einem solchen Güterwagen gelegen hatten und sich nicht bewegen konnten. Manche Schwerverwundeten hatten unter sich gelassen und waren an ihrer Notdurft festgefroren; das war entsetzlich. Es stank in diesen Güterwagen."*

Da im Verlauf des Krieges die verfügbaren Lazarett- und Krankenhausbetten vollständig belegt wurden, mussten die eigentlichen Lazarettzüge als ortsfeste Lazarette eingerichtet werden. In der Folge wurden - wie geschildert - Güterwagen als behelfsmäßige Lazarettzüge hergerichtet; da diese von der Reichsbahn aufgrund des immer geringer werdenden Gütertransportes gestellt werden konnten.[180] Diese zum Transport von Verwundeten genutzten Güterzüge wurden als *'Hilfskrankenzüge'* bezeichnet.[181]

Durch entschiedene Gegenwehr verhinderte es Anton Bentschen schließlich, dass ihm das verletzte Bein amputiert wurde: *"Ich hab gebrüllt, geschrien und mich gewehrt. 'Nein', sag ich 'und wenn ich sterbe, aber das Bein laß ich mir nicht abnehmen!'"*[182]

Auch der Lehrer Heinrich Asmussen wurde in Russland verwundet. Ebenso wie Anton Bentschen verweigerte er zunächt die Amputation seines rechten Beines: *"Man konnte ja verweigern"*. Da sich in dem verwundeten Bein jedoch Gasbrand entwickelte, musste er schließlich dem Eingriff doch zustimmen.[183]

---

[178] Karlheinz Schneider-Janessen: Arzt im Krieg. Wie deutsche und russische Ärzte den zweiten Weltkrieg erlebten, Frankfurt am Main 1993, S. 39

[179] Ebd., S. 71

[180] Hubert Fischer: Der deutsche Sanitätsdienst 1921 - 1945. Organisation, Dokumente und persönliche Erfahrungen, Bd. 5. Teil C: Der Sanitätsdienst der Wehrmacht im 2. Weltkrieg (1939 - 1945), Ergänzungen zu den Bd. 1 - 5, Dokumente, Osnabrück 1988, S. 4072. Zum Transport Verwundeter nach Kriegsende mithilfe behelfsmäßiger Lazarettzüge vgl. ebd., S. 4085 - 4089

[181] Horst Rohde: Das deutsche Wehrmachtstransportwesen im Zweiten Weltkrieg. Entstehung - Organisation - Aufgaben, Stuttgart 1971, S. 164

[182] Schüddekopf, S. 16

[183] Ebd, S. 223 - 252, hier: S. 246 - 247

Nach Kriegsende wurden für *„Schwerbeschädigte, die nicht mehr der ärztlichen Behandlung im Krankenhause"* bedurften, *„aber einstweilen in ihre Heimat nicht zurückkehren"* konnten, *„Schwerbeschädigtenheime geschaffen (Ahrensburgerstr., Douaumont-Kaserne und Harburg / Hastedtplatz, Hohestr.)"*; in Hamburg u.a. in Harburg und Wandsbek.[184]

Im *Versehrtenheim Harburg* lebten 1946 240 Kriegsbeschädigte. Außer Herrn Liebetau hatten 15 weitere beide Beine verloren. Drei Versehrte waren beidseitig armamputiert. 96 hatten nur noch einen Arm und 125 war ein Bein amputiert worden.[185]

Grundsätzlich ist nicht davon auszugehen, dass verwundete Soldaten Einfluss auf die ärztliche Entscheidung für und wider eine Amputation nehmen konnten.

Friedrich Goldberg, der als Arzt an der Front gearbeitet hat, spricht viele Jahre nach Kriegsende von vermeidbaren Amputationen. Entsprechend seiner Darstellung wurde ein Arzt, der wiederholt unnötige Amputationen durchgeführt hatte, schließlich *"abserviert".*[186]

Die von Herrn Liebetau geschilderte Verweigerung festen Schuhzeugs für nicht Hamburger bestätigte Senator Nevermann anläßlich eines Gespräches beim *NWDR* am 18. August 1946 (siehe hierzu auch: 3.1.2 PROTHESENVERSORGUNG).[187] Auf die Frage, ob nur der in Hamburg Ansässige Schuhzeug erhalte, führte Senator Nevermann im Rundfunkgespräch aus, dass einmal eine Verfügung in diesem Sinne erlassen worden sei. Als Grund nannte er, *„daß auswärtige Schwerbeschädigte die Prothesen nur zu dem Zweck in Hamburg anfertigen lassen wollten, um auf diese Weise eine Zuzugsgenehmigung zu erhalten. Deshalb dürfte [sic!] lederbesohlte Schuhzeuge von der Orthopädischen Versorgungsstelle in dem einen oder anderen Falle an einen Auswärtigen mal verweigert worden sein"*. Angesichts der Odyssee, die der beidseitig Beinamputierte Herr Liebetau seit Anfang 1945 hatte erleiden müssen, offenbart sich an dieser Stelle die zeitweilige Unmenschlichkeit einzelner Verfügungen der Verwaltung - unabhängig von der Frage, ob sie rational zu begründen waren oder nicht.

Dass die Versorgung der Kriegsbeschädigten mit *orthopädischen Schuhen* in der *Britischen Besatzungszone* grundsätzlich ein Problem darstellte, geht auch aus einem Zeitungsartikel des Jahres 1946 hervor, der von einem in Düsseldorf ansässigen Versehrten geschrieben wurde:[188]

---

[184] StAH, Sozialbehörde II, 150.10 - 0 Band 2: „Der gegenwärtige Stand der Kriegsopferfürsorge, 21. März 1946"

[185] StAH, Sozialbehörde II, 150.10-5: Aktennotiz vom 13. Mai 1946 über eine seitens des Präsidenten des Landesarbeitsamtes Hamburg, Carlberg, erfolgte telefonische Unterrichtung

[186] Schüddekopf, S. 55 - 81, hier: S. 63

[187] StAH, Sozialbehörde II, 150.10-5: Ausschnitt aus der Niederschrift über ein Rundfunkgespräch zwischen Senator Nevermann und Wolf Schäfer am 18. August 1946 um 18.30 Uhr im NWDR

[188] StAH, Sozialbehörde II, 150.10-5: „DHG-Pressestelle", Übersicht Auswärtige Presse vom 2. Juli 1946

'Monatelang laufen wir Kriegsbeschädigten hinter unsern [sic!] Orthopädischen Schuhen her. Von einem Sprechtag vertröstet man uns auf den anderen. Wenn man sich erkundigt, woran das liegt, erfährt man, dass lediglich der Kork fehlt, der als Material für die Einlagen dient. An Kork ist die britische Zone arm. Aber in Würzburg sollen allein 7.000 kg Kork lagern, die nur auf den Abtransport warten. Katastrophale Zustände! Bringen die zuständigen Stellen nicht soviel humanes Empfinden auf, dass sie alles daransetzen, den Kriegsbeschädigten durch neues Schuhwerk wie der die Möglichkeit zu geben, sich als Mensch unter Menschen zu bewegen?'

Die von Herrn Liebetau geschilderte Situation, dass das Versehrtenheim in Harburg nur ungenügend (oder gar nicht?) mit Fahrzeugen für *"Selbstfahrer"* ausgestattet war, wurde damit begründet, es bestehe ein Mangel an Reifen für die Fahrzeuge, dem aber vom *Zentralwirtschaftsamt* in Minden abgeholfen werden solle.[189] Das Schwerbeschädigtenheim in Harburg, in dem Herr Liebetau lebte, gab schließlich am 23. August 1946 vier „*Krankenselbstfahrer*" bei der „*Ersten Oeynhausener Krankenfahrzeug-Fabrik H.W. Voltmann*" in Auftrag. Ein „*Krankenselbstfahrer*" kostete 455.- RM, die Kosten für die „*Schalthebel*", welche gesondert berechnet wurden, beliefen sich auf 50.- RM je „*Krankenselbstfahrer*". Insgesamt ergab sich eine Summe von 2020.- RM, wobei bei Auftragsbestätigung ein Drittel der Gesamtkosten, 800.- RM, als Anzahlung geleistet werden musste. Da im „*Haushaltsplan des Schwerbeschädigtenheims*" für „*derartige Ausgaben Mittel nicht zur Verfügung*" standen, bat das Versehrtenheim die *Amtliche Hauptfürsorgestelle* um Übernahme der Kosten. Die Lieferzeit für die „*Krankenselbstfahrer*" wurde auf acht Monate festgesetzt, jedoch konnte eine Herabsetzung der Lieferzeit auf drei Monate durch Intervention der *Sozialverwaltung* und des so genannten britischen *Funktionsoffizier*s erreicht werden.[190]

Versorgungsengpässe bestanden im ersten Jahr nach dem Ende des *Zweiten Weltkrieges* auch hinsichtlich der Versorgung Amputierter mit Handschuhen, wie ein Zeitungsartikel vom August 1946 veranschaulicht:[191]

„Der Arzt hat mir als Schwerkriegsbeschädigtem (Amputation des linken Oberschenkels) nach genauer Prüfung Handschuhe verordnet, die wegen der kommenden kalten Jahreszeit beim Stock- und Stützengehen unerläßlich sind. Die orthopädische Versorgungsstelle in Hamburg lehnte die Lieferung mit der Begründung ab: 'Handschuhe gibt es nur für Doppeltamputierte.' Wo ist in solcher Verfügung ein Sinn zu finden? Unsere Rechte als

---

[189] StAH, Sozialbehörde II, 150.10-5: Ausschnitt aus der Niederschrift über ein Rundfunkgespräch zwischen Senator Nevermann und Wolf Schäfer am 18. August 1946 um 18.30 Uhr im NWDR
[190] StAH, Sozialbehörde II, 150.10-5: Schreiben der Sozialverwaltung Harburg vom 1. Oktober 1946 an die Amtliche Hauptfürsorgestelle für Kriegsbeschädigte und Kriegshinterbliebene
[191] StAH, Sozialbehörde II, 150.10-5: „Gegen die Vernunft". In: „Die Welt" vom 27. August 1946

Kriegsbeschädigte sind schon arg beschnitten; man sollte jedoch nicht die Bahn der Vernunft verlassen."

3.2 ERBLINDUNGEN

Eine Schädigung des Sehnervs oder der Verlust der Augen durch Geschosse beziehungsweise Bombardierungen bedingten im Krieg eine Erblindung von Soldaten und Zivilpersonen; auch von Frauen: In Hamburg wohnten im März 1946 166 Kriegsblinde des *Ersten* und *Zweiten Weltkrieges* eigenständig. Weitere 105 Kriegsblinde lebten in Heimen.[192] Ende d.J. lebten in Hamburg noch 225 Kriegsblinde, davon 60, die im *Ersten Weltkrieg* erblindet waren.[193]

Die „*Versorgung mit Kunstaugen*" war in Hamburg zunächst „außerordentlich schlecht".[194] „*Fristen von vielen Monaten bis zu einem Jahr*" stellten die Regel dar.[195] Seitens der *Orthopädischen Beschaffungsstelle* wurde die „*Versorgung mit Kunstaugen*" noch im Juni 1947 als „*katastrophal*" bezeichnet. Im genannten Monat gab es in Hamburg nur einen „*Augenkünstler*", der seinen Betrieb auf dem Gelände des *Universitäts-Krankenhauses Eppendorf* hatte.[196] Anzumerken ist, dass - ähnlich der Situation bei Gliedmaßenprothesen - Kunstaugen von den Erblindeten teilweise nicht vertragen und deshalb auch nicht genutzt wurden.[197]

Im Juni 1946 sprach sich das *"German Relief Committee"*, die *"Deutsche Hilfsgemeinschaft"*[198], dafür aus, für Postsendungen an und von Blinde bzw. Blinden einen ermäßigten Tarif einzuführen. Gegenüber der Militärregierung wurde darauf aufmerksam gemacht, dass die *Hamburger Blindenbibliothek*[199] bedingt durch den stärkeren Umfang der in *Brailleschrift* gefertigten Bücher, zumeist gezwungen sei, mehrere Pakete an ihre Leser zu verschicken, wenn diese ein einzelnes Werk bei ihr bestellten. Durchschnittlich handelte es sich um zwei bis vier Pakete. Die erforderlichen Portokosten seien von den Blinden kaum aufzubringen.[200]

---

[192] StAH, Sozialbehörde II, 150.10 - 0 Band 2: „Der gegenwärtige Stand der Kriegsopferfürsorge", 21.März 1946

[193] StAH, Staatliche Pressestelle V, I K III b: "225 Kriegsblinde in Hamburg". In: "Hamburger Allgemeine Zeitung" vom 20. Dezember 1946

[194] StAH, Sozialbehörde II, 150.10-5: Niederschrift über die Besprechung, betr.: „Beschleunigung der Prothesenherstellung für Beinamputierte" am 14. November 1946

[195] Ebd.

[196] StAH, Sozialbehörde II, 150.10-5: Aktenvermerk über die Sitzung des Hauptausschusses für die Wiederherstellung Körperbeschädigter am 6. Juni 1947

[197] Gespräch mit Herrn Skiba am 7. Juli 2004

[198] Zur "Deutschen Hilfsgemeinschaft" vgl. Anm. 79

[199] Vgl. 6.3 ST.GEORG - BUND DER ERBLINDETEN e.V.

[200] StAH, Verbindungsstelle zur Militärregierung, III 1 Band 5: "Application Of [sic!] the German Relief Committee on restoring a tariff of blind-writing", Hamburg, 20. Juni 1946

Auf einheitliche Grundsätze für die Gewährung von *Beihilfen* an Kriegsblinde einigten sich im August 1947 die *Hauptfürsorgestellen* in der *Britischen Besatzungszone*: Für den Erwerb von <u>Rundfunkgeräten</u> sollte bei einem monatlichen Einkommen von höchstens 250.- RM eine *Beihilfe* von bis zu 250.- RM gezahlt werden. Für Kriegsblinde, deren Einkommen mehr als 250.- RM im Monat betrug, war eine *Beihilfe* von höchstens 150.- RM vorgesehen. Auch für den Erwerb von <u>Tandems</u> wurden *Beihilfen* gewährt. Diejenigen, deren monatliches Einkommen sich auf einer Höhe bis zu 250.- RM bewegte, sollten 200.- RM erhalten. Alle anderen, deren Einkommen höher als 250.- RM lag, erhielten 150.- RM. Bemessungsgrundlage für das monatliche Einkommen war das Nettoeinkommen der Kriegsblinden ohne Rente.[201]

Gemäß dem *Bundesversorgungsgesetz* aus dem Jahre 1950 erhielten kriegsbeschädigte Blinde - sofern sie dies wollten - einen *Führhund*, für dessen Unterhalt ihnen monatlich 25.- DM gewährt wurden.[202] Zuständig für die Versorgung der Blinden mit *Führhund*en waren die *Versorgungsämter*[203] und *Orthopädischen Versorgungsstellen*.[204] Zunächst wurden *Führhund*e aus der Gruppe der ehemaligen *Wehrmachtshunde* gewonnen. Im März 1946 informierte der Hamburger Bürgermeister die Militärregierung, dass eine Anzahl ehemaliger *Wehrmachtshunde* der Polizei übergeben worden sei. Gleichzeitig erläuterte der Bürgermeister, warum dies in einzelnen Fällen unterblieben war. Neben der Weigerung des Halters, den Hund abzugeben, spielte hierbei auch die Frage der *"Verwendungsfähigkeit"* eine Rolle; für die Ausbildung zum *Führhund* durften die Hunde nicht zu alt sein. Seitens des Bürgermeisters hieß es in einem konkreten Fall:[205]

> *"The animal in question is a shephard's dog, aged about 9 years. The Police declare that this animal is too old to be trained as a police or blind man's dog."*

Bereits im November 1945 war eine größere Anzahl von Hunden requiriert worden, um einen Monat später mit Hilfe der am 1. Dezember 1945 gegründeten *"Jacob von Uexküll-Stiftung"*[206] zu *Führhunden* ausgebildet zu werden.[207] Ziel der Stiftung war es, *"für*

---

[201] StAH, Sozialbehörde II, 150.10 - 1 Band 2: Vermerk über die Sitzung des „Arbeitsausschusses der Hauptfürsorgestellen" am 29. August 1947

[202] Fr. Thieding: Das Bundesversorgungsgesetz. In: „Hamburger Ärzteblatt", 5. Jhg., Nr. 5, Mai 1951, S. 87 - 90, hier: S. 88

[203] StAH, Sozialbehörde II, 150.10-4: Ausschnitt aus der Niederschrift über die Besprechung mit den Fürsorgestellen für Kriegsbeschädigte und Kriegshinterbliebene am 19. Januar 1946

[204] StAH, Sozialbehörde II, 150.10-5: Schreiben des Leiters der Orthopädischen Versorgungsstelle Hamburg vom 6. Juli 1946 an das Hauptversorgungsamt Nordmark

[205] StAH, Verbindungsstelle zur Militärregierung, III 1 Band 4: Schreiben des Hamburger Bürgermeisters vom 16. März 1946 an "8 British Corps, V an H Service", betr.: "Collection of Dogs"

[206] StAH, Kiep-Altenloh, 10: Emilie Kiep-Altenloh / Emil Wolff, Jacob von Uexküll-Stiftung zur Ausbildung von Blindenführhunden, Hamburg 1948, S. 1

[207] StAH, Verbindungsstelle zur Militärregierung, III 1 Band 4: Schreiben des Hamburger Bürgermeisters vom 8. Dezember 1945 an "O/C 609 (L/R) Det Mil Gov", betr.: "Guide dogs for blind persons"

Kriegsblinde zuverlässige Führhunde(...)abzurichten". Die Stiftung unterhielt *"die einzige anerkannte Schule zur Ausbildung von Blindenhunden in der britischen Zone"*.[208] Ausgebildet wurden die späteren *Blindenführhunde* nach einer von Jacob von Uexküll und seinem Schüler Emanuel Sarris in Hamburg Anfang der dreißiger Jahre entwickelten Methode. Vor Kriegsende war die Ausbildung institutionell an das von von Uexkuell geleitete *Institut für Umweltforschung* der hamburgischen Universität gebunden gewesen.[209] Gearbeitet wurde mit eigens für die *Führhundausbildung* gezüchteten Hunden.[210] Auch erhielt die Stiftung von verschiedenen Hundevereinen Hunde zur Ausbildung geschenkt, u.a. handelte es sich um Schäferhunde, Hovawarts, Schnauzer, Neufundländer und Collies.[211] Gegründet worden war die Stiftung von einer Mitarbeiterin von von Uexküll, der späteren Hamburger Sozialsenatorin Emilie Kiep-Altenloh.[212] Die Ausbildung der *Blindenführhunde* erfolgte in einer Kaserne in Hamburg-Jenfeld.[213] In den Jahren 1941 bis 1948 konnten in Hamburg 100 Hunde zum *Blindenführhund* ausgebildet werden.[214] Die *Blindenführhundschule* wurde im Jahre 1955 auf Beschluss des Kuratoriums der Stiftung geschlossen.[215]

3.3 SONDEREINRICHTUNGEN FÜR DIE *"HEIL"*- UND *"ERHOLUNGSFÜRSORGE"* KRIEGSVERSEHRTER

Für die *"Heil"*- und *"Erholungsfürsorge"* Kriegsversehrter sind nach dem Ende des *Zweiten Weltkrieges* in der *Britischen Besatzungszone* Einrichtungen geschaffen worden, die auch von der Hamburger *Sozialverwaltung* genutzt wurden.[216] Bereits einige Wochen nach der Kapitulation bemühte sich die *Hauptfürsorgestelle für Kriegsbeschädigte und Kriegshinterbliebene*, in und um Hamburg geeignete Räumlichkeiten für die Gründung von *Erholungsheimen* für Kriegsbeschädigte zu finden. Anfangs scheiterten diese Bemühungen u.a. daran, dass in Frage kommende

---

[208] StAH, Staatliche Pressestelle V, I K III b: "Blindenhunde erweitern ihre Begriffswelt". In: "Die Welt" vom 21. Januar 1947. Ende der vierziger Jahre gab es Bestrebungen, auch in Detmold eine Blindenführhundausbildungsstätte einzurichten.(Vgl.: BA Koblenz, Z 40, 212)

[209] StAH, Kiep-Altenloh, 10: Emilie Kiep-Altenloh / Emil Wolff, Jacob von Uexküll-Stiftung zur Ausbildung von Blindenführhunden, Hamburg 1948, S. 4

[210] Ebd., S. 4 - 5

[211] Ebd. S. 6

[212] Vgl. Emilie Kiep-Altenloh: Politik als Aufgabe. In: Abgeordnete des Deutschen Bundestages. Aufzeichnungen und Erinnerungen, hrsg. v. Deutschen Bundestag, Bd. 1, Boppard am Rhein 1982, S. 321 - 344, hier: S. 332 - 333

[213] Ebd. S. 333. In ihrer Dissertation "Mobilität für Blinde" schildert Cordula Steinbach die Ausbildungsmethoden in Hamburg, welche von ihr in dem Satz zusammengefasst werden: "Statt der üblichen Abrichtung, der Dressur durch Strafe, soll der Hund jetzt durch Erfahrung lernen." (Cordula Steinbach: Mobilität für Blinde. Systematische Führhundausbildung, historische und international vergleichende Untersuchungen, Diss. med., Düsseldorf 1988, hier: S. 21)

[214] StAH, Kiep-Altenloh, 10: Emilie Kiep-Altenloh / Emil Wolff, Jacob von Uexküll-Stiftung zur Ausbildung von Blindenführhunden, Hamburg 1948, S. 7

[215] StAH, Kiep-Altenloh, 10: Schreiben von Emilie Kiep-Altenloh vom 10. Dezember 1956 an die Hamburger Senatskanzlei

[216] Eine Übersicht findet sich in: BA Koblenz, Z 40, 204. Eigentümer dieser Einrichtungen waren u.a. Krankenkassen. (Ebd.)

Gebäude beispielsweise als *Hilfskrankenhäuser* genutzt wurden oder aber dieselben mit Ausgebombten, Flüchtlingen oder ehemaligen KZ-Häftlingen belegt waren. Im August 1946 konnte schließlich im Landkreis Harburg das Landhaus „*Waldesruh*" für die *"Erholungsfürsorge"* Kriegsbeschädigter gefunden werden. Ab September d.J. standen dort zehn Plätze für Schwerbeschädigte zur Verfügung. Der Erholungsaufenthalt erstreckte sich über einen Zeitraum von knapp zwei Wochen. „*Geeignete Schwerbeschädigte*" waren der *Hauptfürsorgestelle* zu benennen. In einem für das behördeninterne „*Nachrichtenblatt*" vorgesehenen Text hieß es:[217] „*Mit Rücksicht auf die geringe Zahl der zur Verfügung stehenden Plätze sind die Beschädigten sorgfältig auszuwählen.*" Im September 1946 wurde das Landhaus „*Waldesruh*" zunächst von Hirnverletzten[218] genutzt [219] - entsprechend statistischer Feststellungen bei 1.000 Hirnverletzten, denen *"Aktenmaterial über Hirnverletzte der Versorgungsämter Aachen, Duisburg, Düsseldorf, Essen, Köln, Wuppertal zugrunde"* lag[220], litt ein Drittel der Hirnverletzten an Krampfanfällen.[221] In einem an die *Hauptfürsorgestelle* gerichteten Schreiben bedankte sich einer der ersten Kurgäste für den Aufenthalt:[222]

> „*Da sich die Pension inmitten von viel Wald in schönster Gegend befindet, ist die obwaltende Ruhe sowohl draussen wie im Heim, wie ich gemerkt habe, gerade sehr geeignet, dazu beizutragen, die dauernden Beschwerden und Leiden eines Hirnverletzten etwas zu erleichtern und zu mildern.*"

Auch in der Folge erreichten die *Hauptfürsorgestelle* Dankesbriefe der Kriegsbeschädigten, welche einen Erholungsurlaub im Landhaus „*Waldesruh*" hatten antreten können.[223] Außer für die Kosten des Aufenthaltes selbst kam die *Hauptfürsorgestelle* auch für die Fahrtkosten zum Landhaus auf. Darüber hinaus zahlte sie den Versehrten für die Zeit des Aufenthaltes ein „*Taschengeld*".[224] Anfang November 1946 musste die Belegung des Erholungsheimes eingestellt werden.[225] Die Aufrechterhaltung des Betriebes scheiterte an

---

[217] StAH, Sozialbehörde II, 150.10-8: „Erholungsfürsorge für Schwerbeschädigte", 30. August 1946

[218] Zur Situation der Hirnverletzten vgl. Schneider-Janessen, S. 462 ff.

[219] StAH, Sozialbehörde II, 351-10 II: Aktenvermerk vom 7. September 1946

[220] F. Dubitscher: Feststellungen bei 1000 Hirnverletzten an Hand der Versorgungsakten. In: Monatsschrift für Unfallheilkunde und Versicherungsmedizin, 56. Jhg., 1953, S. 65 - 82, hier: S. 65

[221] Ebd., S. 82. Dass Hirnverletzte wegen "traumatischer Epilepsie" während des Krieges an der "I. Chirurgischen Universitätsklinik in Wien" operiert worden waren, belegen Schreiben in: BA Koblenz, B149, 2553. Nach dem Ende des Krieges bemühte sich die Wiener Klinik bei deutschen Behörden darum, die Adressen der Operierten zu erfahren, um Einblick in ihr weiteres Schicksal zu erhalten. Auch in Hamburg wohnhafte Hirnverletzte zählten zu den ehemaligen Wiener Patienten.(Ebd.)

[222] StAH, Sozialbehörde II, 351-10 II: Schreiben von Otto Bellmann vom 26. September 1946 an die Amtliche Hauptfürsorgestelle für Kriegsbeschädigte und Kriegshinterbliebene

[223] Vgl.: StAH, Sozialbehörde II, 351-10 II

[224] StAH, Sozialbehörde II, 351-10 II: Bestätigung des Empfangs von Taschen- und Fahrgeld für den Erholungsaufenthalt im Landhaus „Waldesruh"

[225] StAH, Sozialbehörde II, 351-10 II: Schreiben von Stadtamtmann Blohm vom 10. Dezember 1946 an das Landhaus „Waldesruh"

einer zu geringen Lebensmittelzuteilung. Insbesondere Kartoffeln konnten nicht in ausreichendem Maße für die Versorgung der Kriegsbeschädigten zur Verfügung gestellt werden.[226]

Im Jahre 1947 ergab sich für eine Gruppe von fünf im *„Blindenumschulungsheim Berne"* in der Berner Allee 31 lebende Kriegsblinde und drei Begleiter die Möglichkeit, vierzehn Tage im *„Nordseesanatorium Westerland-Sylt"* zu verbringen.[227] Ende Juni 1948 unterrichtete das *„Kriegsblinden-Erholungsheim Braunlage im Oberharz"* die *Hauptfürsorgestelle* darüber, dass ab 15. Juli d.J. 20 bis 25 Betten für den Erholungsaufenthalt Kriegsblinder zur Verfügung stünden. Der Pensionspreis sollte 4.- DM pro Tag und Person betragen.[228] Das betreffende Schreiben leitete die *Hauptfürsorgestelle* an den *Bund der Erblindeten* zur *„gefl. Bedienung"* weiter.[229]

Im Juli 1949 schloss die *Hauptfürsorgestelle* mit dem *Deutschen Roten Kreuz* in Braunschweig ein Abkommen, wonach das dem *DRK* gehörende *„Walter-Anna-Heim"* in Bündheim bei Bad Harzburg der *Hauptfürsorgestelle* zur laufenden Unterbringung Kriegsbeschädigter und Kriegshinterbliebener zur Verfügung stehen sollte. Das Heim verfügte über 26 Betten in Zimmern für zwei und drei Personen. Der Pensionspreis belief sich auf 4,25 DM pro Tag und Person.[230]

In Hamburg selbst befanden sich Ende der vierziger Jahre keine Erholungsheime für Schwerbeschädigte.[231]

Neben der geschilderten *"Erholungsfürsorge"* stand - wie eingangs erwähnt - die *"Heilfürsorge"* im Mittelpunkt der Bemühungen der *Sozialverwaltung*en: Drei Jahre nach Kriegsende, am 4. Mai 1948, kam es in Lemgo zu einer Sitzung, an der der Präsident des *Zentralamtes für Arbeit* in der britischen Zone und Vertreter der *Landesversicherungsanstalten* und der Länder der britischen Zone teilnahmen. Thema der Sitzung war die *„Schaffung von Sondereinrichtungen für die Heilfürsorge Kriegsversehrter".[232]* Hintergrund der Bestrebungen war, dass Kriegsversehrte - gemäß der Annahme der Sitzungsteilnehmer - zukünftig als Arbeitskräfte

---

[226] StAH, Sozialbehörde II, 351-10 II: Auszug aus der Niederschrift über die 363. Amtsleitersitzung vom 1. November 1946

[227] StAH, Sozialbehörde II, 351-10 II: Schreiben der Sozialbehörde, Amt für Wohlfahrtsangelegenheiten vom 30. September 1946 an die Sozialbehörde, Hauptfürsorgestelle für Blinde

[228] StAH, Sozialbehörde II, 351-10 II: Schreiben des „Kriegsblinden-Erholungsheimes Braunlage im Oberharz" vom 28. Juni 1948 an die „Hauptfürsorgestelle für Schwerbeschädigte"

[229] StAH, Sozialbehörde II, 351-10 II: Schreiben der Hauptfürsorgestelle vom 5. Juli 1948 an „St. Georg - Bund der Erblindeten"

[230] StAH, Sozialbehörde II, 351-10 II: Schreiben von "Reg.-Amtmann" Blohm vom 20. August 1949 an die „Arbeitsgemeinschaft der Deutschen Hauptfürsorgestellen" in Kassel

[231] Ebd.

[232] StAH, Sozialbehörde II, 150.10-4: Niederschrift über eine Sitzung mit Vertretern der Landesversicherungsanstalten und der Länder der britischen Zone am 4. Mai 1948 in Lemgo über die Schaffung von Sondereinrichtungen für die "Heilfürsorge" Kriegsversehrter vom Präsidenten des Zentralamtes für Arbeit in der britischen Zone

in Deutschland gebraucht werden würden und dass deshalb größter Wert auf einen guten Gesundheitszustand der Versehrten gelegt werden müsse. So wies ein Vertreter des *Zentralamtes für Arbeit* darauf hin, dass *„für die zukünftige Wirtschaftsführung"* die *„Einfügung der Kriegsversehrten in das Arbeitsleben(...)unentbehrlich"* sei. Der Vertreter der *LVA* Hannover pflichtete ihm bei *„und unterstrich, daß keine Maßnahme unterbleiben dürfe, um die Versehrten möglichst zweckmäßig zu vermitteln. Dabei müsse die Arbeitsvermittlung entscheidenden Wert darauf legen, daß ihr die Versehrten in einem Zustand übergeben werden, der dem Zustand völliger Arbeitsfähigkeit so nahe als möglich käme. Jeder Versehrte müsse dazu in einer Spezialklinik die seiner Verletzung entsprechende Spezialbehandlung erfahren, einschließlich der erforderlichen Nachbehandlung".*[233] Ein Vertreter der *Gesundheitsbehörde Hamburg* legte dar, dass Hamburg *„im Hinblick auf die zahlreichen vorhandenen Krankenhäuser auf die Beibehaltung von Sondereinrichtungen für Versehrte bis auf gewisse Ausnahmen habe verzichten können. Schwierigkeiten bestünden lediglich bei der Unterbringung von Tuberkulose-Kranken".*[234] Das Ergebnis der Gesamtberatung wurde dahingehend zusammengefasst, *„daß die Schaffung von Sonderheilbehandlungseinrichtungen für Kriegsversehrte für erforderlich gehalten werde".*[235]

Nicht als *Einrichtung* im eigentlichen Sinne, aber doch im Dienste der *Heilfürsorge* stehend, können Sportkurse angesehen werden, die sich insbesondere an Versehrte richteten. So wurden seit November 1946 in Hamburg in der Turnhalle Meerweinstraße regelmäßig dienstags abends unter der Leitung eines Diplom-Sportlehrers Sportkurse für Kriegsversehrte veranstaltet.[236] Auch die *Paralympics* haben ihren Ursprung in der sportlichen Betätigung Kriegsversehrter: Im Juli 1948 wurden in London die ersten *Olympischen Spiele* nach dem Ende des *Zweiten Weltkrieges* eröffnet. Unweit davon, in Aylesbury, fanden sportliche Wettbewerbe für ehemalige Soldaten statt, die im Krieg Querschnittslähmungen erlitten hatten. Initiator der Spiele, die sich zu internationalen sportlichen Wettkämpfen behinderter Menschen entwickelten, war der Neurologe Sir Ludwig Guttmann.

3.4 BEFREIUNG VON DER „*VERORDNUNGSBLATTGEBÜHR"*

Die „*Deutsche Apotheker-Zeitung"* teilte ihren Lesern 1951 mit, dass Kriegsversehrte, laut einem Sonderrundschreiben des *Landesverbandes Niedersachsen der Ortskrankenkassen*, von der so genannten *Verordnungsblattgebühr* befreit waren.[237] Diese Regelung, die auf das *BVG*

---

[233] Ebd.
[234] Ebd.
[235] Ebd.
[236] StAH, Sozialbehörde II, 150.10 - 1 Band 1: „Rohrpostbrief" des „Reichsbundes der Körperbehinderten und Hinterbliebenen" vom November 1946
[237] "Gebührenfreiheit Schwerbeschädigter". In: „Deutsche Apotheker-Zeitung", 91. Jhg., 1951, Nr. 14, S. 240

zurückging, galt für versicherte Kriegsversehrte, deren Erwerbsminderung mindestens 50% betrug und für so genannte *Zugeteilte*, ohne Rücksicht auf den jeweiligen Erwerbsminderungsgrad.

3.5 KRIEGSVERSEHRTENSCHICKSALE NACHVOLLZOGEN MIT-HILFE VON KRANKENUNTERLAGEN DES *AK ST. GEORG*

Die Krankenunterlagen des *AK St. Georg* informieren über die jeweiligen Verwundungsarten und das Alter der Soldaten zum Verwundungszeitpunkt. Sie geben Auskunft über die behandelnde Abteilung des Krankenhauses und die Einweisungsdiagnose. Auch wurde die abschließende Diagnose vermerkt ebenso wie der Kostenträger der Behandlung. Der Grad der Erwerbsminderung ist festgehalten worden und die Art prothetischer sowie anderer Hilfsmittel. Teilweise sind medizinische Gutachten erhalten geblieben.[238]

Hinsichtlich der Verwundungsarten überwogen unter den Patienten des *AK St. Georg*, deren Krankenunterlagen überliefert worden sind, mit 52% (34) die Kopfverletzungen, 32% (21) der Patienten waren u.a. durch die Folgen von Verschüttungen oder einer Kriegsgefangenschaft (Dystrophiker) zu Versehrten geworden. 15% (10) wiesen Extremitätenverletzungen auf.

Zum Verwundungszeitpunkt war der jüngste spätere Versehrte 17 Jahre alt, der älteste 53 - 54 Jahre. Das durchschnittliche Alter zum Verwundungszeitpunkt lag bei 27 Jahren.

Behandelt wurden die meisten Versehrten, 82% (53), von der Nervenabteilung des *AK St. Georg*. Die übrigen waren Patienten der *Chirurgischen* beziehungsweise *Medizinischen Abteilung*. Die medizinische Versorgung beider Frauen erfolgte durch die Nervenabteilung. In 31% (20) der Fälle sollte seitens des *AK St. Georg* ein Gutachten erstellt werden. Dies galt auch für beide Frauen. Die Kosten, welche im Zusammenhang mit der Erstellung der Gutachten entstanden, wurden u.a. vom Oberversicherungsamt beziehungsweise dem *Versorgungsamt* getragen.

Für 72% (47) der im *AK St. Georg* behandelten Kriegsversehrten ist es möglich, Angaben zur Höhe ihres Versehrtheitsgrades zu machen. Da die Versehrtheitsgrade im Laufe der Jahre teilweise unterschiedlich bewertet wurden - ein zunächst mit 100% eingestufter Dystrophiker konnte beispielsweise einige Jahre später als nicht mehr kriegsversehrt

---

[238] Da die im Folgenden zu nennenden Prozentwerte auf volle Kommastellen aufgerundet wurden, kann eine Addition derselben zu einem höheren Prozentwert als 100 führen.

begutachtet werden - , sollen hier nur die jeweils höchsten Einstufungen genannt werden: Die meisten Kriegsversehrten wurden als 50 beziehungsweise 70% kriegsversehrt eingestuft; nämlich 13 beziehungsweise 12 Versehrte. 6 Kriegsversehrte erhielten die Einstufung 30%, 5 wurden als zu 40%, 2 als zu 60%, 4 als zu 80% und 5 als zu 100% kriegsversehrt eingestuft. Eine der beiden Frauen war zu 40%, die andere zu 50% kriegsversehrt.

Hinsichtlich der prothetischen Hilfsmittel liegen nur zwei Angaben vor, die sich auf Augenprothesen beziehen.

III. Soziale Aspekte

Seite 70

4. Die MATERIELLE UND KULTURELLE VERSORGUNG DER KRIEGSOPFER

„Das Ziel, das der sozialen Fürsorge bei ihrer Einführung einst gesetzt war, nämlich, zusammen mit der Versorgung dahin zu wirken, die Kriegsopfer aus ihren Notständen herauszuheben und ihrem sozialen Absinken vorzubeugen, kann sie unter den heute gegebenen Verhältnissen nicht erreichen. Zu gross ist die Schar der in ihrer Existenz gefährdeten Kriegsopfer, zu gering die Höhe der zur Verfügung gestellten öffentlichen Mittel."
(Gertrud Schiefelbein, S. 117)

TABELLE 8: DIE SENATORINNEN / SENATOREN DER *GESUNDHEITS-* UND *SOZIALVERWALTUNG* UNTER BÜRGERMEISTER [239]RUDOLF H. PETERSEN (PARTEILOS, AB 26. JUNI 1946: CDU, AMTSZEIT: 15. MAI 1945 - 15. NOVEMBER 1946), MAX BRAUER (SPD, AMTSZEIT: 19. NOVEMBER 1946 - 2. DEZEMBER 1953), DR. JUR. KURT SIEVEKING (CDU, AMTSZEIT: 2. DEZEMBER 1953 - 4. DEZEMBER 1957)

ARBEITSBEHÖRDE	*GESUNDHEITSVERWALTUNG /-BEHÖRDE*	*SOZIALVERWALTUNG /-BEHÖRDE*
Heinrich Eisenbarth (SPD) 21. Dezember 1947 bis 28. Februar 1950	Heinrich Eisenbarth (SPD) 4. Juli 1945 bis 9. November 1945	Oskar Martini (parteilos) bis 31. Oktober 1945
Gerhard Neuenkirch (SPD) 28. Februar 1950 bis 2. Dezember 1953	Friedrich Dettmann (KPD) 9. November 1945 bis 28. Juli 1948	Dr. jur. Paul Nevermann (SPD) 6. November 1945 bis 26. November 1946
Ewald Samsche (CDU) 2. Dezember 1953 bis 4. Dezember 1957	Walter Schmedemann (SPD) 15. Oktober 1948 bis 2. Dezember 1953	Heinrich Eisenbarth (SPD) 26. November 1946 bis 1. August 1950
	Ewald Samsche (CDU) 2. Dezember 1953 bis 31. Dezember 1955	Paula Karpinski (SPD) 2. August 1950 bis 31. Dezember 1950
		Gerhard Neuenkirch (SPD) 1. Januar 1951 bis 2. Dezember 1953

---

[239]Vgl. Peter Gabrielsson: Bürgermeister, Senatoren, Staatsräte der Freien und Hansestadt Hamburg 1945 - 1995. Zuständigkeiten- und Behörden, Bd. 50 d. Beitr. zur Geschichte Hamburgs, hrsg. v. Verein für Hamburgische Geschichte, Hamburg 1996

		Ernst Breidenbach (CDU) 2. Dezember 1953 bis 1. Juli 1957
		Dr. phil. Emilie Kiep-Altenloh 17. März 1954 bis 4. Dezember 1957

TABELLE 9: BERATUNG, EINZELBETREUUNG FÜR KRIEGSVERSEHRTE IM JAHRE 1946 NACH DER ART DER BETREUENDEN ORGANISATION, DES BETREUTEN PERSONENKREISES UND DER HILFE GETRENNT[240]

ORGANISATION	ANSCHRIFT	BETREUTER PERSONENKREIS	ART DER HILFE
Amtliche Hauptfürsorgestelle für Kriegsbeschädigte und Kriegshinterbliebene	Hamburg 36, Große Bleichen 23 und in jedem Ortsamt der Hansestadt Hamburg	alle Kriegsbeschädigten, "Kriegerwitwen", "Kriegerwaisen" und "Kriegereltern"	"Ausweiserteilung, einmalige Beihilfen in besonderen Fällen, zusätzl. Unterstützung zum Versehrtengeld oder den Versorgungsrenten, Berufsfürsorge"
Betreuungsstelle für entlassene deutsche Soldaten	Hamburg 13, Hartungstraße 5	noch nicht entlassene Soldaten, einschließlich Verwundete und Kranke in "Hilfskrankenhäusern"	Betreuung und Fürsorge auf allen Gebieten, Auskunft über Aufenthalts- und Wohnrecht u.s.w.

TABELLE 10: ÜBERNACHTUNG, UNTERBRINGUNG, WOHNUNGSANWEISUNG FÜR KRIEGSVERSEHRTE IM JAHRE 1946 NACH DER ART DER WOHNRAUM ZUR VERFÜGUNG STELLENDEN ORGANISATION UND DES BETREUTEN PERSONENKREISES GETRENNT[241]

ORGANISATION	ANSCHRIFT	BETREUTER PERSONENKREIS	ART DER HILFE
Unterkunft der *Sozialverwaltung*	Bunker am Hachmannplatz	Schwerbeschädigte und Familien mit Kindern	einmalige Übernachtung
Unterkunft der *Sozialverwaltung*	Bunker Baustraße am Landwehrbahnhof	alleinstehende Männer und Schwerbeschädigte	einmalige Übernachtung

---

[240] StAH, Staatliche Pressestelle V, II K IV b: Deutsche Hilfsgemeinschaft: "Wer hilft? Wer betreut? Wer berät?", Februar 1946
[241] Ebd.

Im August 1945 informierte der *"Wehrmachtsstandortälteste"* das *Wohnungsamt*, dass er *"nicht in der Lage"* sei, *"die Betreuung entlassener Soldaten durchzuführen"*. Insbesondere eine Versorgung der ehemaligen Soldaten mit Lebensmitteln könne nicht geleistet werden, da die *Wehrmacht "bezüglich der Verpflegung auf die Zuteilungen durch die englische Militärregierung angewiesen"* sei und *"keinerlei Zuteilungen für entlassene, somit der Wehrmacht nicht mehr angehörende Soldaten"* erhielte. Entlassene Soldaten seien von daher - soweit sie sich beim *"Wehrmachtsstandortältesten"* gemeldet hätten - an das *Rote Kreuz* verwiesen worden. Die Einrichtung eines *"Bereitschaftsdienstes in der Nähe des Hauptbahnhofes"* müsse aus den genannten Gründen unterbleiben.

Da der *"Wehrmachtsstandortälteste"* mit seiner Stellungnahme auf ein Schreiben reagierte, welches ihm zuvor vom *Wohnungsamt* zugegangen war, ist davon auszugehen, dass der Vorschlag vom *Wohnungsamt* stammte, einen *"Bereitschaftsdienst"* in Hauptbahnhofnähe einzurichten.[242]

Tatsächlich existierte einen Monat später, im September 1945, in Hamburg-Rothenbaum, in der Hartungstraße 5, die *"Betreuungsstelle für entlassene deutsche Soldaten"*. In der Hartungstraße wurde den Soldaten mitgeteilt, ob sie sich in Hamburg aufhalten durften oder nicht. Außerdem hatten sich entlassene Soldaten beim *Arbeitsamt* zu melden. War den ehemaligen Soldaten der Aufenthalt in Hamburg genehmigt worden, erhielten sie im *Arbeitsamt Lebensmittelkarten* für sieben Tage.[243] Die Lebensmittelversorgung war somit im September - anders als noch im August 1945 - organisiert. Die *Betreuungsstelle* war montags bis freitags in der Zeit von 08.00 bis 15.00 Uhr und sonnabends von 08.00 bis 12.00 Uhr geöffnet.[244] Eine Unterscheidung der entlassenen Soldaten durch die *Betreuungsstelle* erfolgte insofern, als diese eingestuft wurden als *Rückkehrer* oder *Nicht-Hamburger*, Letztere mussten sich um *Aufenthalts- und Zuzugsgenehmigungen* bemühen.[245] *Aufenthalts- und Zuzugsgenehmigungen* erteilte das im *"Bieberhaus"* ansässige *Wohnungsamt*, das auch wohnungssuchende Soldaten betreute.[246] Kriegsbeschädigte, denen vom *Wohnungsamt* nur eine *"vorübergehende Aufenthaltsgenehmigung"* erteilt worden war, konnten nicht in Arbeit vermittelt werden und auch keine *Arbeitslosenhilfe* erhalten. Weiterhin war es ihnen verwehrt, an beruflichen Ein- und Umschulungsmaßnahmen

---

[242] StAH, Amt für Wohnungswesen, Lag.Nr. 74: Schreiben des "Wehrmachtsstandortältesten und Kreiskommandant[en] Gross-Hamburg" vom 10. August 1945 an das Wohnungsamt

[243] STAH, Verbindungsstelle zur Militärregierung, III 1 Band 1: "Proposal for announcement in the Hamburg newspaper. Subject: Office for taking care of discharged German soldiers", 6. September 1945

[244] StAH, Amt für Wohnungswesen, Lag.Nr. 74: Schreiben von Stadtamtmann Hinz vom 10. Oktober 1945 an die "Organisationsabteilung" des "Rechtsamtes"

[245] StAH, Staatliche Pressestelle V, I Y I a: Schreiben des Wohnungsamtes Hamburg vom 12. September 1945 an die Senatskanzlei ("Städtischer Informationsdienst")

[246] StAH, Sozialbehörde II, 150.10 - 9: "Dienstvorschrift 254/30, betr.: Betreuung kriegsbeschädigter Flüchtlinge" der Sozialverwaltung Hamburg vom 14. Dezember 1945 und Niederschrift von dem Ergebnis einer "Besprechung über offene Fragen, die sich aus der Übernahme der Lazarette in den Bereich der Gesundheitsverwaltung ergeben haben" am 24. Januar 1946 zwischen u.a. Vertretern der Sozial- und der Gesundheitsverwaltung

teilzunehmen.[247] Verlängert wurden *"vorübergehende Aufenthaltsgenehmigungen"* ausschließlich durch das *Wohnungsamt. Zuzugsgenehmigungen* erteilte dieses unter Mitwirkung des jeweiligen *Arbeitsamt*es beziehungsweise der Amtlichen *Fürsorgestellen* für Kriegsbeschädigte und Kriegshinterbliebene in den einzelnen Ortsämtern.[248] Ebenso wie die übergeordnete *Amtliche Hauptfürsorgestelle für Kriegsbeschädigte und Kriegshinterbliebene* waren die regionalen *Fürsorgestellen für Kriegsbeschädigte und Kriegshinterbliebene* in Hamburg bereits nach dem *Ersten Weltkrieg* zur Betreuung Kriegsversehrter geschaffen worden.[249] Positiv beschieden wurden Anträge auf *Zuzugsgenehmigungen* in zwei Fällen:[250]

> 1. <u>aus Gründen des Arbeitseinsatzes</u>, d.h., wenn der Kriegsversehrte für *"vordringliche Aufgaben"* eingesetzt werden konnte

> 2. <u>aus fürsorgerischen Gründen</u>, sofern es sich um einen alleinstehenden Kriegsversehrten handelte, der bei Hamburger Verwandten untergekommen war und nähere Verwandte nicht erreicht werden konnten.

Für die Dauer der Aufenthaltsgenehmigung konnten *"kriegsbeschädigte Flüchtlinge"* in *"offener Fürsorge"* unterstützt werden. Dies galt sowohl für jene, die private Unterkunft gefunden hatten, als auch für Kriegsversehrte, die im Wohnheim in der Ahrensburger Straße 53 wohnten, einem ehemaligen Schulgebäude in der Nähe des Bahnhofes Friedrichsberg (heute: Krausestraße).[251] In das Wohnheim in der Ahrensburger Straße 53 wurden vom *Wohnungsamt*, Abt. *"Rückkehrerbetreuung"*, alleinstehende Kriegsversehrte eingewiesen, die keine private Unterkunft nachweisen konnten. Sie erhielten einen *"Aufenthaltsausweis in roter Farbe"*.[252] Für Unterkunft und Verpflegung waren in der Ahrensburger Straße 53 täglich RM 1, 80 zu entrichten.[253] Bewohnern des Wohnheims, die eine *Zuzugsgenehmigung* erhielten, konnte statt Gemeinschafts- auch Einzelverpflegung gestattet werden. Im betreffenden Fall hatten sie Anspruch auf *Lebensmittelkarten*.[254] *Lebensmittelkarten* wurden für so genannte *Zuteilungsperioden* ausgegeben; diese entsprachen ungefähr einer Zeit von vier Wochen.[255] Die

---

[247] StAH, Sozialbehörde II, 150.10 - 9: "Dienstvorschrift 254/30, betr.: Betreuung kriegsbeschädigter Flüchtlinge" der Sozialverwaltung Hamburg vom 14. Dezember 1945

[248] 17 Ortsämter gab es in Hamburg unmittelbar nach Kriegsende; nämlich: Innenstadt, Eimsbüttel, Winterhude, Eppendorf, Lokstedt, St. Georg, Uhlenhorst, "Barmbeck-Nord" , Billstedt, Altona, Flottbek-Othmarschen, Stellingen, Blankenese, Wandsbek, Rahlstedt, Alstertal und Walddörfer

[249] Zur Entwicklung des Fürsorgewesens in Hamburg im Gefolge des Ersten Weltkrieges vgl. HAMBURGER SCHRIFTEN ZUR WIRTSCHAFTS- UND SOZIALPOLITIK, Heft 2, S. 25 - 31

[250] StAH, Sozialbehörde II, 150.10 - 9: "Dienstvorschrift 254/30, betr.: Betreuung kriegsbeschädigter Flüchtlinge" der Sozialverwaltung Hamburg vom 14. Dezember 1945

[251] Ebd.

[252] Ebd.

[253] Ebd.

[254] Ebd.

[255] StAH, Staatliche Pressestelle V, II R I b: Verwaltung der Hansestadt Hamburg: Ausgabe der Lebensmittelkarten für die 77. Zuteilungsperiode

Ausgabestellen für *Lebensmittelkarten* befanden sich u.a. in den Hamburger Ortsämtern.[256] Voraussetzung für den Erhalt von *Lebensmittelkarten* war der Besitz einer so genannten *Stammkarte*.[257] Für die Weiterreise erhielten *"kriegsbeschädigte Flüchtlinge"* von den Amtlichen *Fürsorgestellen* für Kriegsbeschädigte und Kriegshinterbliebene *"Fahr- und Zehrgeld"*.[258]

4.1 WOHNEN

Die Hamburger *Sozialverwaltung* unterhielt in den vierziger Jahren im Stadtgebiet mehrere Wohnheime: Das im Nordosten Hamburgs, in der Ahrensburger Straße 53, untergebrachte Wohnheim, wurde nur im Jahre 1945 von Kriegsversehrten genutzt.[259] Im März 1946 erfolgte die Verlegung der dort untergebrachten Kriegsversehrten in Nissenhütten nach Harburg (Hastedtplatz).[260] Darüber hinaus existierten im Jahre 1946 in Harburg zwei weitere Nissenhüttenlager in der Hohen Straße.[261] Im Jahre 1947 gelang es der *Sozialverwaltung*, die in der Heimfelder Straße, ebenfalls im Stadtteil Harburg, gelegene *"Unverzagt-Kaserne"* für ihre Zwecke zu erhalten.[262] 1948 konnte überdies die *"Kaserne Fischbek-Neugraben"* zur *"Errichtung eines Siechenheimes"* genutzt werden.[263] Darüber hinaus war im Stadtteil Berne ein *"Blindenheim"* eingerichtet worden. Ungefähr 450 bis 500 Kriegsversehrte lebten Mitte des Jahres 1948 in Hamburg in Heimen.[264] Inwieweit der im Dezember 1945 seitens der *DHG* erfolgte Aufruf erfolgreich war, Patenschaften für *"notleidende Familien, für Heimatlose, für entlassene Soldaten, für Kriegsversehrte und Kriegsblinde, für alleinstehende junge Menschen"* zu übernehmen und insbesondere Kleidung und Wohnraum zur Verfügung zu stellen, kann nicht gesagt werden.[265] Die Situation im Schwerkriegsversehrten-Lager in der Hohen Straße beschreibt ein Artikel der *"Hamburger Allgemeinen Zeitung"* vom 3. September 1946:[266]

---

[256] StAH, Staatliche Pressestelle V, II R I b: Zentralstelle für Ernährung und Landwirtschaft, Fischerei und Forstwirtschaft: Ausgabe der Schwer- und Schwerstarbeiterkarten, 82. Zuteilungsperiode

[257] StAH, Staatliche Pressestelle V, II R I b. Landes- und Haupternährungsamt: Ausgabe der Lebensmittelkarten für die 77. Zuteilungsperiode (25. Juni bis 22. Juli 1945)

[258] StAH, Sozialbehörde II, 150.10 - 9: "Dienstvorschrift 254/30, betr.: Betreuung kriegsbeschädigter Flüchtlinge" der Sozialverwaltung Hamburg vom 14. Dezember 1945

[259] StAH, Wohnungsamt II, 207: Schreiben des Direktors des Amtes für Wohlfahrtsanstalten, Steigertahl, vom 17. Juni 1946 an den Präsidenten des Wohnungsamtes, Schulz-Bischof

[260] StAH, Wohnungsamt II, 214: Schreiben des Direktors des Amtes für Wohlfahrtsanstalten, Steigertahl, vom 19. März 1946 an die Schulverwaltung

[261] StAH, Staatliche Pressestelle V: "Praktische Hilfe den Kriegsopfern". In: "Hamburger Echo" vom 17. August 1948

[262] Ebd.

[263] StAH, Wohnungsamt II, 206: Schreiben von Obersenatsrat Neht, Wohnungsamt, vom 28. April 1948 an Senator Eisenbarth

[264] StAH, Staatliche Pressestelle V: "Praktische Hilfe den Kriegsopfern". In: "Hamburger Echo" vom 17. August 1948

[265] StAH, Staatliche Pressestelle V, I K IV b: "Aufruf der Deutschen Hilfsgemeinschaft zwecks Werbung von Patenschaften". In: "Neue Hamburger Presse" vom 19. Dezember 1945

[266] StAH, Staatliche Pressestelle V, I Y I a: "Nur die Hoffnung erhält sie aufrecht. Besuch im Kriegsverehrtenlager Hamburg-Harburg". In: "Hamburger Allgemeine Zeitung" vom 3. September 1946

"Der Weg zum Schwerkriegsversehrten-Lager auf dem Mopsberg in Hamburg-Harburg hat es in sich. Schweißtropfen perlen dem Unterschenkel-Amputierten von der Stirn. 'Der Teufel soll die Steigung der Hohen Straße holen!' Der Invalide krampft die Finger fester um die Krücken. 'Ausgerechnet Mopsberg! Das schwierigste Gelände für Versehrte. Zwischen den Nissen-Hütten versinken die Prothesen bis zu den Knöcheln im Mahlsand'... - Sechzig Nissen-Hütten stehen dicht bei dicht - zehn Meter lang, fünf Meter breit. Backofenhitze in den Räumen; bis zu 42 Grad an heißen Tagen. Und im Winter? 25 Grad unter Null, am bullernden Bunkeropfen? 'Mauerwände sollen die Stirnseiten der Hütten verkleiden, Torfpanzer die Wellblechwölbungen isolieren.' - Die Versehrten zucken mit den Achseln. Sie sind mißtrauisch und glauben an nichts - trotz der angefahrenen Ziegel. Mann bewohnen das Lager. Es sind Menschen, die nicht wissen wohin. Die Heimat liegt im russischen bzw. polnischen Sektor. 180 allein suchen nach Weib und Kind, Vater und Mutter, Bruder und Schwester. 'In der Tschechoslowakei fanden Deine Eltern den Tod', schreibt eine Tante. 'Von Deiner Frau und Deinem Kind ist keine Spur zu finden'. Der Lehrer, dem ein Geschoß im März 1945 das linke Bein aus der Hüfte riß, legt den Brief beiseite. Es gibt keine Suchstelle in Deutschland, die er nicht in Anspruch genommen hat. 'Im November vorigen Jahres schrieb ich nach Bamberg. Vor vierzehn Tagen bekam ich als erste Antwort zwei vorgedruckte Suchkarten zum Ausfüllen. Man nimmt sich Zeit in Bamberg. Vielleicht finde ich sie jetzt, meine Steffie und die dreijährige Annegret. Wie mag das Kind aussehen? Es wurde nach meiner Einberufung geboren.' Die Hoffnung erhält die Männer aufrecht. Erwerbsunfähigkeit, Rentenverlust! - Unwichtig! - Wenn Vater und Mutter, Bruder und Schwester, Weib und Kind ermittelt sind, dann hat das Leben wieder Sinn. Viele könnten nach Hause; aber sie fürchten die Ungewißheit. Sie wissen nicht, was ihnen in der Heimat blüht. 'Verstehe nicht, was es hier zu meckern gibt', stellt ein Besucher drei Versehrte zu Rede.'Ihr habt doch alles, was ihr braucht: freie Unterkunft und Verpflegung, gutes Essen und ärztliche Betreuung, jede Woche 300 Theater-Freikarten, Kino, Konzert und Variete, ihr könnt schlafen, solange ihr wollt, könnt die Schule besuchen und Tischler, Schuhmacher, Schneider, Weber oder Korbflechter werden. Dazu bekommt ihr noch 15,- Mark Taschengeld im Monat'. Stimmt. Wer den Trieb hat und durch berufshemmende Amputation nicht behindert ist, kann sich eine neue Existenz aufbauen. Am schwarzen Brett werden umgeschulte Handwerker gesucht. Männer, die sich nicht unterkriegen lassen wollen, gehen diesen Weg. Es gibt bereits eine Reihe Versehrter im Lager, die bei der Post, Eisenbahn, bei den Phönixwerken oder in der Jutespinnerei ihrer Beschäftigung nachgehen. Sie leben nicht mehr auf Kosten der Sozialverwaltung, sondern bezahlen Verpflegung und Unterkunft. Die Neunmalklugen lachen darüber. 'So dumm sind wir nicht'. Sie basteln heimlich, verkaufen die kunstgewerblichen Gegenstände schwarz, machen Tauschgeschäfte und - leben kostenfrei. 'Es sind Jugendliche, die der Krieg verdorben hat', hört man. 'Schwer ist es, ihnen beizukommen'. Am schlimmsten sind die Versehrten dran, die auf Grund ihrer Verletzungen noch nicht umgeschult werden können.

Ihnen werden Lagerleben und Langeweile zur Plage. Sie grübeln, verlieren den Glauben an sich selbst und fühlen sich minderwertig. 'Was wird aus mir?' fragt ein Zwanzigjähriger. 'Ich bin Hamburger. Weil ich mit meinem Vater nicht auskommen konnte, meldete ich mich 1942 freiwillig. Ein Jahr später bekam ich einen schweren Kopfschuß. Die Hirnschale ist zertrümmert. Jetzt trage ich eine Silberplatte. Sie macht mir viel Beschwerden. Bis zu 38 epileptische Anfälle habe ich am Tage. Ich darf nicht ohne Begleitung weggehen. Trotzdem hat man mich in die Versehrtenstufe III eingereiht. Ich bekomme keinen Pfennig mehr. Anspruch auf Sozialfürsorge hat nur noch die Versehrtenstufe IV. Das sind Menschen, die über 662/3 Prozent erwerbsunfähig sind. Was soll ich machen? Streichhölzer verkaufen, die es noch nicht gibt? Ich habe schon zweimal versucht, mir die Pulsadern aufzuschneiden...' Ein vierundzwanzigjähriger Ohnhänder legt seine Papiere vor. Laut Bescheid vom 2.4.46 ist er in die Versehrtengruppe III mit einer Monatsrente von 70 Mark eingereiht. Dagegen erhob er Einspruch. Am 6.7.46 erhielt er die Eingruppierung in Stufe IV mit einer Monatsrente von 157, 30 Mark. Dieser Satz hätte sich bei gemeinsamer Haushaltsführung mit der Ehefrau noch erhöht. Da wurden plötzlich die Renten gestrichen. Nun bezahlt die Reichsversicherung auf Grund der im Zivilleben entrichteten Beiträge auf einen noch zu errechnenden Satz 40 Mark Vorschuß im Monat. Über 50 Mark wird es kaum hinauskommen. Niederschmetternd war die Mitteilung von der Streichung der Renten für alle Lagerinsassen. 'In meinem Fall kann es internationale Verwicklungen geben', sagt der reichsdeutsche Lehrer aus der Tschechoslowakei. 'Alle Pensionsbeiträge sind an den tschechischen Staat abgeführt worden. Die Tschechoslowakei hat alle deutschen Vermögen und Versorgungsansprüche beschlagnahmt. Invalidität und Reichsversicherung kommen für mich nicht in Frage. Heimat verloren, Bein verloren, Existenz verloren, keinen Anspruch auf Rente, Weib und Kind vermißt...Wenn ich könnte, ich würde Steine sammeln. Nur Arbeit will ich haben. Wenn jeder Kriegsversehrte, der durch Schwerstverletzungen nicht behindert ist, arbeitet, könnte die Sozialfürsorge entlastet werden. Es würden Gelder frei, die durch Rentenerhöhung den Arbeitsunfähigen zufließen könnten...' Trotz aller fürsorglichen Betreuung wachsen die seelischen Nöte im Schwerkriegsversehrtenlager Hamburg-Harburg von Tag zu Tag. Enttäuschungen über Enttäuschungen haben die Insassen verbittert und ungläubig gemacht. Politik? Keiner will was davon hören. 'Auch die Parteien können uns nicht helfen', sagen sie. Und doch muß ihnen geholfen werden. Das ist Verpflichtung des Staates und jedes einzelnen. Die Männer, die Gesundheit und Gliedmaßen für Deutschland opferten, haben Anspruch auf eine ausreichende Rente, bei der sie nicht zu verhungern brauchen. Arbeitenden ist ein Zusammenleben mit den Familien zu ermöglichen, damit es mit den durch Trennung hervorgerufenen Ehezerrüttungen ein Ende nimmt. Die Westzonen bilden das Auffanglager und Asyl der Schwerkriegsbeschädigten. Groß ist die Zahl derer, die versorgt werden müssen."

Mitte Juni 1946 teilte der Direktor des *Amtes für Wohlfahrtsanstalten*, Steigertahl, dem Präsidenten des *Wohnungsamt*es, Schulz-Bischof, mit, dass dem *"Hauptquartier der Kontrollkommission in Bünde"* gemeldet worden sei, in Hamburg bestehe ein *"akuter Mangel an Anstaltsunterbringungsmöglichkeiten"*.[267] Tatsächlich bemühte sich die *Sozialverwaltung* 1946 in mehreren Hamburger Stadtteilen, Wohnraum für Kriegsversehrte zu schaffen. Auch Bürgermeister Petersen setzte sich bei der Militärregierung dafür ein, Wohnraum für Alte und Kranke zur Verfügung zu stellen; so sprach er sich im Mai 1946 dafür aus, auf dem Gelände der *"von-der-Goltz-Kaserne"* in Rahlstedt gelegene Baracken für diese Personengruppen zur Verfügung zu stellen. Bürgermeister Petersen bat die Militärregierung, die Gebäude der Verwaltung für den genannten Zweck zu übergeben.[268] In *"voller Übereinstimmung mit ihrem [britischen] Funktionsoffizier"* ersuchte die *Sozialverwaltung* im November 1946 das *Wohnungsamt*, ihr die *"Unverzagt-Kaserne"* in Harburg, Heimfelder Straße, zu überlassen.[269] Der *Funktionsoffizier* hatte zuvor die Kaserne besichtigt und festgestellt, *"dass sie für die Einrichtung einer Siechenanstalt mit insgesamt 500 Betten zu gebrauchen"* war.[270] Zunächst sollten etwa *"100 Schwerbeschädigte der Versehrtenstufe IV"*, die in *Nissen-Hütten* wohnten und *"240 gebrechliche alte Leute, denen der Aufenthalt in ihrer jetzigen primitiven Behausung für den Winter keinesfalls zugemutet werden kann"*, in die Kaserne verlegt werden.[271] Das *Wohnungsamt* kam der Bitte der *Sozialverwaltung* nach und teilte dieser mit, dass vorgesehen sei, ihr die *"Unverzagt-Kaserne"* am 25. November 1946 *"zur Einrichtung eines Siechen- und Altersheims"* zu übergeben.[272] Tatsächlich wurden im Winter 1946/47 Sieche und ältere Menschen in der Kaserne untergebracht.[273] Aktenmäßig nachzuweisen ist, dass im April 1948 auch Kriegsversehrte in der *"Unverzagt-Kaserne"* wohnten.[274] Gemäß einem Artikel des *"Hamburger Echo"* lebten im August 1948 320 Schwerbeschädigte in der Kaserne, *"mit einer Erwerbsminderung von 50 bis 100 Prozent, darunter 30 Doppelamputierte, Rückgratverletzte und Gelähmte"*.[275] Im April 1948 gab die *Britische Besatzungsmacht* die *"Kaserne Fischbek-Neugraben"* frei, so dass auch diese zur *"Errichtung eines Siechenheimes"* genutzt werden konnte.[276] Die in Harburg und Fischbek-Neugraben zur Verfügung stehenden Kasernen

---

[267] StAH, Wohnungsamt II, 207: Schreiben des Direktors des Amtes für Wohlfahrtsanstalten, Steigertahl, vom 17. Juni 1946 an den Präsidenten des Wohnungsamtes, Schulz-Bischof

[268] StAH, Verbindungsstelle zur Militärregierung, III 1 Band 5: Schreiben des Hamburger Bürgermeisters vom 31. Mai 1946 an "Comd Mil Gov Hansestadt Hamburg"

[269] StAH, Wohnungsamt II, 206: Schreiben des Direktors des Amtes für Wohlfahrtsanstalten, Steigerthal, vom 18. November 1946 an den Präsidenten des Wohnungsamtes Hamburg

[270] Ebd.

[271] Ebd.

[272] StAH, Wohnungsamt II, 206: Schreiben des Wohnungsamtes vom 23. November 1946 an den Direktor des Amtes für Wohlfahrtsanstalten , Steigerthal und StAH, Wohnungswesen II, 206: Schreiben des Präsidenten des Wohnungsamtes Hamburg, Schulz-Bischof, vom 25. November 1946 an die Militärregierung, "Manpower-Housing", Sophienterrasse

[273] StAH, Wohnungsamt II, 206: Schreiben des Direktors des Amtes für Wohlfahrtsanstalten, Steigerthal, vom 5. Dezember 1946 an den Präsidenten des Wohnungsamtes Hamburg

[274] StAH, Wohnungsamt II, 206: Aktenvermerk vom 30. April 1948, betr.: "Unverzagt-Kaserne, Hamburg, Heimfelderstrasse 30"

[275] StAH, Staatliche Pressestelle V, I K III b: "Praktische Hilfe den Kriegsopfern". In: "Hamburger Echo" vom 17. August 1948

[276] StAH, Wohnungsamt II, 206: Schreiben von Obersenatsrat Neht, Wohnungsamt, vom 28. April 1948 an Senator Eisenbarth

teilte sich die *Sozialverwaltung* mit der Privatwirtschaft. Während Kraftfahrzeug- und Werkstatthallen Letzterer zufielen, nutzte die *Sozialverwaltung* die übrigen Gebäude für ihre Zwecke - einschließlich der sich auf den Kasernengeländen befindlichen Nissenhütten.

Eine Auseinandersetzung zwischen dem *Reichsbund der Kriegs- und Zivilbeschädigten* und dem *Wohnungsamt* im Sommer 1949 zeigt, unter welchen Bedingungen Versehrte in der ehemaligen Kaserne lebten:[277] Ende Juni d.J. wandte sich der *Reichsbund* an das *Wohnungsamt* und machte darauf aufmerksam, dass den Bewohnern des *"Schwerbeschädigten- und Pflegeheims Harburg"*, Helmstraße 1*("Unverzagt-Kaserne"),* nicht ein Mindestwohnraum von sechs qm je Person zur Verfügung stand, wie vom Senat der Hansestadt Hamburg als Richtlinie vorgegeben worden sei. Im Gegenteil würde die Quadratmeterzahl *"ganz erheblich"* unterschritten. Anlass gegeben für das Engagement des *Reichsbund*es hatte, dass ein Teil des Heimes dem *"Amt für Kriegsschäden und Besatzungskosten"* zur Verfügung gestellt werden sollte. Angesichts der für die Kriegsversehrten ohnehin herrschenden räumlichen Enge wandte sich der *Reichsbund* ganz entschieden gegen dieses Vorhaben:[278] *"Es tritt hier ganz eindeutig das Bild in Erscheinung, dass der Ausbau von Behörden-Dienststellen zu Lasten der wirtschaftlich Schwachen, ja Schwächsten erfolgt."* Unterstellt wurde seitens des *Reichsbund*es, *"dass mit der vorerwähnten Massnahme lediglich den Wünschen einiger Kreise in Harburg entsprochen werden [sollte], denen das Heim ein Dorn im Auge ist und die, wie bekannt, diese Stätte möglichst aus dem Stadtteil entfernt sehen möchten."*[279] Einen Monat später, im Juli 1949, wiederholte der *Reichbund* seinen Vorwurf, es gehe bestimmten Kreisen in Harburg letztendlich darum, das Heim aufzulösen:[280] *"Die Auflösungsbestrebungen sind von amtlichen Vertretern des Kreises 8 erst neuerdings in öffentlichen Versammlungen bestätigt worden. Wenn da von einer Invalidenstadt Harburg gesprochen wird, deren Bereinigung mit der Durchführung der Regionalen Verwaltung erfolgt, so zeigt das wenig von sparsamem Haushalt mit öffentlichen Geldern. Soziales Verständnis lassen dieses [sic!] Bestrebungen ganz und gar vermissen."* Tatsächlich zog das *"Amt für Kriegsschäden und Besatzungskosten"* in die *"Unverzagt-Kaserne"* ein. Eine vom *Wohnungsamt* im August 1949 durchgeführte Einzelprüfung der dem *"Amt für Kriegsschäden und Besatzungskosten"* zugestandenen Räumlichkeiten ergab, dass den dort tätigen Mitarbeitern durchschnittlich je Person 18 qm Bürofläche zur Verfügung standen[281] - dreimal so viel Quadratmeter wie den in der *"Unverzagt-Kaserne"* wohnenden Kriegsversehrten! Eine Stellungnahme zur räumlichen Situation des *"Amtes für Kriegsschäden und Besatzungskosten"* lautete zutreffend:[282] *"Die Dienststelle sitzt in ihren neuen Räumen bequem!"* Ende April 1950 verzichtete das *"Amt für Kriegsschäden und*

---

[277] StAH, Wohnungsamt II, 206: Schreiben des Reichsbundes der Kriegs- und Zivilbeschädigten, Sozialrentner und Hinterbliebenen vom 30. Juni 1949 an den Präsidenten des Wohnungsamtes Hamburg, Schulz-Bischof
[278] Ebd.
[279] Ebd.
[280] StAH, Wohnungsamt II, 206: Schreiben des Reichsbundes der Kriegs- und Zivilbeschädigten, Sozialrentner und Hinterbliebenen vom 25. Juli 1949 an die Senatskanzlei der Hansestadt Hamburg
[281] StAH, Wohnungsamt II, 206: "Einzelprüfung" des Wohnungsamtes, Abt. VII A, betr.: "Amt für Kriegsschäden und Besatzungskosten", 26. August 1949
[282] Ebd.

Besatzungskosten" schließlich auf einen Teil der von ihm genutzten Räume und stellte diese der *Sozialbehörde* für eine *"Erweiterung des Alters- und Siechenheimes"* zur Verfügung.[283] Im Februar 1953 wurde in Hamburg-Marmstorf, Wrooststraße 27, ein neues *"Schwerbeschädigtenwohnheim"* der *Sozialbehörde* eingeweiht. Das Heim wies 29 Wohnungen für je zwei Kriegsbeschädigte auf. Getrennt vom eigentlichen Wohnraum verfügten die Wohnungen über einen Flur, eine *"Kochnische mit Gaskocher"* und eine Toilette. Zunächst wohnten 48 Versehrte in dem Wohnheim. Die Miete betrug je Bewohner 35.- DM im Monat, inklusive Heizung.[284] Zum Preis von 8.- DM in der Woche konnten die Bewohner an einem gemeinsamen Mittagessen im Haus teilnehmen.[285] **Das Heim war eigens für die Versehrten gebaut worden; d.h. die *Sozialbehörde* konnte ab 1953 nicht mehr nur bereits vorhandene Wohnräume zur Unterbringung Kriegsversehrter nutzen - etwa ehemalige Kasernen - , sondern auch Wohnraum, der speziell für Versehrte errichtet worden war:**[286] *"Sonnige, moderne Wohnräume, schöne Gemeinschaftsräume mit allem Zubehör, für jedes Zimmer ein eigener Balkon, das ist eine Behausung, die sich in jeder Beziehung sehen lassen kann"*, lautete ein Zeitungskommentar. Das Wohnheim war *"der Wiederaufbau der 'Stiftung Hengeberger Horst' für Schwerbeschädigte in Malente, die 1938 erbaut wurde und schon 1942 wieder abbrannte."*[287] Darüber hinaus errichtete der *Reichsbund der Kriegs- und Zivilgeschädigten, Sozialrentner und Hinterbliebenen* Anfang der fünfziger Jahre Siedlungen für Schwerbeschädigte in den Hamburger Stadtteilen Hummelsbüttel und Schnelsen:[288]

> *"In beiden Siedlungen sind für zusammen 100 Familien Eigenheime oder Einliegerwohnungen geschaffen worden. In den Eigenheimen in Schnelsen sind ausschließlich 100%ig Schwerbeschädigte untergekommen(...)Die Schwerbeschädigten mit ihren Familien, die zum größten Teil aus Kellerwohnungen, aus Nissenhütten und sonstigen Notunterkünften kamen, zeigten sich sehr beglückt über die neuen und zweckmäßig eingerichteten Wohnungen."*

Im Jahre 1954 begann die gemeinnützige *"Reichsbund- Wohnungsbau- und Siedlungsgesellschaft"* ihr drittes Hamburger Bauprojekt. In Barmbek wurde der Grundstein für zwei Wohnblöcke mit 28 Wohnungen gelegt.[289] Insgesamt baute der *Reichsbund* zwischen 1949 und 1955 in Deutschland ca. 5.000 Wohnungen.[290]

---

[283] StAH, Wohnungsamt II, 206: Schreiben von Regierungsinspektor Barth vom 22. April 1950 an die Sozialbehörde

[284] StAH, Staatliche Pressestelle VI, 1575: "Sie sollen sich wohlfühlen". In: "Hamburger Echo" vom 5. Februar 1953

[285] StAH, Staatliche Pressestelle VI, 1575: "Ein kleiner Dank des Vaterlandes". In: "Harburger Anzeigen und Nachrichten " vom 5. Februar 1953

[286] Ebd.

[287] StAH, Staatliche Pressestelle VI, 1575: "Die Küche - das Schmuckstück". In: "Hamburger Echo" vom 20. November 1953

[288] StAH, Staaliche Pressestelle VI, 1577: "Für den Tagesbericht" vom 2. Mai 1953

[289] StAH, Staatliche Pressestelle VI, 1577: "Wohnungen für Kriegsbeschädigte". In: "Hamburger Abendblatt" vom 5. November 1954

[290] StAH, Staatliche Pressestelle VI, 1577: Ansprache von Bürgermeister Dr. Sieveking beim Bundestreffen des Reichsbundes

Kriegsversehrte, die weder in Wohnheimen noch bei ihrer Familie wohnen wollten, konnten in Hamburg davon ausgehen, dass ihre Versehrtheit bei der Vergabe von Wohnraum berücksichtigt wurde: Ab 14. Januar 1946 vergab ausschließlich das *Wohnungsamt* Hamburg den zur Verfügung stehenden städtischen Wohnraum. Wohnungssuchende hatten beim *Wohnungsamt* einen Antrag auf Raumzuweisung zu stellen. Das *Wohnungsamt* teilte die Wohnungssuchenden in verschiedene Gruppen ein - unterschieden wurden u.a. Obdachlose, politisch und rassisch Verfolgte sowie Versehrte; auch der Zustand des bislang genutzten Wohnraumes fand Berücksichtigung. Den einzelnen Gruppen ordnete das *Wohnungsamt* unterschiedliche Punktzahlen zu. Je höher die auf den Einzelnen entfallende Punktzahl war, desto größer die Dringlichkeit. Ausschlaggebend für die Dringlichkeit war die Höhe der Punktzahl bis in die 50er Jahre hinein.[291]

4.2 BEKLEIDUNG

Verwaltungsmäßig zu organisieren war nach Kriegsende neben der Unterbringung der Kriegsversehrten auch deren Ausstattung mit Kleidung: 1946 wurden die in Krankenhäusern beziehungsweise im so genannten *Versehrtenbereich* untergebrachten Soldaten aus ehemaligen *Wehrmacht*sbeständen eingekleidet. Die entsprechenden Bestände hatte die Militärregierung freigegeben.[292] Darüber hinaus profitierten Kriegsversehrte der Stufen III und IV im März d.J. auch von einer Kleiderabgabe, welche die *Deutsche Hilfsgemeinschaft* organisiert hatte: Im betreffenden Monat gab die *DHG* Kleidung an unterschiedliche Verbrauchergruppen ab. Die Kleidung war vom *Britischen* und *Schwedischen Roten Kreuz* gespendet worden beziehungsweise stammte aus einer Kleidersammlung. Die Ausgabe der Kleidung erfolgte nach Dringlichkeitsstufen. Hinter Flüchtlingen und ehemaligen politischen Gefangenen nahmen Schwerkriegsversehrte der Stufen III und IV Platz drei der Dringlichkeitsstufen ein. Die Ausgabe der unentgeltlich abgegebenen Kleidung erfolgte im *Alsterhaus*, einem an der Binnenalster gelegenen Kaufhaus.[293]

('Festlicher Auftakt') am 18. Juni 1955

[291] StAH, Amt für Wohnungswesen, Lag. Nr. 656, Bd. 1: Wohnungsamt Hamburg, betr.: "Zentrale Wohnraumvergebung in den Wohnungsabteilungen", Dezember 1945 u. Lag.Nr. 175, Bd. 4: Landesverband Hamburgischer Grundeigentümer-Vereine e.V.: Vollzugsanordnung gemäß Artikel 1, Ziffer 3 des Wohnungsgesetzes (Kontrollratsgesetz Nr. 18), Stand: 1. Juli 1952, § 36 Schlüsselzahlen

[292] StAH, Sozialbehörde II, 150.10 - 9: "Dienstvorschrift 254/30, betr.: Betreuung kriegsbeschädigter Flüchtlinge" der Sozialverwaltung Hamburg vom 14. Dezember 1945

[293] StAH, Staatliche Pressestelle V, I K IV b: "Ausgabe von Kleidung durch die *DHG*". In: "Hamburger Nachrichten Blatt" vom 18. März 1946

4.3 FINANZIELLE VERSORGUNG

<u>TABELLE</u> 11: RECHTLICHE GRUNDLAGEN DER FINANZIELLEN VERSORGUNG KRIEGSVERSEHRTER NACH DEM JAHR DES JEWEILIGEN IN-KRAFT-TRETENS UND DER HÖHE DES FÜR DIE RENTENGEWÄHRUNG ERFORDERLICHEN ERWERBSMINDERUNGSGRADES GETRENNT

Rechtliche Grundlagen der finanziellen Versorgung Kriegsversehrter	Jahr des In-Kraft-Tretens	Höhe des für die Rentengewährung erforderlichen Erwerbsminderungsgrades
Reichsversorgungsgesetz	1.920	25%
Wehrmachtsfürsorge- und Versorgungsgesetz	1.938	100% und so genanntes Versehrtengeld
Sozialversicherungsrichtlinien Nr. 11	1.946	50 beziehungsweise 662/3%
Sozialversicherungs-Direktive Nr. 27	1.947	30%
Bundesversorgungsgesetz	1.950	25%

Außer der Bereitstellung und Beschaffung von Unterkunft beziehungsweise Kleidung für Versehrte musste auch deren finanzielle Versorgung geregelt werden. Als rechtliche Grundlage diente ein Gesetz, eine Richtlinie und eine Direktive: Soldaten, die während des *Zweiten Weltkrieges* verwundet worden waren, erhielten - sofern die entsprechenden Voraussetzungen vorlagen - Renten und „*Versehrtengelder*" auf der Grundlage des 1938 in Kraft getretenen „*Wehrmachtsfürsorge- und Versorgungsgesetzes*". Geleistet wurden die Zahlungen von den so genannten *Versorgungsämtern*. Das *Wehrmachtsfürsorge- und Versorgungsgesetz* war Ende der dreißiger Jahre an die Stelle des 1920 verabschiedeten *Reichsversorgungsgesetzes* getreten:[294]

> „*Wenngleich einzelne Gebiete wie die Heilfürsorge und die Versorgung mit orthopädischen Hilfsmitteln im wesentlichen unverändert übernommen wurden und auch die Grundzüge der Hinterbliebenenversorgung nahezu dieselben blieben, erfuhr die geldliche Versorgung der Beschädigten eine ganz andere Gestalt. Ausgehend von dem Gedanken, daß eine Rente fehlendes Einkommen ersetzen soll, kennt dieses Gesetz nicht mehr eine allmähliche Staffelung der Rente nach der mehr oder weniger großen Minderung der Erwerbsfähigkeit, sondern nur noch eine Rente bei völliger Arbeitsverwendungsunfähigkeit. Der durch die WDB. [Wehrdienstbeschädigung?] verursachten körperlichen Behinderung wird Rechnung getragen durch das Versehrtengeld, das in 4 Stufen zerfällt und sowohl neben der AVU.- Rente, als auch neben jedem anderen Einkommen gewährt wird. Eine besondere, erst während des Krieges*

---

[294] StAH, Sozialbehörde II, 351 - 10 II: Besprechung der nordwestdeutschen Wohlfahrtsdezernenten am 8. November 1945 in Hamburg, Referat: „Fragen der Versorgung für Kriegsopfer" von Stadtamtmann Blohm (Hamburg)

im Herbst 1942 eingeführte Neuerung ist der Sozialausgleich, der dem früheren Einkommen angepaßt ist und die Erhaltung der KO. [Kriegsopfer?] in ihrer sozialen Schicht sichern soll."

Anders als die amerikanische hob die britische Militärregierung das *Wehrmachtsfürsorge- und Versorgungsgesetz* zunächst nicht auf[295]; doch untersagte sie für einen Teil der Anspruchsberechtigten - für diejenigen, welchen eine besondere Nähe zur *NSDAP* nachgewiesen werden konnte - frühzeitig Zahlungen, die sich hieraus ableiteten.[296] Untersagt wurde die Zahlung von Versorgungsbezügen an:[297]

"a) Personen, die vor dem 1. April 1933 Mitglied der NSDAP [gewesen] waren, b) an Personen, die zu irgendeiner Zeit aktive Nationalsozialisten oder eifrige Förderer [gewesen] waren."

Die finanzielle Situation der Kriegsbeschädigten veränderte sich im Juni allerdings insofern, als Renten und „*Versehrtengelder*" an das Moment der Bedürftigkeit gebunden wurden[298] ; d.h., nur Kriegsversehrte, welche nachweisen konnten, dass sie auf die bis dahin vom *Versorgungsamt* Hamburg geleisteten Zahlungen angewiesen waren, durften darauf hoffen, dass die Zahlungen fortgesetzt wurden:[299]

„Die Mil.Reg. [Militärregierung] hat als obersten Grundsatz aufgestellt, daß Versorgungsbezüge nur gezahlt werden dürfen, wenn die Empfänger keine anderen Mittel zum Lebensunterhalt haben und tatsächlich auf solche Zahlungen zur Bestreitung ihres Lebensunterhalts angewiesen sind(...)Die Versorgungsbehörden sind jetzt genötigt, die Bedürftigkeit zu prüfen(...)."

Diese Regelung galt - entsprechend einer im Juni gefertigten *Niederschrift über eine Amtsleitersitzung im Bereich der Sozialverwaltung* - nur für Hamburg. In „*Nachbarstädten*" erfolgten die

---

[295] Entsprechend Johann Kandler wurden die versorgungsrechtlichen Vorschriften für die Kriegsopferversorgung in Bayern, das zur Amerikanischen Besatzungszone gehörte, nach der Kapitulation formell aufgehoben und die Versorgungsdienststellen aufgelöst. Kriegsopfer, die ihren Lebensunterhalt nicht aus eigenen Kräften bestreiten konnten, wurden an die Fürsorge verwiesen (Johann Kandler: Die Kriegsopferversorgung im Wandel der Zeit. In: Bundesminister für Arbeit (Hrsg.): Gesetz über die Versorgung der Opfer des Krieges. Bundesversorgungsgesetz, i.d. Fassung v. 7. August 1953, Bonn 1955, S. 11 - 26, hier: S. 11).

[296] StAH, Sozialbehörde II, 150.10 - 0 Band 1: Schreiben der Amtlichen Hauptfürsorgestelle für Kriegsbeschädigte und Kriegshinterbliebene vom 25. Juni 1945 an Senator Martini, Sozialverwaltung Hamburg

[297] StAH, Staatliche Pressestelle V, I Y II a: "Zahlung der Renten oder Versehrtengelder für Kriegsbeschädigte und der Renten für Kriegshinterbliebene". In: "Hamburger Nachrichten-Blatt" vom 27. September 1945

[298] StAH, Sozialbehörde II, 150.10 - 0 Band 1: „Renten oder Versehrtengelder für Kriegsbeschädigte". In: „Hamburger Nachrichtenblatt" vom 21. Juni 1945

[299] StAH, Sozialbehörde II, 351 - 10 II: Besprechung der nordwestdeutschen Wohlfahrtsdezernenten am 8. November 1945 in Hamburg, Referat: „Fragen der Versorgung für Kriegsopfer" von Stadtamtmann Blohm (Hamburg)

Zahlungen *„auf Grund anderer Richtlinien".*[300] Ausgenommen von Einschränkungen waren *„die durch Luftangriffe beschädigten Zivilpersonen".* Zahlungen an diesen Personenkreis konnten *„gem. den bestehenden deutschen Vorschriften"* fortgesetzt werden.[301] Angehörige des *Roten Kreuzes* und der *„Luftschutzpolizei"* zählte die Militärregierung zur Gruppe der *Zivilpersonen,* wohingegen Mitarbeiter des *RAD* beziehungsweise der *Organisation Todt* als Soldaten angesehen wurden.[302]

Auch den Krankenkassen wurde die Gewährung von Geldleistungen im Juni 1945 von der britischen Militärregierung untersagt: In Hamburg wie anderswo gewährten Krankenkassen Leistungen im Rahmen der *Versorgungsheilbehandlung.* Neben Sachleistungen handelte es sich hierbei auch um Geldleistungen, u.a. um Krankengeld.[303] Erinnert sei in diesem Zusammenhang daran, dass es zum damaligen Zeitpunkt noch keine Lohnfortzahlung im Krankheitsfall gab! Beschädigte, die nach dem Wegfall der durch die Krankenkassen geleisteten Zahlungen hilfsbedürftig wurden, waren von den einzelnen Krankenkassen *„an das zuständige Ortsamt zwecks Beantragung der Leistungen der sozialen Fürsorge"* zu verweisen. Sachleistungen der *Versorgungsheilbehandlung* sollten nur *„im Rahmen der Kassenpflichtleistungen"* gewährt werden.[304] Kriegsversehrte, die nach den Anordnungen vom Juni 1945 auf die Fürsorge angewiesen waren, erhielten von dieser Sach- und Dienstleistungen, d.h. ärztliche und zahnärztliche Behandlungen, Arzneien, sonstige Heilmittel (beispielsweise Körperersatzstücke) und - wie erwähnt - Barleistungen.[305]

Im Dezember 1945 ordnete die Militärregierung überdies an, *„daß Empfängern von Versorgungsrenten augenblicklich keine Renten aus der Sozialversicherung bezahlt werden dürfen. In Fällen, in denen ein Berechtigter mehr als eine Rente bezieht, darf in Zukunft nur eine Rente gezahlt werden."*[306] Die Frage, welche Rente entfallen sollte, beantwortete die Militärregierung dahingehend, dass es hieß: *„Ist die <u>Sozialrente</u> niedriger als die Versorgungsrente, sind die Antworten [die Kriegsversehrten hatten Auskunft über ihre Rentenverhältnisse zu geben] an die zuständige Landesversicherungsanstalt oder Berufsgenossenschaft weiterzuleiten, damit von dort die Einstellung der Zahlung veranlaßt werden kann (...) Falls die <u>Versorgungsrente</u> niedriger ist, muß die sofortige Zahlungseinstellung vorgenommen werden"*[307] -

---

[300] StAH, Sozialbehörde II, 150.10 - 0 Band 1: Auszug aus der Niederschrift über die Amtsleitersitzung am 22. Juni 1945

[301] StAH, Sozialbehörde II, 014.72 - 1 Band 1: Übersetzung der Antwort der Militärregierung vom 30. Juni 1945 auf eine Anfrage des Direktors des Hauptversorgungsamtes Nordmark

[302] Ebd.

[303] StAH, Sozialbehörde II, 150.10 - 4: Schreiben des Hauptversorgungsamtes Nordmark vom 13. Juni 1945 an das Versorgungsamt Hamburg

[304] Ebd.

[305] StAH, Sozialbehörde II, 014.72 - 1 Band 1: Statistisches Amt für die Britische Besatzungszone, Hauptabteilung D: Erläuterungen zum Vierteljahresbericht der Fürsorgestatistik vom 1. Juni 1947

[306] StAH, Sozialbehörde II, 150.10 - 0 Band 2: Schreiben des Hauptversorgungsamtes Nordmark, betr.: „Fortfall der Invaliden- usw. Renten. Erhöhung der Versorgungsbezüge" vom 5. Dezember 1945 an alle Versorgungsämter des Bereichs

[307] Ebd. Dass auch die 1947 in Kraft getretene Sozialversicherungs-Direktive Nr. 47 an diesem Prinzip festhielt, veranschaulichen u.a. zahlreiche Schreiben der Verwaltung für Arbeit des Vereinigten Wirtschaftsgebietes an Kriegsversehrte. Außer Versehrten des II. waren hiervon auch Versehrte des I. Weltkrieges betroffen.(Vgl. BA Koblenz, B 149, 1799 u. 2579)

dieser Grundsatz blieb während der Besatzungszeit unverändert bestehen. Ausgezahlt wurden Renten und Versehrtengelder auf den Postämtern; auch wurden diese auf das jeweilige Bank- oder Postscheckkonto des Versehrten überwiesen.[308] Das *Bundesversorgungsgesetz* des Jahres 1950 hob diese Anordnung insofern auf, als *"Versorgungsberechtigte, deren Renten aus der Invaliden-/ Angestelltenversicherung bisher wegen der Kriegsopferrenten ganz oder teilweise geruht haben(...)nunmehr diese Renten ungekürzt neben den Bezügen nach dem Bundesversorgungsgesetz"* erhielten.[309]

Wehrsold wurde deutschen Soldaten bis zum 31. Dezember 1945 gezahlt. Am 1. Januar 1946 endeten die Zahlungen. In Krankenhäusern beziehungsweise im *"Versehrtenbereich"* untergebrachte Soldaten erhielten daraufhin - sofern noch kein Rentenbescheid vorlag - von der *Sozialverwaltung* als *Taschengeld* 1.- RM am Tag.[310] In einem Schreiben vom 16. April 1946 machte Stadtamtmann Blohm darauf aufmerksam, dass nur in den *Hilfskrankenhäusern* untergebrachte ehemalige Soldaten das *Taschengeld* erhielten. Er forderte, diese Regelung auch auf die in den Allgemeinen Krankenhäusern untergebrachten ehemaligen Soldaten auszudehnen.[311] Am 29. April 1946 informierte Senatsdirektor Dr. Groth von der *Gesundheitsverwaltung* die *Sozialverwaltung* darüber, dass es der *Gesundheitsverwaltung* nicht möglich sein würde, die *"Taschengeldzahlungen für die in den Zivilkrankenhäusern befindlichen ehemaligen Soldaten"* zu übernehmen.[312] In einem Schreiben vom 20. Juni 1946 an die *Gesundheits-* und *Sozialverwaltung* Hamburg wurde schließlich seitens des *Hauptversorgungsamtes Nordmark* mitgeteilt, dass dasselbe das *Versorgungsamt* Hamburg angewiesen habe, die *Taschengeldzahlungen* an die sich in den Zivilkrankenhäusern befindlichen ehemaligen Soldaten zu veranlassen, d.h., die Stelle, welche für die Rentenzahlungen aufkam, leistete fortan auch die *Taschengeldzahlungen*. Die *Taschengeldzahlungen* in den *Hilfskrankenhäusern* waren zuvor durch die Verwaltung derselben erfolgt, wobei diese die Kosten gemeinsam mit den Verpflegungskosten (gegenüber dem *Hauptversorgungsamt?*) abrechnete.[313]

Anfang 1946 wurde mittels der *„Sozialversicherungsrichtlinien Nr. 11 für den gesamten britischen Raum angeordnet"*, dass Renten, *„die nach bestehendem deutschen Recht an vormalige Wehrmachtsmitglieder"* von den *Versorgungsämtern* zu zahlen waren,

---

[308] StAH, Sozialbehörde II, 150.10 - 0 Band 1: „Zahlung der Renten oder Versehrtengelder für Kriegsbeschädigte und deren Hinterbliebene". In: „Hamburger Nachrichtenblatt" vom 14. Juli 1945

[309] StAH, Staatliche Pressestelle VI, 1574: "Für den Teil 'Amtliche Bekanntmachungen' (...) Kriegsopferversorgung" (ohne Datum)

[310] StAH, Sozialbehörde II, 351 - 10 II: Besprechung der nordwestdeutschen Wohlfahrtsdezernenten am 8. November 1945 in Hamburg, Referat: „Fragen der Versorgung für Kriegsopfer" von Stadtamtmann Blohm (Hamburg)

[311] StAH, Sozialbehörde II, 150.10 - 9: Schreiben von Stadtamtmann Blohm vom 16. April 1946 an Verwaltungsdirektor Rümcker, Gesundheitsverwaltung

[312] StAH, Sozialbehörde II, 150.10 - 9: Schreiben von Senatsdirektor Dr. Groth, Gesundheitsverwaltung, vom 29. April 1946 an die Sozialverwaltung, Amt für Kriegsbeschädigte und Kriegshinterbliebene Hauptversorgungsamtes

[313] StAH, Sozialbehörde II, 150.10 - 9: Schreiben des Direktors des Nordmark vom 20. Juni 1946 an die Gesundheitsverwaltung Hamburg

eingestellt werden mussten. Diese Vorschrift galt auch für Zivilpersonen. Zahlungen an Kriegsbeschädigte sollten mit Wirkung vom August d.J. von der *Landesversicherungsanstalt* auf der Grundlage der *Angestellten- und Invalidenversicherung* geleistet werden, die die Anzahl der jeweiligen Beitragsjahre berücksichtigte und welche einen deutlich höheren Erwerbsminderungsprozentsatz als bisher bei der Rentengewährung festlegte; wobei galt:[314]

> *„Falls die Geschädigten bisher keine oder nicht ausreichende Beiträge zur Sozialversicherung geleistet haben, wird beim Vorliegen der sonstigen Voraussetzungen den Geschädigten mindestens RM 40,- monatlich (...) Rente gezahlt."*

Im Februar 1946 diskutierten die Mitglieder der *„Sozialen Arbeitsgemeinschaft"* anläßlich eines Treffens die Hintergründe der vorgenommenen Änderung:[315]

> *„Senatsdirektor Völcker berichtet, daß die Versorgungsrenten für Kb. [Kriegsbeschädigte] und Kh. [Kriegshinterbliebene] zur Einstellung kommen werden. An ihre Stelle tritt die Gewährung von Renten durch die Landesversicherungsanstalt nach den Grundsätzen der Invaliden-, Alters- und Hinterbliebenenversicherung. Wenn ein Anspruch bei der Landesversicherungsanstalt nicht besteht, so wird ein solcher angenommen. Die Rente beträgt dann für Schwerbeschädigte RM 40,- monatlich, für Hinterbliebene RM 30,- monatlich. Träger der freien Heilfürsorge ist auch die Landesversicherungsanstalt. Auf Grund dieser Regelung wird ein großer Teil erwerbsfähiger Schwerbeschädigter zusätzlich aus öffentlichen Mitteln unterstützt werden müssen. Der Sinn dieser entscheidenden Maßnahmen ist in dem Bestreben der Militärregierung, Deutschland völlig zu entmilitarisieren, zu sehen. Die Versorgungsämter werden aufgelöst werden, da die Militärregierung diese als militärische Dienststellen betrachtet. Eine gesonderte Betreuung der Kriegsopfer wird von der Militärregierung nicht mehr gewünscht. Sie sollen wie zivile Invaliden bewertet werden."*

Versorgungsanträge von Kriegsbeschädigten, Personenbeschädigten, d.h. deutschen Staatsangehörigen, die durch Angehörige und Angestellte der Besatzungsmacht geschädigt worden waren[316], und deren Hinterbliebenen waren zukünftig nicht mehr beim *Versorgungsamt*, sondern *"bei dem für die Wohnung des Antragstellers zuständigen Ortsamt zu stellen."*[317] Ab 1. August

---

[314]StAH, Sozialbehörde II, 150.10 - 0 Band 2: Auszug aus der Niederschrift über die Besprechung mit den Leitern der Sozialabteilungen der Ortsämter und Ortsdienststellen am 2. Februar 1946

[315]StAH, Sozialbehörde II, 150.10 - 0 Band 2: Auszug aus der Niederschrift über die Besprechung der „Sozialen Arbeitsgemeinschaft" am 6. Februar 1946

[316]Vgl. BA Koblenz, Z 40, 79

[317]StAH, Staatliche Pressestelle V, I K III b: "Zeitungsnotiz für den lokalen Teil" vom 2. Mai 1946

1946 sollten „*keinerlei Zahlungen mehr*" seitens des *Versorgungsamt*es an Kriegsbeschädigte geleistet werden.[318] Da Kriegsversehrte aufgrund ihres teilweise jungen Alters häufig noch gar keine beziehungsweise nur geringe Beiträge in die Rentenkasse eingezahlt hatten, erhielten sie von der *LVA* zumeist nur geringe finanzielle Mittel. Festgesetzt wurde - wie oben erwähnt - ein Betrag von 40,- RM, der als Minimum zu zahlen war. Die darüber hinaus für den Lebensunterhalt notwendigen finanziellen Grundlagen sicherte die Fürsorge.[319] Eine Inanspruchnahme der Fürsorge wurde Personen, die *"nicht imstande"* waren, eine Arbeit aufzunehmen und deren *"Kriegsbesoldung"* entfallen war, bereits ein Jahr zuvor, im Juni 1945, als Möglichkeit zur Sicherung des Lebensunterhaltes aufgezeigt.[320] Aufgabe der Fürsorge war es, den *"notwendigen Bedarf"* zu sichern, d.h. aufzukommen für Unterkunft, Ernährung, Kleidung, Pflege, Krankenhilfe sowie Hilfe zur Wiederherstellung der Arbeitsfähigkeit zu leisten. Die Fürsorge gewährte Bar- und Sachleistungen (z.B. Kleidung, Wäsche, Schuhe).[321] Anschaulich schildert ein Artikel der *"Hamburger Volkszeitung"* vom 27 Juli 1946 die Auswirkungen der neuen Regelung:[322]

"Die Militärregierung hat angeordnet, daß ab 1. August 1946 keine Wehrmacht bezw. Kriegsrenten mehr gezahlt werden dürfen(...)Grundsätzlich werden jetzt also keine Wehrmacht- und Kriegsrenten mehr gezahlt, sondern nur noch Renten gemäß der Reichsversicherungsordnung, die von der Invaliden- bezw. Angestelltenversicherung gezahlt werden. D.h. daß ein Kriegsbeschädigter, der 60% kriegsbeschädigt ist, nach der Reichsversicherungsordnung keine Rente mehr bekommt, da dort, so weit die Invalidenversicherung in Frage kommt, eine Arbeitsverminderung von 662/3 vorliegen muß. In der Angestelltenversicherung verringert sich die Grenze auf 50%(...)Bei Kriegsbeschädigten, die 50% bezw. 66 2/3 erwerbsunfähig sind, werden ihre Versorgungsansprüche automatisch den Versicherungsträgern überwiesen, die für den Betreffenden zuständig ist [sic!]. (Angestellten- oder Invalidenversicherung). Also bei dieser [sic!] Versicherung, bei der der Betreffende Beiträge gezahlt hat. Wenn nun nach Errechnung seiner Rente, die auf Grund seiner bisher gezahlten Beiträge errechnet wird, sich herausstellt, daß diese niedriger ist, als die bisher bezogene Kriegsrente, zahlt das Reich den Ausgleich(...)Ein Arbeiter also muß, wenn er eine Rente beziehen will, 66 2/3 erwerbsunfähig sein, während ein kaufmännischer Angestellter nur 50% erwerbsunfähig zu sein braucht(...)Zusammenfassend stellen wir fest, daß nach der

---

[318] StAH, Sozialbehörde II, 150.10 - 0 Band 2: Schreiben von Senator Nevermann vom 17. Juli 1946 an den „Rat der Hauptstadt Hannover"

[319] StAH, Staatliche Pressestelle V, I K III b: "Schicksal der Kriegsversehrten". In: "Hamburger Allgemeine Zeitung" vom 2. Juli 1946

[320] StAH, Staatliche Pressestelle V, I Y II a: Schreiben der Sozialverwaltung Hamburg vom 12. Juni1945 an die "Hauptverwaltung", "Städtischer Informationsdienst"

[321] Hedwig Lues: Grundsätze der staatlichen Wohlfahrtspflege in der Hansestadt Hamburg. In: Hilfe in Not, S. 24 - 43, hier: S. 27 - 29

[322] StAH, Staatliche Pressestelle V, I Y II a: "Renten für Kriegsbeschädigte und Hinterbliebene". In:"Hamburger Volkszeitung" vom 27. Juli 1946

> *Anordnung der Militär-Regierung alle Kriegsbeschädigten und Hinterbliebenen, die die Bedingungen der Reichsversicherungsordnung erfüllen, automatisch von der Invaliden- bezw. Angestelltenversicherung betreut werden. Dagegen alle Kriegsbeschädigten und Hinterbliebenen, die diese Bedingungen nicht erfüllen, ihre Arbeitsunfähigkeit nachweisen müssen. In den Fällen also wo nach den neuen Anordnungen keine Rente mehr gezahlt wird, muß ein Antrag, falls Bedürftigkeit vorliegt, bei dem Wohlfahrtsamt gestellt werden(...)."*

Ein wenige Tage später im *"Hamburger Echo"* erschienener Artikel von Senator Dr. Paul Nevermann ergänzte die von der *"Hamburger Volkszeitung"* gegebenen Informationen dahingehend, dass darauf aufmerksam gemacht wurde, dass ein großer Teil der Kriegsversehrten bedingt durch die neue Regelung auf Unterstützungen seitens der Wohfahrtseinrichtungen angewiesen sein würde. Auch wurde ausdrücklich auf die der neuen Regelung immanente Ungerechtiglkeit hinsichtlich der Versorgung von Arbeitern und Angestellten hingewiesen, die eine finanzielle Versorgung an unterschiedlich hohe Versehrtheitsgrade band, wobei Angestellte besser gestellt wurden:[323]

> *"(...)Schon die hiermit verbundene Teilung der Kriegsbeschädigten in Arbeiter und Angestellte ist ungerecht. Das Wichtigste ist aber, daß nach diesen Bestimmungen nur etwa ein Fünftel der Kriegsbeschädigten erfaßt werden, in Hamburg schätzungsweise von 75.000 nur 15.000. Vier Fünftel sind in diesem Sinne nicht invalide, können aber zum größten Teil ihren notwendigen Lebensunterhalt auch nicht aus eigener Kraft verdienen. Von diesen verbleibenden etwa 60.000 ist vielleicht die Hälfte durch Angehörige oder eigenes Vermögen als nicht bedürftig im Sinne der Fürsorgebestimmungen anzusprechen. Die andere Hälfte aber wird auf Wohlfahrtsunterstützung angewiesen sein. Das wird die Zahl der Wohlfahrtsunterstützten in Hamburg ungefähr verdoppeln. Aber auch das eine Fünftel wird von der Landesversicherungsanstalt nicht den vollen Lebensunterhalt beziehen. Es handelt sich ja durchweg um jüngere Menschen, die noch keine langjährigen Beiträge für die Sozialversicherung aufgebracht haben. Bei ihnen wird daher eine Beitragsleistung unterstellt, die für Kriegsbeschädigte zu einer Rente von monatlich RM 40,- führt."*

Sowohl der *Reichsbund der Körperbehinderten und Hinterbliebenen* als auch die *Union der Schwerbeschädigten und Hinterbliebenen beider Weltkriege* riefen im August 1946 zu Kundgebungen gegen die Neuregelung der Versorgungsansprüche auf.[324] Die *DHG* beispielsweise unterstützte im betreffenden Jahr *"Versehrte, Blinde und Hinterbliebene"* mit dreihunderttausend Reichsmark.[325]

---

[323] StAH, Staatliche Pressestelle V, I Y II a: "Kriegsopfer in Not" von Senator Dr. Paul Nevermann. In "Hamburger Echo" vom 3. August 1946

[324] StAH, Staatliche Pressestelle V, I K III b: "Nöte und Wünsche der Körperbehinderten". In: "Hamburger Freie Presse" vom 17. August 1946

[325] StAH, Staatliche Pressestelle V, II K IV b: Schreiben der *DHG* vom 30. April 1947 an die Staatliche Pressestelle, betr.: "Amtlich geprüfte Bilanz der *DHG* per 31.12.1946"

Der im Jahre 1946 geschaffene, von Betroffenen als unbefriedigend empfundene Zustand[326] , wurde im Jahre 1947 dadurch abgelöst, dass Renten für Kriegsversehrte von der *LVA* nicht mehr auf der Grundlage der *Angestellten- und Invalidenversicherung*, sondern fortan auf der Grundlage der *Unfallversicherung* gezahlt wurden (s.u.), d.h. ab 30% Erwerbsminderung. In der *Amerikanischen Besatzungszone* erfolgte zum betreffenden Zeitpunkt eine Wiederaufnahme der Kriegsopferversorgung; und zwar gleichfalls ab einer Minderung der Erwerbsfähigkeit von 30%.[327] Von der zeitlichen Abfolge her gesehen, trat die Regelung in der *Amerikanischen* vor derjenigen in der *Britischen Besatzungszone* in Kraft.[328] Entsprechend einer Anfang 1948 gefertigten Übersicht des *Zentralamtes für Arbeit in der britischen Zone* stimmten die Leistungen an Kriegsbeschädigte und -hinterbliebene zum genannten Zeitpunkt in beiden Zonen *"im wesentlichen überein".[329] Als Rechtsgrundlage diente in der *Amerikanischen Besatzungszone* das "Körperbeschädigten-Leistungsgesetz" und in der *Britischen Besatzungszone* die *Sozialversicherungs-Direktive Nr. 47.[330] Um eine noch weitergehende Übereinstimmung zu erreichen, befasste sich die "Bizonale Arbeitsgemeinschaft für Sozialversicherung" ab März 1948 mit dem Thema einer "bizonale[n] Rechtsangleichung in der Leistungsgewährung an Kriegsbeschädige und Kriegshinterbliebene".[331]

Die Fürsorge gewährte *alleinstehenden Kriegsbeschädigten* unmittelbar nach Kriegsende 45, 40 und *kinderlos Verheirateten* 69, 50 RM monatlich. Außerdem übernahm die Fürsorge die Mietzahlungen; wobei die Höhe der Miete „*möglichst*" 30.- beziehungsweise 35.- RM nicht übersteigen sollte.[332] Die von der Fürsorge geleisteten Zahlungen lagen deutlich unter denjenigen, welche Kriegsopfer vor dem Ende des Krieges auf der Grundlage des *Wehrmachtsfürsorge- und Versorgungsgesetz*es erhalten hatten.[333] Sie entsprachen den geltenden *Fürsorgerichtlinien*, die den jeweiligen Grad einer vorhandenen Kriegsbeschädigung <u>nicht</u> berücksichtigten.[334] Als

---

[326] Vgl. hierzu auch: StAH, Staatliche Pressestelle V, I Y I a: "Nur die Hoffnung erhält sie aufrecht". In: "Hamburger Allgemeine Zeitung" vom 3. September 1946 u. StAH, Staatliche Pressestelle V, I K III b: "Versehrte warten immer noch". In: "Hamburger Allgemeine Zeitung" vom 1. November 1946

[327] Kandler, S. 12 - 13. Gemäß Johann Kandler trat das 'Gesetz über Leistungen an Körperbeschädigte' am 1. Februar 1947 in Kraft. Vorrangig habe das Gesetz den Anspruch der Versehrten auf Heilbehandlung gesichert, wobei auch so genannten Belasteten im Sinne der Entnazifizierungsgesetze ein solcher Anspruch eingeräumt worden sei, Rentenzahlungen habe es an diesen Personenkreis je doch nicht gegeben.

[328] "Nunmehr ist die Zustimmung erteilt worden, daß die Leistungen an Kriegsbeschädigte und die Hinterbliebenen von tödlich Verletzten nach den Grundsätzen der gesetzlichen Unfallversicherung gewährt werden und diese Leistungen an die Stelle derjenigen nach den Vorschriften der Sozialversicherungsdirektiven Nr. 11, 19 und 24 treten. Die geänderten Leistungen nach dieser Direktive sind ähnlich denjenigen, die bereits in der US-Zone in Kraft sind." (Sozialversicherungs-Direktive Nr. 27 der Kontrollkommission für Deutschland, 2. Mai 1947. In: Sonderdruck des Arbeitsblattes für die Britische Zone, S. 1 - 3, hier: S. 1)

[329] Ba Koblenz, Z 40, 275, Bl. 1

[330] BA Koblenz, Z 40, 275, Bl. 8-8a: Schreiben des Zentralamtes für Arbeit in der britischen Zone vom 31. März 1948 an "Social Insurance Branch, Manpower Division, Headquarters, Control Commission for Germany (British Element)", hier: Bl. 8

[331] Ebd. Vgl. auch: BA Koblenz, Z 40, 80

[332] StAH, Sozialbehörde II, 150.10 - 0 Band 2: Schreiben von Senator Nevermann vom 17. Juli 1946 an den „Rat der Hauptstadt Hannover"

[333] Ebd.

[334] Ebd.

Rechtsgrundlage für die veränderte Art der Versorgung Kriegsbeschädigter diente der Verwaltung '*Anweisung Nr. 1 an deutsche Behörden betr. Öffentliche Einnahmen und Ausgaben*'.[335] Im August 1945 wurden die Versorgungsbezüge für Kriegsbeschädigte angehoben. Entsprechend der von der Militärregierung genehmigten Neuregelung erhielten „*Haushaltsvorstände*" fortan 65.-, deren Angehörige über 16 Jahre 30.- beziehungsweise bis zu 16 Jahren 20.- RM monatlich. Mieten wurden bis zu einer Höhe von 50.- RM im Monat von der Fürsorge übernommen.[336] Auch wurde die vorhandene Kriegsbeschädigung wieder berücksichtigt: „*Zum Ausgleich für die besonderen durch die Wehrdienstbeschädigung verursachten Aufwendungen*" erhielten Kriegsbeschädigte, deren Erwerbsminderung 50 - 60% (*Versehrtenstufe II*) betrug, 25.- RM im Monat zusätzlich und Versehrte, deren Erwerbsminderung mindestens 70 % (*Versehrtenstufe III und IV*) ausmachte, 40.- RM monatlich vom *Versorgungsamt*.[337] „*Hilflose Kriegsbeschädigte*", die nach den Versorgungsgesetzen (als Bezugspunkt wurde sowohl § 31 des *RVG* als auch die §§ 91, 92 des *WFVG* genannt!) „*Anspruch auf eine Pflege- oder Blindenzulage*" hatten, erhielten diese auch weiterhin vom *Versorgungsamt*.[338] Offen ist, ob diese Zahlungen nach dem 1. August 1946 von anderer Seite geleistet wurden. Darüber hinaus **bestand in der Britischen Besatzungszone für alle Kriegsopfer der Anspruch auf freie Heilbehandlung**.[339]

Hinsichtlich der Versorgung ist entsprechend dem Vorausgegangenem **zu unterscheiden zwischen fürsorge- und versorgungsberechtigten Kriegsopfern**; wobei im Einzelfall sowohl eine Unterstützung durch Renten und Beihilfen (beispielsweise für Kleidung oder Hausrat) als auch gleichzeitig seitens der Fürsorge erfolgen konnte.[340] Anzumerken ist, dass die Leistungen der *sozialen Fürsorge* für Kriegsbeschädigte nicht rückzahlungspflichtig waren, wie *Stadtamtmann* Blohm im September 1946 ausführte:[341]

> „*In der DV. 254/01 ist in Absatz 19/20 zum Ausdruck gebracht, daß die gesamte öffentliche Fürsorge für Kriegsopfer als soziale Fürsorge gilt und damit die Ersatzpflicht der Betreuten selbst sowie auch ihrer Angehörigen und Hinterbliebenen entfällt.*"

---

[335] StAH, Sozialbehörde II, 150.10 - 0 Band 1: Schreiben von Senator Martini, Sozialverwaltung Hamburg, vom 4. Juli 1945 an Captain Swift, Military Government
[336] StAH, Sozialbehörde II, 150.10 - 0 Band 1: „Versorgungsleistungen für Kriegsbeschädigte und Kriegshinterbliebene", August 1945
[337] Ebd.
[338] Ebd.
[339] Hudemann, S. 448. Nicht als Kriegsopfer galten diejenigen, welche aufgrund einer Tätigkeit für die NSDAP oder eine ihrer Gliederungen verwundet worden waren (vgl. 3.1 AMPUTATIONEN)
[340] Vgl. 2. Die Anzahl der Kriegsversehrten und 6.1 UNION DER SCHWERBESCHÄDIGTEN BEIDER WELTKRIEGE
[341] StAH, Sozialbehörde II, 150.10 - 7: „Einzelfragen zur Umlagerung der Kriegsopferversorgung", Ausführungen von Stadtamtmann Blohm vom 28. September 1946

Wird die Höhe des von der Fürsorge - gemäß Aktenlage - in den einzelnen Quartalen geleisteten finanziellen Aufwandes in Beziehung zur Anzahl der Unterstützten gesetzt, ergibt sich die durchschnittliche Höhe der tatsächlichen finanziellen Leistung je Unterstütztem:[342]

TABELLE 12: DIE HÖHE DER FINANZIELLEN LEISTUNG SEITENS DER FÜRSORGE 1946 - 1953 JE UNTERSTÜTZTEM PRO QUARTAL IN RM/DM

IV 46	I 47	II 47	III 47	IV 47	I 48	II 48	III 48	IV 48	I 49
94	89	84	82	84	83	70	67	65	71
II 49	III 49	IV 49	I 50	II 50	III 50	IV 50			
71	71	69	62	115	91	140			
I 51	II 51	III 51	IV 51	I 52	II 52	III 52	IV 52	I 53	II 53
137	143	210	209	192	157	176	204	155	135
III 53	IV 53								
175	194								

Durchschnittlich gerade **eine beziehungsweise nicht ganz eine RM am Tag** erhielten die einzelnen Unterstützten vor der *Währungsreform* 1948 **von der Fürsorge.** Ab dem Jahre 1950 belief sich die Höhe der Unterstützung auf **mehr als eine, aber deutlich weniger als zwei DM** je Unterstütztem pro Tag. Die Höhe des mittleren monatlichen Einkommens lag im Jahre 1950 für einen vier-Personen-Arbeitnehmerhaushalt bei 343.- DM.[343] Die durchschnittliche monatliche Unterstützung je Kriegsbeschädigtem seitens der Fürsorge (1950: 34.- DM) betrug mithin lediglich 40% dessen, was den einzelnen Mitgliedern (1950: 86.- DM) eines Arbeitnehmerhaushaltes mit durchschnittlichem Monatseinkommen zur Verfügung stand - wobei zu berücksichtigen ist, dass sich der vier-Personen- Arbeitnehmerhaushalt aus zwei Erwachsenen und zwei Kindern zusammensetzte, deren Grundverbrauch als unter dem der Erwachsenen liegend angenommen werden kann. Auch belief sich die durchschnittliche monatliche Unterstützung auf eine Höhe, die unter dem für 1949 angegebenen Existenzminimum lag, welches für eine Familie etwa 214.- DM betrug.[344] Inwieweit die Leistungen nach der *Sozialversicherungs-Direktive Nr. 27*, auf die Kriegsversehrte seit 1947 einen Anspruch hatten, diese Lücke schlossen, kann nur im Einzelfall geklärt werden. Ein Bericht der *„Hamburger Allgemeinen"* vom April 1949 läßt jedoch Zweifel aufkommen; ist dort doch die Rede davon, dass zu 100 Prozent Kriegsbeschädigte monatlich 100.- DM erhielten und dass zudem „in letzter Zeit die Renten herabgesetzt" worden seien.[345] Im Herbst d.J. wurde

---

[342] Vgl. StAH, Sozialbehörde II, 014.72 - 4 Band 1
[343] Glatzer, S. 281
[344] StAH, Sozialbehörde II, 012.81 - 7 Band 1: „Die Notlage der Schwerbeschädigten". In: „Hamburger Allgemeine", April 1949
[345] Ebd.

Kriegsbeschädigten in Hamburg unter gewissen Voraussetzungen ein Rentenzuschlag gegeben:[346]

> *„Kriegsbeschädigten, die eine Rente für eine Minderung der Erwerbsfähigkeit von 50 v. H. und mehr von der Landesversicherungsanstalt Hansestadt Hamburg beziehen, ist nach einem Beschluß des Senats vom 9. September 1949 rückwirkend vom 1. September 1949 an ein Zuschlag von 20 v. H. zu ihrer KB.-Rente [Kriegsbeschädigtenrente] zu zahlen, wenn ihr sonstiges Einkommen die halbe Rente nicht übersteigt.“*

Erläuternd hieß es:[347]

> *„Ein Kriegsbeschädigter mit einem Kind und einer Erwerbsminderung von 70 v. H. z.B. kann also keinen Zuschlag erhalten, wenn sein sonstiges Einkommen mehr als 38,50 DM monatlich beträgt. Keinen Zuschlag erhalten ferner die Kriegsbeschädigten, -witwen und -eltern, die eine Rente aus der Invaliden-, Angestellten-, Knappschafts- oder Unfallversicherung beziehen, und zwar auch dann nicht, wenn diese Renten nur gekürzt gezahlt werden.“*

Im Oktober 1949 verbesserte sich die Situation für diejenigen, welche Renten aus der *Sozialversicherung* bezogen insofern, als auch sie nunmehr den Zuschlag erhielten, wenn der Betrag der Rente aus der *Sozialversicherung* die halbe Rente nach der *Sozialversicherungs-Direktive Nr. 27* nicht überstieg.[348]

Die 1950 von Gertrud Schiefelbein an der Hamburger Universität als Dissertation eingereichte Arbeit *„Versorgung und Fürsorge im Kriegsopferrecht“* bestätigte die von der *„Hamburger Allgemeinen“* genannte Rentenhöhe und gab zudem weitere Informationen zur *Sozialversicherungs-Direktive Nr. 27*. Gertrud Schiefelbein schrieb, dass die finanzielle Leistung für Versehrte im Frühjahr 1947 nach den Grundsätzen der Sozialversicherung ermittelt und von den *Landesversicherungsämtern* gezahlt wurde. Die Finanzierung der neuen Versorgung teilten sich die beitragspflichtigen Sozialversicherten mit den deutschen Ländern, welche Mittel zur Versorgung der Kriegsopfer bereitstellten. In der *Britischen Besatzungszone* trat das neue Versorgungsrecht am 1. August 1947 in Kraft.[349] Zwar passte die *Sozialversicherungs-Direktive Nr. 27* die Versorgung der Kriegsopfer den Prinzipien der gesetzlichen *Unfallversicherung* an, doch wurden Kriegsbeschädigte, wie Gertrud Schiefelbein feststellte, schlechter als Unfallopfer

---

[346] StAH, Sozialbehörde II, 150.10 - 1 Band 3: Bekanntmachung für Kriegsbeschädigte u. -hinterbliebene der Landesversicherungsanstalt Hansestadt Hamburg vom 27. September 1949
[347] Ebd.
[348] StAH, Sozialbehörde II, 150.10 - 1 Band 3: Rundschreiben Nr. 51/49 der Arbeitsbehörde der Hansestadt Hamburg vom 24. Oktober 1949, betr.: Zuschläge zu den Renten nach der Sozialversicherungs-Direktive Nr. 27
[349] Schiefelbein, S. 107

gestellt; und zwar insofern, als für die Rentenberechnung nicht das individuelle, sondern ein durchschnittliches Jahreseinkommen zugrunde gelegt wurde: [350]

> *„Während der Unfallversicherte Anspruch darauf hatte, dass seine Rente nach dem letzten Jahresarbeitsverdienst berechnet wurde, wurde bei allen Kriegsbeschädigten ein durchschnittliches jährliches Arbeitseinkommen von DM 1.800,- angenommen, das sind DM 150,- im Monat. Das war ein Einkommen, das die meisten Kriegsbeschädigten als gesunde arbeitsfähige Menschen vor dem Kriege sicherlich überschritten hatten.”*

Gertrud Schiefelbein führte aus:[351]

> *„Der Umfang der Leistungen wurde in einer Rententafel genau festgelegt(...)Die Renten durften nicht höher sein als diejenigen, die den Sozialversicherten nach den Vorschriften über die pflichtmässige Sozialversicherung zustanden. Sie durften aber auch nicht niedriger sein als die Fürsorgerenten, da die öffentliche Fürsorge entlastet werden sollte. Es wurde ferner vorgesehen, dass bei den Kriegsbeschädigten, die wieder über eigenes Arbeitseinkommen verfügten, ein Teil der Rente hierauf angerechnet wurde. Ohne Rücksicht auf die Einkommenshöhe wurden folgende Renten monatlich gezahlt:*
>
> *bei Verlust der Erwerbsfähigkeit*
>
> *von 30 bis 40 v.H   10,- DM*
>
> *von 50 bis 60 v.H   20,- DM*
>
> *von 66 2/3 bis 80 v.H   30,- DM*
>
> *über 80 v.H   40,- DM.”*

Hinsichtlich der Höhe der Rentenzahlungen *„ohne Rücksicht auf die Einkommenshöhe”* nennt Gertrud Schiefelbein - wie oben gezeigt - nur DM-Beträge. Ihre Arbeit gibt keine Auskunft

---

[350] Ebd., S. 108 - 109
[351] Ebd., S. 109

über die Höhe der Zahlungen zwischen dem 1. August 1947, dem Datum des In-Kraft-Tretens der *Sozialversicherungs-Direktive Nr. 27*, und der *Währungsreform* im Juni 1948. Entsprechend ihrer Darstellung bewegte sich die Rentenhöhe grundsätzlich - je nach Erwerbsminderungsgrad und Einkommenshöhe - zwischen 10.- und 100.- DM monatlich.[352] Hinzu kam für jedes Kind ein Zuschlag von 10.- DM.[353] In der britischen Zone erhielten *„verheiratete Kriegsbeschädigte mit drei unterhaltspflichtigen Kindern"* bei vollständiger Erwerbsunfähigleit (100%) 130.- DM und bei 50% Erwerbsminderung 65.- DM.[354] Die den Akten zu entnehmende *„Abschrift einer Übersetzung der Sozialversicherungs-Direktive Nr. 27"*[355] informiert über die Höhe der Rentenzahlungen in der RM-Zeit. Vor dem 20. Juni 1948 erhielten Versehrte bei Verlust der Erwerbsfähigkeit

von 40% oder weniger

bis zu 50.- RM / Monat,

von 50% bis 80%

bis zu 100.- RM / Monat und

über 80%

bis zu 150.- RM / Monat.[356]

Die genannten Angaben geben die maximale Höhe der Rentenzahlungen für die einzelnen Versehrtheitsgrade wieder; jedoch wurden auch Mindestsätze festgelegt: Mindestens gezahlt wurden bei Verlust der Erwerbsfähigkeit

von 40% oder weniger

10,- RM / Monat,

von 50% bis 60%

20,- RM / Monat,

---

[352] Ebd., S. 110
[353] Ebd., S. 112
[354] Ebd.
[355] StAH, Sozialbehörde II, 150.10 - 1 Band 1: „Abschrift einer Übersetzung der Sozialversicherungs-Direktive Nr. 27"
[356] Ebd.

von 66% bis 80%

30,- RM / Monat und

über 80%

40,- RM / Monat.[357]

Versehrte, deren Erwerbsfähigkeit zu weniger als 30% gemindert war, zählten nicht zu den Rentenempfängern. Die *Sozialversicherungs-Direktive Nr. 27* legte mithin einen strengeren Maßstab als das *Reichsversorgungsgesetz* des Jahres 1920 an, welches Renten ab einem Erwerbsminderungsgrad von 25% gewährte.[358] Hinsichtlich der Versorgung jugendlicher Versehrter wurde festgelegt:[359]

> *"Jugendliche Beschädigte vor Vollendung des 18. Lebensjahres erhalten Teilrenten nach den folgenden Prozentsätzen des normalen Anspruchs:*
>
> *bis zur Vollendung des 15. Lebensjahres.40%*
>
> *nach Vollendung des 15. bis zur*
>
> *Vollendung des 18. Lebensjahres....60%".*

Keine Leistungen gewährte die *Sozialversicherungs-Direktive Nr. 27 "politisch Belasteten"*, d.h. Personen,

> *„die im Verlauf einer Dienstleistung für die NSDAP, deren Gliederungen oder angeschlossenen Verbände verletzt wurden, oder an Personen, die als 'Hauptschuldige' oder 'Belastete' in die Gruppen 1 oder 2 nach der Direktive des Kontrollrats Nr. 38 vom 12. Oktober 1946 eingereiht worden sind.'*[360]

---

[357] Ebd.
[358] Vgl. 1.1 FORSCHUNGSSTAND
[359] Sozialversicherungs-Direktive Nr. 27. In: Sonderdruck des Arbeitsblattes für die britische Zone, S. 1 - 3, hier: S. 1
[360] Ebd. Vgl. auch: BA Koblenz, Z 40, 88

In der *Amerikanischen Besatzungszone* waren diese Personen nur von der Rentengewährung ausgeschlossen, während der Anspruch auf Heilbehandlung bestand.[361]

Gewährt wurden die Renten - wie erwähnt - von der *LVA*. Rentenantragsformulare erhielten Versehrte in den Ortsämtern und Ortsdienststellen.[362] Die *"für die Festsetzung der neuen Rente erforderlichen Erklärungen"* konnten von den *"Schwerbeschädigten beider Weltkriege von 70 - 100 % und der Versehrtenstufe III und IV"* auch *"bei den Ortsgruppen des Reichsbundes der Körperbeschädigten, Sozialrentner und Hinterbliebenen sowie der Union der Schwerbeschädigten und Hinterbliebenen"* abgegeben werden.[363] Im September 1947 hatten ca. 19.000 Versehrte entsprechende Anträge gestellt. Bis zum genannten Zeitpunkt waren 40.000 Formulare gedruckt und verteilt worden, d.h., nur etwa die Hälfte der möglichen Anspruchsberechtigten hatte bis dahin versucht, die eigenen finanziellen Ansprüche geltend zu machen.[364] Im Oktober d.J. richtete die *Hauptfürsorgestelle für Schwerbeschädigte* ein Schreiben an die Ortsämter und Ortsdienststellen, in welchem darauf aufmerksam gemacht wurde, dass die „Berechtigten" Rentenanträge „*nicht in dem erwarteten Umfange*" gestellt hatten. Hinzugefügt wurde:[365] „*Bei Unterstützten muß die Sozialbehörde darauf bestehen, daß das baldigst geschieht und die Rechte wahrgenommen werden. Zu diesem Zwecke sind bis zum 31.10.47 die Akten der laufend unterstützten Kriegsopfer durchzusehen. Mit weiterer Unterstützung wird nur rechnen können, wer den Nachweis der erfolgten Antragstellung erbringt.*" Im Falle einer Rentenbewilligung informierte die *LVA* die Ortsämter. Die Festsetzung der Renten erfolgte durch eine gesonderte Abteilung der *LVA* in Hamburg-Altona, Palmaille 71.[366] Anläßlich einer Besprechung der Leiter der *Sozialabteilungen* der Ortsämter und Ortsdienststellen hieß es in diesem Zusammenhang:[367] „*Das wird in der Regel zu einer Neuberechnung der Unterstützung führen müssen. Es fällt auf, daß von einigen Sozialabteilungen Veränderungsanzeigen nur in geringer Zahl eingehen. Um Überzahlungen zu vermeiden, ist unverzüglich nach Eingang der Anzeige der Landesversicherungsanstalt eine Prüfung des Fürsorgefalles vorzunehmen.*" Inwieweit die *Sozialversicherungs-direktive Nr. 27* dazu beitragen konnte oder nicht, die Fürsorge finanziell zu entlasten, deutet ein Schreiben der *Hauptfürsorgestelle für Schwerbeschädigte* vom November 1947 an:[368] „*Finanziell wird die öffentliche Fürsorge zwar fühlbar entlastet, jedoch bleibt in sehr vielen Fällen die Notwendigkeit bestehen, neben der Rente weiterhin mit öffentlicher*

---

[361] BA Koblenz, Z 40, 275, Bl. 1

[362] StAH, Sozialbehörde II, 150.10 - 1 Band 1: Schreiben von Stadtamtmann Blohm vom 19. Mai 1947 an Pastor Rottenberger, Landeskirchliches Amt für Innere Mission

[363] StAH, Staatliche Pressestelle V, I Y II a: "Amtliche Bekanntmachung: Kriegsbeschägigte und -hinterbliebene" vom Juli 1947

[364] StAH, Sozialbehörde II, 150.10 - 1 Band 2: Schreiben der Hauptfürsorgestelle für Schwerbeschädigte vom 17. September 1947 an die Fürsorgestellen für Schwerbeschädigte in den Ortsämtern

[365] StAH, Sozialbehörde II, 150.10 - 1 Band 2: Schreiben der Hauptfürsortgestelle für Schwerbeschädigte vom 2. Oktober 1947 an die Ortsämter und Ortsdienststellen

[366] StAH, Sozialbehörde II, 150.10 - 1 Band 2: Auszug aus der Niederschrift über die 3. Besprechung mit den Leitern der Sozialabteilungen der Ortsämter und Ortsdienststellen am 11. Oktober 1947

[367] Ebd.

[368] StAH, Sozialbehörde II, 150.10 - 1 Band 2: Schreiben der Hauptfürsorgestelle für Schwerbeschädigte vom 17. November 1947 an Senatsdirektor Völcker, Bieberhaus

Unterstützung einzutreten." Gertrud Schiefelbein stellte im Jahre 1950 fest, dass die Unterstützung durch die *Sozialversicherungs-Direktive Nr. 27* *„bei weitem"* nicht ausreichte, um den Lebensunterhalt davon zu bestreiten. *„Da es [auch nach Verkündigung der Sozialversicherungs-Direktive Nr. 27] nicht möglich war, die materielle Versorgung auf eine breitere Basis zu stellen, so musste alles daran gesetzt werden, den Kriegsopfern einen ausreichenden Arbeitsverdienst zu sichern"*, schrieb sie. Dieser Aufgabe nahm sich, so Gertrud Schiefelbein, die *„soziale Fürsorge"* an.[369] Zu den Aufgaben der *„sozialen Fürsorge"* gehörte u.a. die *„Berufsfürsorge"*. Gertrud Schiefelbein führte aus:[370]

> *„Nach den Vorschlägen eines Berufsberaters entscheidet die Hauptfürsorgestelle jeweils über die gewünschte Berufsausbildung oder Umschulung. Der Kriegsbeschädigte, der sich für einen handwerklichen Beruf entschieden hat, tritt wie jeder andere Lehrling in einen Betrieb ein, er hat in der Regel den Vorzug einer verkürzten Ausbildungszeit. Die praktische Ausbildung wird durch den Besuch einer Fachschule oder Handelsschule ergänzt. In besonderen Fällen wird dem Kriegsbeschädigten ein Hochschulstudium ermöglichst [sic!]. Alle Kriegsblinden erhalten eine Grundausbildung, die sie mit dem Lesen und Schreiben der Blindenschrift und Blindenkurzschrift vertraut macht. Eine anschließende Berufsumschulung vervollständigt ihre Ausbildung. Grundsätzlich bedienen sich die Hauptfürsorgestellen der bestehenden Einrichtungen zur Durchführung der Berufsfürsorge. Besondere Umschulungskurse werden in der Regel nicht eingerichtet, verschiedentlich aber von privaten Wohlfahrtsorganisationen durchgeführt."*

Hinsichtlich der von Kriegsbeschädigten schwerpunktmäßig gewählten Berufe heißt es, dass es sich um den Beruf des Uhrmachers, Schneiders beziehungsweise Schuhmachers handelte.[371] Die finanzielle Unterstützung der Kriegsversehrten während der Zeit der Umschulung bezeichnete Gertud Schiefelbein als *„nur gering"*. Sie schrieb:[372]

> *„Der Schwerbeschädigte erhält monatlich insgesamt 106,- DM und der gesunde Umschüler 65,- DM. Es wird daher jeder versuchen müssen, sich zusätzlich zu seiner Rente ein Arbeitseinkommen zu verschaffen. Allerdings tritt dann eine Anrechnung des eigenen Einkommens auf die Rente ein."*

Die Berufsausbildung und -umschulung Kriegsversehrter war - gemäß Gertrud Schiefelbein - im Jahre 1950 *„im wesentlichen beendet"*. Entsprechend ihrer Darstellung gab es 1948 in

---

[369] Schiefelbein, S. 113
[370] Ebd., S. 113 - 114
[371] Ebd., S. 114
[372] Ebd.

Hamburg noch „*rund 800 Umschüler*" und ein Jahr später, 1949, ungefähr 300; das waren ca. 1% aller in Hamburg erfassten Kriegsbeschädigten.[373] Nach beendeter Ausbildung wurden Schwerbeschädigte mit einer Erwerbsminderung von mindestens 50% bei der Suche nach einem Arbeitsplatz von den *Hauptfürsorgestellen* unterstützt.[374]

Gertrud Schiefelbein machte in ihrer Dissertation darauf aufmerksam, dass Kriegsversehrten *"in besonderen Fällen"* ein Hochschulstudium ermöglicht wurde. Neben der Frage, wie die materielle Versorgung Versehrter während des Studiums gesichert worden ist, wirft diese Aussage auch die Frage auf, ob möglicherweise Kriegsversehrte - angesichts der beschränkten Anzahl der in der Nachkriegszeit zur Verfügung stehenden Studienplätze - bevorzugt zugelassen worden sind. Hinsichtlich der Zulassung zum Studium an der *Universität Hamburg* ist zu sagen, dass diese von Anfang an von den *'schulischen Leistungen'* der Bewerberinnen und Bewerber abhing.[375] Allein im zweiten Nachkriegssemester, im Sommersemester 1946, traten die Zeugnisnoten hinter den Kriterien *'Kriegsversehrung'*, *kriegsbedingte Verwitwung'*, *'Dauer des Kriegsdienstes'* und *'Anzahl der bereits studierten Semester'* zurück - später nahmen die genannten Kriterien zwar weiterhin Einfluss auf die Studienzulassung, sie waren aber nicht mehr ausschlaggebend.[376] Lediglich im zweiten Nachkriegssemester wurden Kriegsversehrte demnach bevorzugt zugelassen; ein Umstand, der das *"Hamburger Echo"* zu einer negativen Stellungnahme veranlasste:[377]

> *"Die entscheidende Beeinträchtigung des Qualitätsgesichtspunktes in der Auslese liegt bei einem Teil der Kriegsbeschädigten. Hier hat das menschliche Mitgefühl öfter in starkem Maße als die Eignung die Entscheidung bestimmt."*

Eine sich auf das Wintersemester 1947/48 beziehende Übersicht des *Statistischen Landesamtes Hamburg* zeigt, welche Studienfächer von Kriegsversehrten bevorzugt gewählt wurden. Im betreffenden Semester studierten Kriegsversehrte vorrangig Rechtswissenschaft und Medizin; nämlich 326 Rechtswissenschaft und 339 Human- und Zahnmedizin. Insgesamt waren im Wintersemester 1947/48 an der *Universität Hamburg* 1252 kriegsversehrte Studenten und 12 kriegsversehrte Studentinnen eingeschrieben.[378]

---

[373] Ebd., S. 114 - 115. Erwähnt wurde, dass nicht ersichtlich ist, ob die von Gertud Schiefelbein für 1949 genannte Anzahl der Hamburger Kriegsversehrten sowohl Versehrte des Ersten als auch des Zweiten Weltkrieges umfasst.
[374] Ebd., S. 116
[375] Uta Krukowska, Die Studierenden an der Universität Hamburg in den Jahren 1945 bis 1950, Diss. phil., Hamburg 1993. S.40
[376] Ebd.
[377] Ebd., S. 41
[378] Ebd., S. 42

Inwieweit das 1950 verkündete *Bundesversorgungsgesetz* Kriegsversehrten ein ausreichendes Einkommen sicherte, ist auch anhand der Anzahl derjenigen zu beantworten, welche Rentenempfänger waren und gleichzeitig von der Fürsorge unterstützt wurden. Grundsätzlich ist jedoch festzuhalten, dass das *Bundesversorgungsgesetz* den Kreis der Anspruchsberechtigten insofern erweiterte, als nun nicht mehr allein Kriegsversehrte mit einer Erwerbsminderung von 30% und höher zu den Rentenanspruchsberechtigten zählten, sondern bereits Versehrte mit einer Minderung der Erwerbsfähigkeit von 25% Renten erhielten.[379] Die *"Umanerkennung"* der Renten erfolgte nach Verkündigung des Gesetzes *"von Amts wegen rückwirkend vom 1.10.50 an"*; Anträge hierfür waren nicht zu stellen.[380] Im Zeitraum April 1952 bis März 1953 listeten zwanzig westdeutsche Städte, zu denen auch Hamburg zählte, die Gründe auf, welche die Ursache für den *"Eintritt der Hilfsbedürftigkeit"* bei ihren Einwohnern darstellten:[381] Eine *"unter Richtsatz"* liegende *BVG*-Rente nahm Platz 15 von insgesamt 19 Gründen ein, welche als Ursache für den *"Eintritt der Hilfsbedürftigkeit"* genannt wurden. Insgesamt 1003 Menschen, 2,9% aller Hilfsbedürftigen, wurden im betreffenden Zeitraum von der Fürsorge unterstützt, weil ihre *BVG*-Rente so gering war, dass sie nicht den Lebensunterhalt sicherte.

Im Jahre 1951 wurde die Kriegsversehrtenversorgung wieder aus der *LVA* herausgelöst. Das *„Gesetz über die Errichtung der Verwaltungsbehörden der Kriegsopferversorgung"* vom 12. März 1951 übertrug die Vollziehung der Aufgaben der Kriegsopferversorgung einer neu errichteten *Bundesversorgungsverwaltung*; diese war zweistufig aufgebaut. *Versorgungsämter* und ärztliche Dienststellen bildeten hierbei die erste, *Landesversorgungsämter* die zweite Stufe.[382] Die *Versorgungsämter* bearbeiteten in erster Instanz alle Angelegenheiten der Kriegsopferversorgung; sie gliederten sich in die Aufgabengebiete: *„Verwaltung, Versorgung und ärztlicher Dienst"*. Als Aufsichtbehörde für die *Versorgungsämter* und ärztliche Dienststellen eines Landes wurden die *Landesversorgungsämter* geschaffen. Für größere Länder war die Errichtung von zwei *Landesversorgungsämtern* vorgesehen. Möglich war es aber auch, für mehrere Länder ein *Landesversorgungsamt* zu errichten.[383] Aufgabe der Länder ist es gewesen, die *Versorgungsämter* und *Landesversorgungsämter* zu schaffen; die Festsetzung des Sitzes und Dienstbezirkes der Ämter oblag dem *Bundesarbeitsministerium*.[384] Außer den genannten Ämtern waren gemäß § 2 des

---

[379] StAH, Staatliche Pressestelle VI, 1574: "Für den Teil 'Amtliche Bekanntmachungen'(...)Kriegsopferversorgung", ohne Datum

[380] Ebd.

[381] StAH, Statistisches Landesamt III, C 4040 - 3: Schreiben des "Ausschusses für Wohlfahrts- und Gesundheitsstatistik im Verband Deutscher Städtestatistiker" vom 17. Juli 1953 an die "Berichtsstädte über die Ursachen bei Eintritt und Wegfall der Hilfsbedürftigkeit in der offenen Fürsorge"

[382] C. L. Trüb: Die Durchführung des Bundesversorgungsgesetzes. In: Der öffentliche Gesundheitsdienst. Monatsschrift für Gesundheitsverwaltung und Sozialhygiene, Schriftleitung: E. Schröder u.a., 13. Jhg., 1951/52, S. 301 - 308, hier: S. 301. Vgl. auch: BA Koblenz, B 149, 1826, Band 2 u. 1828

[383] Ebd.

[384] Ebd., S. 302

„Gesetzes über die Errichtung der Verwaltungsbehörden der Kriegsopferversorgung" nachstehende Einrichtungen zu schaffen:[385]

„1. versorgungsärztliche Untersuchungsstellen für die Vornahme fachärztlicher Untersuchungen und Begutachtungen,

2. Orthopädische versorgungsstellen für die Versorgung der Kriegsbeschädigten mit Körperersatzstücken, orthopädischen und anderen Hilfsmitteln,

3. Versorgungsheilstätten für Tuberkulöse, Versorgungskuranstalten für Tuberkulöse, Versorgungskuranstalten in Kurorten, Versorgungskrankenhäuser für die Sonderbehandlung von Hirnverletzten, Schwerbeschädigten mit chirurgischen Folgezuständen von Verwundungen oder mit Rückenmarksverletzungsfolgen,

4. je eine Beschaffungsstelle für die zentralwirtschaftliche Beschaffung von Arzneimitteln, orthopädischen und anderen Hilfsmitteln in Hannover und München sowie ein Prüfungsamt für Heil- und Hilfsmittel in Hannover

5. je ein Krankenbuchlager in München und Kassel, in denen alle Krankenbehandlungsunterlagen gesammelt werden, um dann den Versorgungsämtern zwecks Verwertung bei der Bearbeitung der Versorgungsanträge zur Verfügung gestellt zu werden."

In Hamburg wurde das *Versorgungsamt* am 4. Mai 1951 errichtet.[386]

4.3.1 *PFLEGEZULAGEN*

Das *Reichsversorgungsgesetz* und das *Wehrmachtsfürsorge- und Versorgungsgesetz* gewährten *Pflegezulagen* in vier Stufen; nämlich in Höhe von 50.-, 75.-, 100.- und 125.- RM. Nach der Kapitulation wurden seitens der britischen Militärregierung *Pflegezulagen* in Höhe von 30,- bis 40,-, 50,- bis 60,-, 70,- und 80,- RM genehmigt beziehungsweise ausgezahlt. Die *Sozialversicherungs-Direktive Nr. 27* sah *Pflegezulagen* in Höhe von 20.- bis 75.- RM vor.[387] Mithin ist für die ersten Jahre nach dem Ende des *Zweiten Weltkrieges* von einer generellen Senkung der Höhe der

---

[385] Ebd.

[386] StAH, Pressestelle VI, 1574: "Errichtung des Versorgungs- und Landesversorgungsamtes Hamburg", 4. Mai 1951

[387] StAH, Sozialbehörde II, 150.10 - 1 Band 2: Aktenvermerk vom 5. September 1947, betr.: „Pflegezulagen nach der Sozialversicherungs-Direktive Nr. 27"

*Pflegezulage*n zu sprechen. 1947 erhielten Blinde in der gesamten britischen Zone einheitlich eine *Pflegezulage* von 60.- RM.[388]

4.4 *"VERPFLEGUNGSZULAGEN"* UND *"SONDERZUTEILUNGEN"*

"Verpflegungszulagen" und *"Sonderzuteilungen"* wurden Kriegsversehrten in den vierziger Jahren gewährt: *"Verpflegungszulagen"* für Kriegsversehrte genehmigte das *Landesernährungsamt* im Winter 1946. Im Dezember d.J. wurde Kriegsbeschädigten der Stufen III und IV, sofern es sich um Beinamputierte und Hirnverletzte handelte, die *"Zulagekarte Z 60"* bewilligt. Im Januar 1947 ordnete das *Landesernährungsamt* an, die *"Verpflegungszulage"* allen Versehrten der Stufen III und IV zu gewähren.[389] *"Arbeiterzulagekarten"* erhielten im April 1948 12793 Kriegsbeschädigte. Im betreffenden Monat wurden *"Arbeiterzulagekarten"* insgesamt an 488257 Verbraucher, d.h. an knapp ein Drittel (32,3%) der Hamburger Bevölkerung ausgegeben. Die tägliche Kalorienmenge je Zulagekarte betrug 577.[390] Im genannten Monat lag der Kalorienwert, der zur Zuteilung vorgesehenen Lebensmittel, bei *"rund 1560 Kalorien"*.[391] Kriegsversehrte erhielten demnach im April 1948 2137 Kalorien zugeteilt. Erinnert sei in diesem Zusammenhang daran, dass die für die Lebensmittelversorgung wichtigen so genannten *Hamsterfahrten* nur mit geringer Wahrscheinlichkeit von Kriegsversehrten unternommen werden konnten.[392] *"Sonderzuteilungen"* für Schwerbeschädigte sind den Akten für die Jahre 1946, 1947 und 1948 zu entnehmen. Im Einzelnen handelte es sich um Zigaretten, Bohnenkaffee, Bienenhonig, Seife und Braunkohlebriketts. *"Schwerkriegsbeschädigte der Versehrtenstufe 3 und 4"* erhielten in der Zeit vom 17. bis zum 31. Dezember 1946 *"gegen Vorzeigung des Schwerbeschädigtenausweises C"* eine *"Raucherkarte"* über den Bezug von zehn Zigaretten von den *"zuständigen Ausgabestellen"*.[393] Erstmals im April 1947 stellte das *Landesernährungsamt* für 50 Schwerbeschädigte einen Gutschein über je ein Viertelpfund Kaffee zur Verfügung. Die *Amtliche Hauptfürsorgestelle für Kriegsbeschädigte und Kriegshinterbliebene* forderte die in den Ortsämtern ansässigen *Fürsorgestellen* für Schwerbeschädigte daraufhin auf, die im Bereich der jeweiligen *Fürsorgestelle*n wohnenden *"siechen, dauernd bettlägerigen Schwerbeschädigten"* zu benennen, damit diese den Kaffee erhalten konnten.[394] Im Juli d.J. erhielt die *Amtliche*

---

[388] StAH, Sozialbehörde II, 150.10 - 1 Band 2: Vermerk über die Sitzung des „Arbeitsausschusses der Hauptfürsorgestellen" am 29. August 1947

[389] StAH, Amt für Wohnungswesen, Lag.Nr. 175, Bd. 1: Mitteilungsblatt Wohnungsamt Hamburg, 2. Jhg., Nr. 2, 1. Februar 1947, S. 8: "Verpflegungszulage für Schwerbeschädigte"

[390] StAH, Staatliche Pressestelle V, II R I a: Behörde für Ernährung und Landwirtschaft: "Aufstellung der hauptsächlichsten Zulagegruppen der Hansestadt Hamburg", 113. Zuteilungsperiode (1.4. - 30.4.48)

[391] StAH, Staatliche Pressestelle V, II R I a: Behörde für Ernährung und Landwirtschaft: "Vorschau zur Versorgungslage Hamburgs 113. Zuteilungsperiode April 1948"

[392] Vgl. 1. EINLEITUNG

[393] StAH, Staatliche Pressestelle V, I K III b: "Hamburger Freie Presse" vom 14. Dezember 1946

[394] StAH, Sozialbehörde II, 150.10 - 9: Schreiben der Amtlichen Hauptfürsorgestelle für Kriegsbeschädigte und Kriegshinter-

Hauptfürsorgestelle von der *Deutschen Hilfsgemeinschaft* sechs Kilogramm Bohnenkaffee und drei Kartons Fondants zur Verteilung.[395] Auch ein Jahr später, im Februar und Juni 1948, wurde seitens des *Landesernährungsamtes* und der *Deutschen Hilfsgemeinschaft* Kaffee an Versehrte ausgegeben.[396]

In der zweiten Jahreshälfte 1947 bewilligte das *Landesernährungsamt* desweiteren 50 Glas Bienenhonig, die an Kriegsblinde und *"sieche Schwerbeschädigte"* ausgegeben wurden.[397] *"Feuerungszuteilungen"* erhielten Schwerbeschädigte im Winter 1947: Blinden stand je Monat ein Zentner Braunkohlebriketts zu[398]; eine Größenordnung, die vermutlich keine ausreichende Wärme gegeben hat. Für die *"siechen, dauernd bettlägerigen Schwerbeschädigten"* bewilligte das *Landeswirtschaftsamt* im Dezember d.J. jeweils 25 Kilogramm Braunkohlebriketts.[399] *Seifen-Sonderzuteilungen* erhielten Versehrte im Februar 1948.[400]

4.5 *"VERSEHRTHEITSAUSGLEICHSRECHTE"*

Bis in die Mitte der fünfziger Jahre hinein fanden die vor 1945 geltenden Rechtsbestimmungen für die Versehrten gewährten „*Versehrtheitsausgleichsrechte*" in der *Bundesrepublik Deutschland* Anwendung.[401] „*Ausgleichsrechte*" oder Vergünstigungen richteten sich nach Art und Grad der Versehrtheit. Um die zuerkannten Rechte geltend machen zu können, wurde den Kriegsbeschädigten von den *Fürsorgestellen* ein „*Schwerkriegsbeschädigtenausweis*" ausgestellt.[402] Fünf „*Versehrtheitsausgleichsrechte*" konnten geltend gemacht werden:[403]

> *„1. Eintrittspreisermässigung für Schwerkriegsbeschädigte bei kulturellen Veranstaltungen [50% des normalen Eintrittspreises]*

> *2. Bevorzugte Abfertigung vor Amtsstellen*

> *3. Benutzung der I. Wagenklasse mit Fahrausweis II. Klasse bei Eisenbahnfahrten [galt für Versehrte, deren Erwerbsfähigkeit um mindestens 80% gemindert war]*

bliebene vom 17. April 1947 an die Fürsorgestellen für Schwerbeschädigte
[395] StAH, Sozialbehörde II, 150.10 - 9: Schreiben von Stadtamtmann Blohm vom 24. Juli 1947 an die Deutsche Hilfsgemeinschaft e.V
[396] StAH, Sozialbehörde II, 150.10 - 9: Aktenvermerk vom 17. Februar 1948 und vom 10. Juni d.J.
[397] StAH, Sozialbehörde II, 150.10 - 9: "Vfg. 257-31.00", 13. November 1947
[398] StAH, Sozialbehörde II, 150.10-9: Aktenvermerk vom 16. Dezember 1947
[399] StAH, Sozialbehörde II, 150.10 - 9: Aktenvermerk vom 17. Dezember 1947
[400] StAH, Sozialbehörde II, 150.10 - 9: Aktenvermerk vom 17. Februar 1948
[401] Ruehland, S. 232
[402] Ebd., S. 232
[403] Ebd., S. 233

4. Unentgeltliche Beförderung des ständigen Begleiters oder Führhundes für Eisenbahnfahrten, Fahrten mit Kraftposten, im Ortslinienverkehr mit Kraftomnibussen und im S-Bahnverkehr in Berlin und Hamburg sowie Eintrittspreisermässigung für den ständigen Begleiter bei kulturellen Veranstaltungen

5. Unentgeltliche Beförderung im Strassenbahnverkehr, im Ortslinienverkehr mit Kraftomnibussen und im S-Bahnverkehr in Berlin und Hamburg [galt für Versehrte, deren Erwerbsfähigkeit um mindestens 70% gemindert war]".

Teilweise Einschränkungen der „*Versehrtheitsausgleichsrechte*", die Vergünstigungen im Reichsbahnverkehr betrafen, wurden in Hamburg Ende des Jahres 1945 vorgenommen. Anläßlich einer Besprechung der Leiter der Sozialabteilungen der Ortsämter und Ortsdienststellen hieß es:[404]

„Die Vergünstigungen für Kriegsbeschädigte auf der Reichsbahn sind mit Wirkung vom 17.12.45 im gesamten britisch besetzten Gebiet wesentlich eingeschränkt worden. Weggefallen sind: Die Benutzung der 2. Wagenklasse für den Preis der 3. Klasse, die unentgeltliche Beförderung einer notwendigen Begleitung und die Vergünstigung des halben Fahrpreises bei bestimmten Reisen (siehe DV: 257/31 v. 26.2.1944). Die Vergünstigung der Schwerkriegsbeschädigten von mindestens 70% oder mindestens Versehrtheit der Stufe III, auf Grund des Schwerkriegsbeschädigtenausweises C unentgeltlich die öffentlichen Verkehrsmittel in Anspruch zu nehmen, ist bis auf weiteres in Kraft geblieben."

Über die erwähnten Vergünstigungen hinaus erhielten Versehrte Steuerermässigungen unterschiedlicher Art; diese sollten die mit der Behinderung verbundenen Mehrkosten im Alltag ausgleichen.[405] Auch wurden Versehrten *Ernährungszulagen* gewährt; beispielsweise erhielten 1947 Angehörige der Versehrtenstufen III und IV die „*Teilschwerarbeiterkarte T 65*".[406]

Einen Eindruck von der Praxis gewährt der Monatsbericht der Sozialabteilung des Ortsamtes Eppendorf-Winterhude vom September 1947, der angibt, wieviele Ausweise für Kriegsbeschädigte im August d.J. ausgestellt wurden:[407]

---

[404] StAH, Sozialbehörde II, 150.10-4: Auszug aus der Niederschrift über die Besprechung mit den Leitern der Ortsämter und Ortsdienststellen am 22. Dezember 1945

[405] Ruehland, S. 235 ff.

[406] StAH, Sozialbehörde II, 150.10 - 1 Band 1: Schreiben der Hauptfürsorgestelle Hamburg (vom März 1947?) an das „Landeskirchliche Amt für Innere Mission"

[407] StAH, Sozialbehörde II, 150.10 - 1 Band 2: Abschrift aus dem Monatsbericht der Sozialabteilung des Ortsamtes Eppendorf-Winterhude vom 10. September 1947

TABELLE 13: ART UND ANZAHL DER VON DER SOZIALABTEILUNG DES ORTSAMTES EPPENDORF-WINTERHUDE IM SEPTEMBER 1947 AUSGEGEBENEN AUSWEISE FÜR KRIEGSBESCHÄDIGTE

		Eppendorf / Winterhude	Fuhlsbüttel
Ausweis A	*„Eintrittspreisermäßigungen für Schwerbeschädigte bei kulturellen veranstaltungen [sic!] und bevorzugte Abfertigung vor Amtsstellen"*	29	8
Ausweis C	*„Vergünstigungen wie hinsichtlich Ausweis A einschl. Freifahrt auf S-[,] Hoch- und Straßenbahn"*	12	7
Amtsstellenausweis	*„Ausschließlich zur bevorzugten Abfertigung vor Amtsstellen"*	14	10
Ausweise zur Benutzung der Abteilung für Schwerbeschädigte auf der S-Bahn		29	4

Innerhalb eines Monats wurden vom Ortsamt Eppendorf-Winterhude mehr als einhundert Ausweise ausgegeben, die unterschiedliche Vorrechte gewährten - Eintritts- und Fahrpreisermäßigungen sowie eine bevorzugte Abfertigung vor Amtsstellen.

4.6 FREIZEITANGEBOTE

Sportliche Aktivitäten, welche zunächst vorrangig der körperlichen Ertüchtigung dienten[408], trugen dazu bei, die Freizeit berufstätiger und den Tagesablauf nicht berufstätiger Versehrter zu gestalten. Darüber hinaus nahmen Versehrte an kulturellen Veranstaltungen teil, wurden in einzelnen Fächern unterrichtet und konnten Erholungsaufenthalte antreten. Die *Deutsche Hilfsgemeinschaft* vermittelte einer *"(...)grossen Zahl von Schwerbeschädigten (...)eine individuelle Betreuung in der Hinsicht(...), dass Familien sich ihrer laufenden Fürsorge in der mannigfaltigsten Weise, in einer Art Patenschaft widmen."*[409]

---

[408] Vgl. 3.3 SONDEREINRICHTUNGEN FÜR DIE HEIL- UND ERHOLUNGSFÜRSORGE KRIEGSVERSEHRTER

[409] StAH, Amt für Wohnungswesen, Lg.Nr. 119: "Ein Jahr 'Deutsche Hilfsgemeinschaft' der Hansestadt Hamburg 1945/46. Vortrag zur Jahresfeier am 18.10.1946 von Dr. Dr. Christian Krull" , S. 6

Einen detaillierten Eindruck von der Freizeitgestaltung Versehrter vermittelt ein Bericht über diesbezügliche Angebote in einem Harburger Versehrtenheim:[410] In den Monaten Juli und August 1946 erhielt das in der Hohe Straße 6 gelegene Versehrtenheim fast 400 Freikarten von der *"Rönneburg - Bühne"*. Die Bewohner des Heimes konnten an insgesamt zwölf Theateraufführungen teilnehmen. Doppeltamputierte gelangten mithilfe des zum Heim gehörenden Fahrzeugs zu den Aufführungen. An zwei Abenden wurden die Heimbewohner von den Harburger *"Volksfreunden"* zu Kabarett-Aufführungen eingeladen. Zwei Chöre, darunter der *"Harburger Männerchor"*, sangen an weiteren zwei Abenden für die Versehrten. Einmal spielte das *"St. Pauli - Orchester"* für die Heimbewohner. 25 Versehrte waren in der Zeit vom 25. bis zum 27. Juli Gäste im *"St. Michael - Haus"* in Hamburg-Blankenese, um sich dort zu erholen. Täglich wurden unter Anleitung eines Arztes Gehübungen unternommen. Auch erhielten die Heimbewohner Deutsch- und Mathematikunterricht. Schreibmaterial wurde ihnen vom *"St. Michael - Haus"* gespendet.

Darüber hinaus ist die Verteilung von Lebensmitteln an die Bewohner des Heims nicht allein unter dem Gesichtspunkt zusätzlicher Ernährung zu sehen, stellte die Lebensmittelverteilung doch auch eine Unterbrechung des Alltags dar: Vom *DRK* erhielten die Versehrten im betreffenden Zeitraum Tabakwaren und Süßigkeiten. Weibliche Angehörige der Vereinigung *"Zirkel e.V."* gaben an Doppeltamputierte Früchte, Blumen und Papier aus.

Im September 1946 veranstaltete die *Hauptfürsorgestelle* für *"die Kriegsblinden aus Berne"* eine Dampferfahrt auf der Elbe.[411] Das Engagement der *Deutschen Hilfsgemeinschaft* in den Jahren 1945/46 gibt ein anläßlich des einjährigen Bestehens der Organisation gehaltener Vortrag folgendermaßen wieder:[412]

> *"Die laufende kulturelle Betreuung der Deutschen Hilfsgemeinschaft erstreckte sich auf(...)10 Hilfskrankenhäuser und Schwerbeschädigtenheime(...)Vom philharmonischen Orchester bis zur Drehorgel, von den grossen Künstlern der Bühne bis zur Märchenerzählerin sind wohl alle in Hamburg tätigen Künstler in diese kulturelle Sozialarbeit der Deutschen Hilfsgemeinschaft eingeschaltet(...)."*

Ob das starke Engagement von außen, welches die Berichte widerspiegeln, von Dauer gewesen ist, kann nicht beantwortet werden.

---

[410] StAH, Verbindungsstelle zur Militärregierung, III 1 Band 6: Josef Höger: "Report of the Sponsoring and Taking Care of the Inmates of the Home Hohe Str. 6 in July 1946"

[411] StAH, Staatliche Pressestelle V, I K III b: "Blindenschiff auf der Elbe". In: "Hamburger Allgemeine Zeitung" vom 24. September 1946

[412] StAH, Amt für Wohnungswesen, Lg.Nr. 119: "Ein Jahr 'Deutsche Hilfsgemeinschaft' der Hansestadt Hamburg 1945/46. Vortrag zur Jahresfeier am 18.10.1946 von Dr. Dr. Christian Krull", S. 5

4.7 "BETTELUNWESEN"

In den Jahren 1947 und 1948 wurde das so genannte *Bettelunwesen* Kriegsbeschädigter zum öffentlichen Thema. Im November 1947 beschloss der Beirat der *Hauptfürsorgestelle für Kriegsbeschädigte und Kriegshinterbliebene*, die *Hauptfürsorgestelle* möge *"Schritte bei der Polizeibehörde"* einleiten, die es erlaubten, *"gegen das immer mehr um sich greifende Bettelunwesen von Kriegsbeschädigten vorzugehen"*. Entsprechend den Vorstellungen des Beirats sollten die Personalien bettelnder Kriegsbeschädigter von den diensttuenden Polizeibeamten festgestellt und an die *Hauptfürsorgestelle* weitergeleitet werden. Diese hätte dann zu prüfen, welche Maßnahmen ergriffen werden könnten.[413] Einen Monat später, im Dezember 1947, forderte der für die *Sozialverwaltung* zuständige Senator Eisenbarth die *Polizeibehörde* Hamburg auf, ihre Beamten anzuweisen, in den Fällen, in welchen diese bettelnde Kriegsbeschädigte antreffen würden, deren Personalien festzustellen und selbige der *Hauptfürsorgestelle* mitzuteilen. Letztere unternehme dann weitere Schritte und würde *"insbesondere die Möglichkeiten einer Arbeitsvermittlung prüfen"*.[414] Im März 1948 erhielt die Kriminalpolizei schließlich die Anweisung, *"Schwerbeschädigte, die bettelnd auf der Straße angetroffen werden, der Hauptfürsorgestelle zu melden"*.[415]

Die Frage, warum bettelnde Kriegsversehrte nicht gern gesehen wurden, ist dahingehend zu beantworten, dass beispielsweise der *Reichsbund* davon ausging, bettelnde Kriegsbeschädigte würden das Ansehen der Versehrten insgesamt schädigen[416] und die Hamburger *Sozialverwaltung* sah die Gefahr, dass die Öffentlichkeit ihr unterstellen könnte, sie würde nichts für die Kriegsversehrten tun.[417]

Um diesem Eindruck entgegenzuwirken, richtete der für die *Sozialverwaltung* zuständige Senator Eisenbarth im Februar 1948 ein Schreiben an die *Staatliche Pressestelle*, welches von dieser an die Presse weitergeleitet werden sollte. Im betreffenden Schreiben hieß es, jeder Kriegsbeschädigte habe Anspruch auf Rente und *"fast jedem arbeitswilligen Versehrten"* könne durch die *Arbeitsämter* *"eine seiner Arbeitsfähigkeit entsprechende Arbeit vermittelt werden"*. Insofern bestehe bei bettelnden Schwerbeschädigten *"meist zu Recht der Verdacht, daß es sich um Leute handelt, die keinen ernstlichen Arbeitswillen besitzen"*. Senator Eisenbarth führte aus:[418] *"Sie [die bettelnden Kriegsversehrten] spekulieren auf das Mitleid ihrer Mitmenschen und verstehen es, in wenigen Stunden oft mehr an Geld und auch Lebensmittelkarten einzunehmen, als ein Facharbeiter normalerweise im*

---

[413] StAH, Sozialbehörde II, 150.10 - 9: Schreiben von Senatsrat Dr. Litzenberg, Amtliche Hauptfürsorgestelle für Kriegsbeschädigte und Kriegshinterbliebene, vom 17. November 1947 an den Rechtsreferenten der Sozialbehörde

[414] StAH, Sozialbehörde II, 150.10 - 9: Schreiben von Senator Eisenbarth, Sozialverwaltung, vom Dezember 1947 an die Polizeibehörde Hamburg

[415] StAH, Sozialbehörde II, 150.10 - 9: Aktenvermerk vom 22. März 1948

[416] StAH, Sozialbehörde II, 150.10 - 9: Schreiben von Senator Eisenbarth, Sozialverwaltung, vom Dezember 1947 an die Polizeibehörde Hamburg

[417] StAH, Sozialbehörde II, 150.10 - 9: Schreiben von Senator Eisenbarth, Sozialverwaltung, vom 9. Februar 1948 an die Staatliche Pressestelle der Hansestadt Hamburg

[418] Ebd.

Monat verdient. Häufig dürften sich unter ihnen auch Elemente finden, deren Papiere nicht in Ordnung sind. Jeder anständige und normal empfindende Schwerbeschädigte will alles andere als Mitleid."

Gegenüber Journalisten der *"Hamburger Allgemeinen"* äußerte sich ein Mitarbeiter der *Sozialverwaltung* im April 1948 folgendermaßen:[419]

> *"Es sei richtig, daß die Rente im allgemeinen - zumal in der Jetztzeit - nicht zum Leben ausreichend sei, aber das sei auch nach unserer Auffassung nicht der Zweck einer Rente. Für jeden Versehrten sei in erster Linie die Arbeit das beste Mittel über seinen Zustand hinwegzukommen. Es sei für uns auch möglich, so gut wie jeden arbeistwilligen und arbeitsfähigen Schwerversehrten in eine seiner Versehrtheit entsprechende Arbeit zu vermitteln. Wenn die Rentenversorgung trotzdem als zu gering angesehen werden müßte, so sei der Grund hierfür in erster Linie die allgemeine Finanzlage. Wir haben aber auch darauf hingewiesen, daß die jetzt geltende Direktive Nr. 27, besonders bezüglich der Höhe der nach ihr zu gewährenden Rente, von keiner deutschen Stelle gutgeheißen werde(...)."*

Bettelnde Kriegsversehrte würden, so der Mitarbeiter der *Sozialverwaltung,* gar nicht arbeiten wollen, da ihnen die Bettelei höhere Einnahmen als Arbeit einbrächte.[420] Der Mitarbeiter der *Sozialverwaltung* wiederholte damit die von Senator Eisenbarth im Februar gemachten Aussagen. Der am 6. April 1948 in der *"Hamburger Allgemeinen"* erschienene Artikel der Journalisten, welche mit besagtem Mitarbeiter gesprochen hatten, war dann mit den Worten überschrieben:[421] *"Kein Schwerkriegsversehrter braucht zu betteln. Arbeit selbst für blinde Ohnhänder - Aber: Tageseinnahme auf der Straße bis 600 RM".* Inhaltlich übernahm der Artikel die von Senator Eisenbarth und die vom Mitarbeiter der *Sozialverwaltung* getroffene Einschätzung bettelnder Kriegsversehrter.

Ein Schlaglicht auf die Haltung der Öffentlichkeit gegenüber kriegsversehrten Bettlern wirft ein Aktenvermerk vom 14. April 1948, der zeigt, dass diese ambivalent war. Einerseits heißt es, dass die Polizei *"nur sehr vorsichtig"* gegen bettelnde Kriegsversehrte vorgehen könne, weil *"immer gegen einen einschreitenden Polizeibeamten vom Publikum Stellung genommen"* werde, andererseits wird auch die Erfahrung wiedergegeben, welche ein Beiratsmitglied der *Hauptfürsorgestelle* in einem Verkehrsmittel gemacht hatte. Diesem kriegsversehrten Beiratsmitglied sei - als er sich um einen Platz bemühte - entgegengehalten worden, *"jetzt wolle er als Schwerbeschädigter sitzen, vorher habe er aber stundenlang auf dem Schwarzen Markt stehen können."*[422]

---

[419] StAH, Sozialbehörde II, 150.10 - 9: Aktenvermerk vom 3. April 1948

[420] Ebd.

[421] StAH, Sozialbehörde II, 150.10 - 9: "Kein Schwerkriegsversehrter braucht zu betteln. Arbeit selbst für blinde Ohnhänder - Aber: Tageseinnahme auf der Straße bis 600 RM". In: "Hamburger Allgemeine" vom 6. April 1948

[422] StAH, Sozialbehörde II, 150.10 - 9: Aktenvermerk vom 14. April 1948

Im Mai 1948 erschien schließlich in der *"Hamburger Freien Presse"* ein mit den Worten: *"Bettler als Schwerverdiener"* überschriebener Artikel, in welchem darum geworben wurde, Polizeieinsätze gegenüber bettelnden Kriegsversehrten gutzuheißen.[423] Die *"Hamburger Allgemeine"* spitzte die Situation Ende Juni d.J. zu, indem sie einen doppelseitig beinamputierten Mann beim Betteln abbildete und das entsprechende Foto zunächst mit den Worten: *"Geschäft mit dem Mitleid"* und einen Tag später mit: *"So geht es auch nicht!"* überschrieb. In knappen Worten wurden die Fotos dahingehend kommentiert, Kriegsversehrte würden auf leichte Art und Weise viel Geld mit Bettelei verdienen.[424]

4.8 KRIEGSVERSEHRTENSCHICKSALE NACHVOLLZOGEN MITHILFE VON KRANKENUNTERLAGEN DES *AK ST. GEORG*

Den Krankenunterlagen des *AK St. Georg* ist zu entnehmen, wo die behandelten Kriegsversehrten wohnten.[425] Die meisten, 86% (56), lebten in Hamburg, 14% (9), kamen von außerhalb. Eine Dreiteilung Hamburgs in nördliche, südliche und Stadtteile in der Mitte ergibt, dass die meisten Versehrten, 63% (35), in der Mitte[426], 31% (17) im Süden und nur 5% (3) im Norden wohnten. Zu berücksichtigen ist, dass das *AK St. Georg* im Hamburger Stadtteil St. Georg liegt, der zur Mitte zählt. Dies mag die große Anzahl kriegsversehrter Patienten erklären, welche in eben diesem Gebiet der Stadt wohnten. Werden die sich für einzelne Stadtteile ergebenden Angaben betrachtet, fällt auf, dass - relativ gesehen - die meisten Kriegsversehrten, 13% (7), in Barmbek, 11% (6) in Harburg und 9% (5) in Eimsbüttel wohnten.

Die Frage, wie die im *AK St. Georg* behandelten Kriegsversehrten ihren Lebensunterhalt bestritten, ist dahingehend zu beantworten, dass nicht ganz die Hälfte der Versehrten, 49% (32), berufstätig war. Ein Viertel der Versehrten, 25% (16), erhielt Rente. 11% (7) waren nach eigenen Angaben erwerbslos und 15% (10) machten keine Angaben zur Berufstätigkeit; dieses galt auch für eine der beiden Frauen, die andere war Rentnerin.

---

[423] StAH, Sozialbehörde II, 150.10 - 9: "Bettler als Schwerverdiener". In: "Hamburger Freie Presse" vom 19. Mai 1948

[424] StAH, Sozialbehörde II, 150.10 - 9: "Geschäft mit dem Mitleid" . In: "Hamburger Freie Presse" vom 25. Juni 1948 und "So geht es auch nicht!". In: "Hamburger Freie Presse" vom 26. Juni 1948

[425] Da die im Folgenden zu nennenden Prozentwerte auf volle Kommastellen aufgerundet wurden, kann eine Addition derselben zu einem höheren Prozentwert als 100 führen.

[426] Nachstehende Stadtteile wurden zur Mitte gerechnet, in denen die Versehrten nach eigenen Angaben wohnten: Alsterdorf, Barmbek, Eimsbüttel, Groß Borstel, Hamm, Hammerbrook, Hoheluft, Horn, Langenfelde, Lokstedt, Marienthal, Neustadt, St. Georg, Stellingen, Wandsbek, Winterhude. Zum Süden sind gezählt worden: Altona, Bergedorf, Billbrook, Harburg, Lohbrügge, Veddel, Wilhelmsburg und zum Norden: Farmsen, Poppenbüttel sowie Rahlstedt.

5. DIE (WIEDER-) EINGLIEDERUNG DER KRIEGSVERSEHRTEN IN DAS ERWERBSLEBEN

„Über den Erfolg der sozialen Fürsorge, insbesondere über die Berufsfürsorge, ist schwer ein Urteil abzugeben. Es fehlt dafür an zuverlässigem Zahlenmaterial, das Aufschluss geben könnte über die Zahl der Anträge auf Berufsfürsorge, über die erteilten Genehmigungen, über die Zuweisungen von Arbeitsplätzen und schliesslich über die Höhe der eingesetzten finanziellen Mittel." (Gertrud Schiefelbein, S. 120)

5.1 RECHTLICHE GRUNDLAGEN DER (WIEDER-) EINGLIEDERUNG UND STAATLICHE TRÄGER DES PROZESSES

<u>TABELLE</u> 14: ARBEITSRECHTLICHE GRUNDLAGEN DER (WIEDER-)EINGLIEDERUNG KRIEGSVERSEHRTER IN DAS ERWERBSLEBEN UND DAS JAHR IHRES IN-KRAFT-TRETENS

Schwerbeschädigtengesetz	1.920 / 23
Hamburger Schwerbeschädigtengesetz	1.946
Gesetz über die Beschäftigung Schwerbeschädigter	1.953

Die (Wieder-)Eingliederung der Kriegsversehrten in das Erwerbsleben wurde nach 1945 durch unterschiedliche Maßnahmen befördert: In gesetzlicher Hinsicht einerseits durch die Festlegung einer *Pflichtquote* für von Arbeitgebern zu beschäftigenden Versehrten beziehungsweise mittels der Festsetzung so genannter *Ausgleichsabgaben* und durch *rechtliche Besserstellungen* selbstständiger Kriegsversehrter. Andererseits in verwaltungsmäßiger Hinsicht durch besondere *Vermittlungsstellen* für Schwerbeschädigte, die bei den *Arbeitsämter*n eingerichtet wurden und mithilfe einer finanziellen Förderung von Ein- und Umschulungsmaßnahmen für Kriegsversehrte seitens der Fürsorge. Auch sollten staatlicherseits speziell für Schwerbeschädigte geschaffene Einrichtungen eine Integration Versehrter in die Privatwirtschaft befördern. In nicht-staatlichen Großbetrieben kam es überdies zur Einsetzung von *Vertrauensmänner*n für Versehrte, welche die Belange der Schwerbeschädigten innerhalb der Betriebe zu vertreten hatten.

In beruflicher Hinsicht wies die Gruppe der Kriegsversehrten altersbedingt unterschiedliche Voraussetzungen auf: Vor der Einberufung zur *Wehrmacht* waren die durch den *Zweiten Weltkrieg* zu Versehrten gewordenen entweder Schüler und Lehrlinge oder Arbeiter, Angestellte, Beamte beziehungsweise Selbstständige gewesen. Diejenigen, welche bereits Erfahrungen im Erwerbsleben gesammelt hatten, standen denjenigen gegenüber, welche noch über keinerlei berufliches Wissen verfügten. Während die einen wieder in das Erwerbsleben integriert werden mussten, waren die anderen erst an dieses heranzuführen. Dies galt selbstverständlich nicht nur für die zu Kriegsversehrten gewordenen Soldaten, sondern auch für kriegsversehrte Kinder und Frauen. Als rechtliche Grundlage des (Wieder-)Eingliederungsprozesses dienten nach 1945 das "*Schwerbeschädigtengesetz*" aus dem Jahre 1920 beziehungsweise 1923, das 1946 verabschiedete "*Hamburger Schwerbeschädigtengesetz*" und das 1953 in Kraft getretene *"Gesetz über die Beschäftigung Schwerbeschädiger"*.

Die (Wieder-)Eingliederung der Kriegsversehrten in das Erwerbsleben erfolgte in der *Britischen Besatzungszone* zunächst auf der Grundlage des 1920 in Deutschland verkündeten und 1923 novellierten „*Schwerbeschädigtengesetzes*" ; dieses verpflichtete Betriebe mit mindestens 20 Beschäftigten, 2% der Arbeitsplätze mit Versehrten zu besetzen.[427]

In Hamburg wurden die im "*Schwerbeschädigtengesetz*" festgelegten so genannten *Pflichteinstellungsquoten* 1946 heraufgesetzt: Private Betriebe hatten gemäß dem „*Hamburger Schwerbeschädigtengesetz*" vom 10. Oktober 1946 5% der Arbeitsplätze mit Schwerbeschädigten zu besetzen, für Behörden und öffentliche Betriebe, einschließlich der Körperschaften, Stiftungen und Anstalten des öffentlichen Rechts, galt eine Quote von 10%. Öffentliche und private Arbeitgeber hatten ferner jeden fünfhundertsten Arbeitsplatz mit einem Blinden zu besetzen. Durch die Zahlung von Ausgleichsabgaben, die sich auf eine Höhe von mindestens 40.- RM monatlich beliefen, konnten Betriebe die Besetzung von Arbeitsplätzen mit Schwerbeschädigten jedoch umgehen.[428] Über das rechtlich erforderliche Maß hinaus beschäftigte die *Amtliche Hauptfürsorgestelle für Kriegsbeschädigte und Kriegshinterbliebene* in Hamburg Ende des Jahres 1946 Kriegsversehrte:[429] 40, 9% ihrer Mitarbeiter waren kriegsversehrt und auch der Leiter der Einrichtung selbst gehörte als Beinamputierter der Versehrtenstufe III an.

Entsprechend der *Weimarer Gesetzgebung* waren die *Hauptfürsorgestellen*[430] für die Umsetzung der arbeitsrechtlichen Bestimmungen verantwortlich. Diese vermittelten beziehungsweise

---

[427] Hamburger Schriften zur Wirtschafts- und Sozialpolitik, Heft 2, S. 27 - 29 u. Hudemann, S. 451

[428] StAH, Staatliche Pressestelle V, I K III b: "Erweiterter Schutz für Schwerbeschädigte". In: "Hamburger Echo" vom 2. November 1946 u. Hudemann, S. 452

[429] StAH, Staatliche Pressestelle V, II K III b: Schreiben von Senatsrat Dr. Litzenberg vom 9. November 1946 an die "Hamburger Allgemeine Zeitung"

[430] Kurt-Alphons Jochheim / Ferdinand Schliehe / Helfried Teichmann: Rehabilitation und Hilfen für Behinderte. In: Ge-

überwachten die Beschäftigungsverhältnisse, beruflichen Schulungen und Umschulungen Kriegsversehrter. In Hamburg legte die *"Fürsorgepflichtverordnung"* des Jahres 1924 die Aufgaben fest, welche die Träger der Fürsorge zu erfüllen hatten. Als Pflichtleistung galt die *"Fürsorge für Schwerbeschädigte und Schwererwerbsbeschränkte durch Arbeitsbeschaffung"*.[431]

In einem zum *„öffentlichen Aushang in allen Lazaretten"* vorgesehenen Schreiben vom 7. Januar 1946, betr.: *„ARBEITS- UND BERUFSFÜRSORGE FÜR ENTLASSENE SOLDATEN"*, wurde bekannt gegeben, dass sich entlassene Soldaten *„ohne anerkannte Wehrdienstbeschädigung(..)unverzüglich beim Arbeitsamts [sic!] ihres Wohn- und Aufenthaltsortes"* zu melden hatten. *„Leichtbeschädigte"* (Versehrtenstufe I) wurden angewiesen, dies bei *der „Versehrtenbetreuung"* des *Arbeitsamtes Hamburg*, Esplanade 40, zu tun und *„Schwerkriegsbeschädigte"* (Versehrtenstufe II, III und IV) hatten sich *„wegen aller Angelegenheiten, die den Beruf und den Arbeitseinsatz betreffen"*, ausschließlich an die *Amtliche Hauptfürsorgestelle für Kriegsbeschädigte und Kriegshinterbliebene*, Große Bleichen 23, zu wenden.[432]

Mit *Kontrollratsbefehl Nr. 3* vom 17. Januar 1946 veranlasste die Militärregierung in der *Britischen Besatzungszone* eine Registrierung der Personen, welche sich im arbeitsfähigen Alter befanden und der Nichtbeschäftigten.[433] Im Gefolge dieser Erhebung verlagerte sich die Zuständigkeit für die Arbeitsvermittlung Kriegsbeschädigter von der *Hauptfürsorgestelle* mehr und mehr auf die *Arbeitsämter*. Mit Erlass vom Februar 1948 wurde die Zuständigkeitsänderung in der *Britischen Besatzungszone* offiziell.[434] Dem Kompetenzentzug widersetzte sich die *Hauptfürsorgestelle*; sie bestand darauf, weiterhin für Kriegsversehrte in berufsfürsorgerischer Hinsicht verantwortlich zu sein.[435] Auch unter den Kriegsversehrten rief die Änderung - so Gertrud Schiefelbein 1950 - Kritik hervor, fühlten sich diese doch von den *Fürsorgestellen* eher als von den *Arbeitsämtern* betreut.[436]

Hinsichtlich des Vermittlungserfolges der *Hauptfürsorgestelle* liegen Zahlenangaben für 1947 und 1948 vor:[437] 1947 vermittelte die *Hauptfürsorgestelle* 3769 und vom Januar bis zum September 1948 2086 Schwerbeschädigten Arbeit.

---

schichte der Sozialpolitik in Deutschland. Hrsg. v. Bundesministerium für Arbeit und Sozialordnung und *Bundesarchiv*, Bd. 2/1: Zeit der Besatzungszonen 1945 - 1949. Sozialpolitik zwischen Kriegsende und der Gründung zweier deutscher Staaten. Bandverantwortlicher: Udo Wengst, Baden-Baden 2001, S. 559 - 585, hier: S. 580

[431] Hedwig Lues: Grundsätze der staatlichen Wohlfahrtspflege in der Hansestadt Hamburg. In: Hilfe in Not, S. 24 - 43, hier: S. 25 - 26

[432] StAH, Sozialbehörde II, 150.10-9: „Zum öffentlichen Aushang in allen Lazaretten": „ARBEITS- UND BERUFSFÜRSORGE FÜR ENTLASSENE SOLDATEN", 7. Januar 1946

[433] Vgl. StAH, Landesarbeitsamt, Abl. 6.6.1990: 5000 - 5003 AB

[434] Ebd. u. BA Koblenz, Z 40, 102, Bl. 8: Abschrift eines Schreibens des Präsidenten des Zentralamtes für Arbeit in der britischen Zone vom 7. Februar 1948 an den Arbeitsminister des Landes Nordrhein-Westfalen

[435] StAH, Verbindungsstelle zur Militärregierung, III 1 Band 9: Schreiben des Hamburger Bürgermeisters vom 20. März 1948 an "HQ Military Government Hansestadt Hamburg", betr.: "Placement of severely disabled persons"

[436] Schiefelbein, S. 116

[437] StAH, Sozialbehörde ii, 150.10-7: Schreiben des Leiters der Hauptfürsorgestelle für Kriegsbeschädigte und Kriegshinterblie-

Im Mai 1945 waren in Hamburg ca. 100 Kriegsversehrte arbeitslos gemeldet. Ende Februar 1946 hatte sich die Anzahl der arbeitssuchenden Kriegsversehrten auf 2.757 erhöht.[438] Im Oktober 1948 sprach der Leiter der *Hauptfürsorgestelle für Kriegsbeschädigte und Kriegshinterbliebene*, Dr. Litzenberg, davon, dass *„bei rund 23.000 Schwerbeschädigten(...)bis zur Währungsreform 1.200 ohne Arbeit (darunter etwa 300 völlig Arbeitsunfähige)"* gewesen wären. Nach der *Währungsreform* sei die Anzahl der arbeitslosen Schwerbeschädigten dann auf fast 2.000 gestiegen.[439] Insgesamt waren Ende Dezember 1948 in Hamburg ca. 26.000 Menschen erwerbslos gemeldet[440] , d.h. fast 8% der arbeitslos Gemeldeten zählten 1948 zur Gruppe der Schwerbeschädigten. Ein Jahr später, in der Zeit von Mai bis November 1949, suchten in Hamburg kontinuierlich mehr als 2.000 Schwerbeschädigte Arbeit; nämlich im Mai 2.115, im Juni 2.121, im Juli 2236, im August 2.381, im September 2.338, im Oktober 2.396 und im November 2.350.[441] In der ersten Hälfte des Jahres 1950 waren in Hamburg 61.254 Männer und 35.628 Frauen, insgesamt 96.882 Menschen arbeitslos gemeldet.[442] Wird die für den November des vorangegangenen Jahres vorliegende Anzahl der arbeitssuchenden Schwerbeschädigten hierzu in Beziehung gesetzt, ist festzuhalten, dass nicht ganz 2,5% aller Arbeitssuchenden schwerbeschädigt waren; Schwerbeschädigte waren demnach nicht überdurchschnittlich arbeitslos gemeldet. Anfang des Jahres 1952 hatten sich in Hamburg 2.000 Schwerbeschädigte erwerbslos gemeldet.[443] **Im Juni 1953 wurde in der *Bundesrepublik Deutschland* das *„Gesetz über die Beschäftigung Schwerbeschädigter"* erlassen, das sich am *Schwerbeschädigtengesetz* der *Weimarer Republik* orientierte und wie dieses *Pflichtquote*n für die Beschäftigung Schwerbeschädiger festlegte.[444] Entsprechend der Pflichtplatzregelung hatte jeder Arbeitgeber, der wenigstens sieben Arbeitsplätze stellte, einen Schwerbeschädigten zu beschäftigen. Verwaltungen des Bundes, der Länder und Gemeinden, sonstige Körperschaften, Stiftungen und Anstalten des öffentlichen Rechts sowie Banken und Versicherungen hatten 10% der Arbeitsplätze mit Schwerbeschädigten zu besetzen. Eine Quote von 8% galt für die übrigen Unternehmen. Gemessen an der *Weimarer Gesetzgebung* stellten die arbeitsrechtlichen Regelungen der frühen *Bundesrepublik* für Schwerbeschädigte eine Verbesserung dar.**

---

bene, Dr. Litzenberg, vom 9. Oktober 1948 an Regierungsdirektor Birckholtz, Bieberhaus

[438] StAH, Sozialbehörde II, 150.10 - 0 Band 2: „Der gegenwärtige Stand der Kriegsopferfürsorge, 21.März 1946"

[439] StAH, Sozialbehörde ii, 150.10-7: Schreiben des Leiters der Hauptfürsorgestelle für Kriegsbeschädigte und Kriegshinterbliebene, Dr. Litzenberg, vom 9. Oktober 1948 an Regierungsdirektor Birckholtz, Bieberhaus

[440] StAH, Staatliche Pressestelle V, I S I a: "Hamburg. Beschäftigungsstand und Zahl der Arbeitslosen". In: "Niederdeutsche Zeitung" vom 20. Januar 1949

[441] StAH, Staatliche Pressestelle V, II S I a: "Bericht über die Lage des Arbeitsmarktes" im Mai / Juni / Juli / August / September / Oktober / November 1949 vom Präsidenten des Landesarbeitsamtes Hamburg

[442] StAH, Staatliche Pressestelle VI, 1622: Staatliche Pressestelle: "Für den lokalen Teil"

[443] StAH, Staatliche Pressestelle VI, 1577: "Sorge für Beschädigte". In: "Die Welt" vom 12. April 1952. Zur beruflichen Situation Kriegsversehrter vgl. auch: Dubitscher, S. 77 - 79

[444] Rühland, S. 200 ff.

Die Wirksamkeit des neuen Gesetzes beurteilte Helmut Ruehland im Jahre 1957 als gegeben:[445] Entsprechend seiner Darstellung lag die Anzahl der Arbeitslosen zum Zeitpunkt der Verkündigung des Gesetzes unter den Schwerbeschädigten in Deutschland bei ca. 48200. Bedingt durch das Gesetz habe sie sich dann bis zum Ende des Jahres 1956 nahezu um die Hälfte, auf 25513, verringert. Neben der gesetzlichen Regelung nennt Ruehland als Gründe für den Rückgang der Arbeitslosigkeit auch die einsetzende Hochkonjunktur in der *Bundesrepublik Deutschland*, die Arbeitgeber zur Einstellung von Schwerbeschädigten *„über die Pflichtquote hinaus"* veranlasst habe.

Zur Durchführung des *"Gesetzes über die Beschäftigung Schwerbeschädigter"* wurden bei den *Arbeitsämtern* besondere *"Vermittlungsstellen"* für Schwerbeschädigte eingerichtet.[446] Diese hatten einerseits die Schwerbeschädigten zu betreuen, andererseits gehörte es auch zu ihrer Aufgabe, Betriebe und Verwaltungen zu erfassen, die zur Beschäftigung Schwerbeschädigter verpflichtet waren, den Umfang der jeweiligen Beschäftigungspflicht und mögliche Ausgleichsabgaben festzusetzen. Für nichtbesetzte Pflichtplätze hatten Arbeitgeber monatlich eine Ausgleichsabgabe in Höhe von 50.- DM zu entrichten.

Eine *"Beratungs- und Vermittlungsstelle für Schwerbeschädigte"* existierte beim Hamburger *Landesarbeitsamt* schon Ende der vierziger Jahre; nachweislich 1949.[447] Zwischen 430 und 630 Ratsuchende nahmen das Angebot der *"Beratungs- und Vermittlungsstelle"* in den einzelnen Monaten des genannten Jahres wahr.[448] Vor 1953 war die Ermittlung von *"Pflichtplätzen"* in Hamburg in das Aufgabengebiet der *Hauptfürsorgestelle* gefallen.[449] Als Teil der Schwerbeschädigtenvermittlung sollte zudem bei jedem *Landesarbeitsamt* ein *"technischer Beratungsdienst"* eingerichtet werden, zu dessen Aufgabe es gehörte, *"die Vermittlungstätigkeit durch Beratung und Vorschläge in allen technischen Fragen zu fördern"*. Hinsichtlich der *"räumlichen Unterbringung der Vermittlungsstellen für Schwerbeschädigte"* wurde festgelegt, dass *"den besonderen Bedürfnissen der Schwerbeschädigten Rechnung zu tragen"* war.[450] Darüber hinaus sollte die Betreuung der Schwerbeschädigten *"nach Möglichkeit"* von Schwerbeschädigten selbst durchgeführt werden. Da ein *"sozialer Abstieg der Schwerbeschädigten durch Berufswechsel(...)zu vermeiden"* war, hatte die

---

[445] Ebd., S. 213 ff. Die berufliche Situation der "Ohnhänder" wird geschildert in: BA Koblenz, B 149, 2724 u. 2725

[446] StAH, Landesarbeitsamt, Abl. 6.6.1990, 5371 - 5373 A: Richtlinien des Verwaltungsrates der Bundesanstalt für Arbeitsvermittlung und Arbeitslosenversicherung über die Bildung besonderer Vermittlungsstellen für Schwerbeschädigte sowie Witwen und Ehefrauen der Kriegs- und Arbeitsopfer vom 17. Dezember 1953

[447] Vgl. StAH, Staatliche Pressestelle V, II S I a

[448] StAH, Staatliche Pressestelle V, II S I a: "Bericht über die Lage des Arbeitsmarktes" im Mai / Juni / Juli / August / September / Oktober / November 1949 vom Präsidenten des Landesarbeitsamtes Hamburg

[449] StAH, Landesarbeitsamt, Abl. 6.6.1990, 5371 - 5373 A: "Vereinbarung zwischen der amtlichen Hauptfürsorgestelle und dem *Landesarbeitsamt* Hamburg über die Arbeitsvermittlung für Schwerbeschädigte", 2. November 1948

[450] StAH, *Landesarbeitsamt*, Abl. 6.6.1990, 5371 - 5373 A: Richtlinien des Verwaltungsrates der Bundesanstalt für Arbeitsvermittlung und Arbeitslosenversicherung über die Bildung besonderer Vermittlungsstellen für Schwerbeschädigte sowie Witwen und Ehefrauen der Kriegs- und Arbeitsopfer vom 17. Dezember 1953

"Vermittlung der Schwerbeschädigten(...)in erster Linie im erlernten Beruf zu erfolgen". Zur Begründung hieß es weiter:[451]

> *"Dort vermag der Schwerbeschädigte (insbesondere der Facharbeiter) selbst die Erwerbsbehinderung am leichtesten und erfolgreichsten zu überwinden."*

Und:[452]

> *"Ist die Unterbringung im alten Beruf nicht möglich und kann sie auch nicht durchberufsfördernde Maßnahmen oder auch andere Mittel erreicht werden, so ist die Vermittlung in eine dem Beruf verwandte Beschäftigung zu versuchen. Erst wenn eine solche Unterbringung nicht gelingt, ist die Vermittlung einer berufsfremden Arbeit - gegebenenfalls mit einer Anlernzeit - oder eine Umschulung zu erwägen."*

Hinsichtlich der Vermittlung jugendlicher Schwerbeschädigter, die *"neu ins Erwerbsleben eintreten"*, war vorgesehen, dass diese gemeinsam von der *"Berufsberatung"* des jeweiligen *Arbeitsamtes* und der *Vermittlungsstelle* in *"geeignete Ausbildungsstellen"* gebracht werden sollten.[453]

Zur Durchführung des Gesetzes fanden überdies Besprechungen zwischen Vertretern der *Arbeitsämter* und so genannten *Vertrauensleuten* der Betriebe statt.[454] In Hamburg kam es anfangs im Abstand von zwei bis drei Monaten zu diesen Treffen. Beteiligt waren Vertreter des *Arbeitsamt*es und die *"Vertrauensmänner"* der Beschädigten, die sich in der *"Arbeitsgemeinschaft der Vertrauensmänner der Beschädigten in Hamburger Behörden und Betrieben"* zusammengeschlossen hatten.[455] Räumlichkeiten und Bewirtung für die Veranstaltungen stellten Großbetriebe zur Verfügung; beispielsweise erklärte sich die *"Deutsche Shell AG"* ebenso wie die *"Esso AG"* bereit, im April 1956 diese Aufgabe für *"etwa dreihundert Teilnehmer"* zu übernehmen.[456] Im Mai 1956 tat dies das Verlagshaus *"Axel Springer & Sohn"*.[457]

---

[451] Ebd.

[452] Ebd.

[453] Ebd.

[454] StAH, Landesarbeitsamt, Abl. 6.6.1990, 5351 - 5360 A: Schreiben des Präsidenten der Bundesanstalt für Arbeitsvermittlung und Arbeitslosenversicherung vom 20. Dezember 1955 an die Präsidenten der Landesarbeitsämter

[455] StAH, Landesarbeitsamt, Abl. 6.6.1990, 5351 - 5360 A: Schreiben des Arbeitsamtes Hamburg, "Beratung und Vermittlung für Schwerbeschädigte", vom 7. Februar 1955 [1956!] an den Präsidenten des Landesarbeitsamtes Hamburg

[456] StAH, Landesarbeitsamt, Abl. 6.6.1990, 5351 - 5360 A: Schreiben des Arbeitsamtes Hamburg,"Vermittlungsabschnitt für Beratung und Vermittlung der Schwerbeschädigten aller Berufe", vom 28. Februar 1956 an des Präsidenten des Landesarbeitsamtes Hamburg

[457] StAH, Landesarbeitsamt, Abl. 6.6.1990, 5000 - 5003 AB: Schreiben des Verlagshauses "Axel Springer & Sohn" vom 15. Ma 1956 an Bundesverwaltungsrat Körnig

Zu den Aufgaben der *Vertrauensmänner* gehörte es, Stellung zu nehmen, wenn in einem Betrieb ein Schwerbeschädigter eingestellt werden sollte. Darüber hinaus betreuten sie die beschäftigten Schwerbeschädigten durch Einzelberatungen. Auch initiierte ein *Vertrauensmann* in einem Betrieb eine *"Versammlung der Schwerbeschädigten"*.[458] Die *Vertrauensmänner* der Schwerbeschädigten gehörten unterschiedlichen Schwerbeschädigtenverbänden an.[459]

5.2 EIN- UND UMSCHULUNGSMASSNAHMEN

Die „*Berufliche Ein- und Umschulung von Kriegsbeschädigten*" konnte qua Erlaubnis der Militärregierung bereits im Sommer 1945 fortgesetzt werden.[460] Über die Notwendigkeit einer Ein- oder Umschulung entschied die *Amtliche Hauptfürsorgestelle für Kriegsbeschädigte und Kriegshinterbliebene* in Zusammenarbeit mit dem *Arbeitsamt*, Abteilung „*Versehrtenbetreuung*".[461] „*Die durch Ein- oder Umschulung entstehenden Ausgaben (Gebühren, Schulgeld, Lernmittel, Fahrgeld und dergl.)*" trug die *Hauptfürsorgestelle*.[462] Für die Deckung des Lebensunterhaltes wurde bedürftigen Kriegsversehrten ein „*Übergangsgeld*" gewährt.[463] „*In der Regel*" erhielten die Umschüler im Jahre 1947 monatlich 100.- RM.[464]

„*Im allgemeinen [sic!]*" bestanden - laut einem Schreiben der Amtlichen *Hauptfürsorgestelle für Kriegsbeschädigte und Kriegshinterbliebene* - Ende Januar 1946 „*für die Kriegsbeschädigten ausreichende Lehrstätten und Schulungsmöglichkeiten*"; nämlich: „*[die] Universität, Bauschule, Ingenieurschule, Kunstschule, verschiedene Fachschulen, [die] Landwirtschaftsschule, sowie verschiedene Ausbildungs- und Erprobungsstätten der Industrie und des Handwerks*".[465] Auch wurden Lehrgänge in dem „*Beschädigten-Heim Hindenburgallee (frühere Douaumont-Kaserne)*" durchgeführt.[466] In einem anläßlich des einjährigen Bestehens der *Deutschen Hilfsgemeinschaft* im Oktober 1946 gehaltenen Vortrag wurde darauf aufmerksam gemacht, dass in den vergangenen zwölf Monaten

---

[458] StAH, Landesarbeitsamt, Abl. 6.6.1990, 5351 - 5360 A: Schreiben des Arbeitsamtes Hamburg, "Beratung und Vermittlung für Schwerbeschädigte", vom 7. Februar 1955 [1956!] an den Präsidenten des Landesarbeitsamtes Hamburg

[459] StAH, Landesarbeitsamt, Abl. 6.6.1990, 5351 - 5360 A: Anlage zum "Bericht des Arbeitsamtes Hamburg I/28 - 5355 A vom 7.2.1956"

[460] Vgl. hierzu auch: 3. DIE MATERIELLE VERSORGUNG DER KRIEGSOPFER

[461] StAH, Sozialbehörde II, 150.10 - 0 Band 1: „Berufliche Ein- und Umschulung von Kriegsbeschädigten und Übergangsgeld nach § 87 WFVG"

[462] Ebd. u. StAH, Sozialbehörde II, 150.10 - 1 Band 2: Schreiben der Hauptfürsorgestelle für Schwerbeschädigte vom 11. November 1948 an die Hauptfürsorgestelle für Schwerbeschädigte in Hannover

[463] Sozialbehörde II, 150.10 - 0 Band 2: „Der gegenwärtige Stand der Kriegsopferfürsorge, 21. März 1946"

[464] StAH, Sozialbehörde II, 150.10 - 1 Band 1: Schreiben der Hauptfürsorgestelle für Schwerbeschädigte vom 18. Juni 1947 an Landesverwaltungsrat Dr. Paulsen

[465] Ebd. u. StAH, Staatliche Pressestelle V,, I K III b: "Schicksal der Kriegsversehrten". In: "Hamburger Allgemeine Zeitung" vom 2. Juli 1946

[466] StAH, Sozialbehörde II, 150.10 - 0 Band 2: Schreiben der Amtlichen Hauptfürsorgestelle für Kriegsbeschädigte und Kriegshinterbliebene vom 31. Januar 1946 an die Militärregierung, z. Hd. Major Maccoll

"Handwerksmeister(...)die kostenlose Umschulung und Ausbildung von Schwerbeschädigten übernommen" hätten.[467]

Die berufsfürsorgerische Beratung Schwerbeschädigter in den *Hilfskrankenhäusern* wurde Ende April 1946 als *"nicht mehr nötig"* eingeschätzt. Die Zahl der in den *Hilfskrankenhäusern* verbliebenen Soldaten war zum betreffenden Zeitpunkt auf ein Viertel *"des ursprünglichen Bestandes"* herabgesunken.[468] Die Beratungseinstellung begründete Stadtamtmann Blohm neben der geringen Anzahl der noch in den *Hilfskrankenhäusern* verbliebenen Soldaten auch damit, dass *"das Bedürfnis nach Rat sich überwiegend auf Bekleidung, Heimreise, Zuzugsrecht, Angehörige und dgl."* bezogen habe, was *"in erster Linie in den Aufgabenbereich der Krankenhausfürsorge"* falle.[469] Im Juni 1947 befanden sich *„750 Schwerbeschädigte des letzten Krieges in der Berufsumschulung".*[470] Die berufliche Fortbildung Versehrter wurde auch von der Kirche betrieben. Im *„Krüppelheim"* in Bigge (Sauerland), welches ein katholischer Orden führte, bestanden Abteilungen für Amputierte, in denen diese handwerklich und kaufmännisch geschult wurden, u.a. verfügte das Heim über eine *„Prothesenwerkstatt".*[471]

Auch die *DHG* unterstützte Fortbildungs- und Umschulungsmaßnahmen für Kriegsversehrte finanziell. Zudem förderte sie den Ausbau von Versehrtenwerkstätten.[472]

5.3 FINANZIELLE UNTERSTÜTZUNGEN UND RECHTLICHE BESSERSTELLUNGEN

In Hamburg wurden mit Ende des zweiten Vierteljahres 1952 so genannte unterstützte Sondergruppen von der Fürsorge statistisch erfasst. Die Akten geben seit 1952 u.a. wieder, wieviele *Parteien / Personen* im Rahmen der *„Berufsfürsorge für Kriegsbeschädigte gemäß § 26 BVG"* unterstützt worden sind. Auch wurde die *„Sonderfürsorge für Kriegsblinde, Ohnhänder und sonstige*

---

[467]StAH, Amt für Wohnungswesen, Lg.Nr. 119: "Ein Jahr 'Deutsche Hilfsgemeinschaft' der Hansestadt Hamburg 1945/46. Vortrag zur Jahresfeier am 18.10.1946 von Dr. Dr. Christian Krull", S. 6

[468]StAH, Sozialbehörde II, 150.10 - 9: Schreiben der Amtlichen Hauptfürsorgestelle für Kriegsbeschädigte und Kriegshinterbliebene vom 29. April 1946, betr.: "Sprechtage in den Hilfskrankenhäusern"

[469]StAH, Sozialbehörde II, 150.10 - 9: Schreiben von Stadtamtmann Blohm, Sozialverwaltung, vom 8.Mai 1946 an die "Krankenhausfürsorge", Bieberhaus

[470]StAH, Sozialbehörde II, 150.10 - 1 Band 1: Schreiben der Hauptfürsorgestelle für Schwerbeschädigte vom 18. Juni 1947 an Landesverwaltungsrat Dr. Paulsen

[471]StAH, Sozialbehörde II, 150.10 - 1 Band 2: Vermerk über die Sitzung des „Arbeitsausschusses der Hauptfürsorgestellen" am 29. August 1947

[472]StAH, Staatliche Pressestelle V, I K IV b: "Deutsche Hilfsgemeinschaft gibt Rechenschaft". In: "Hamburger Volkszeitung" vom 23. Oktober 1946

Empfänger einer Pflegezulage sowie für Hirnverletzte gemäß § 25 Abs. 2 BVG" getrennt
ausgewiesen.[473]

TABELLE 15: DIE ANZAHL DER VON DER FÜRSORGE IM RAHMEN DER "BERUFS"- UND "SONDERFÜRSORGE" UNTERSTÜTZTEN PARTEIEN / PERSONEN 1952 - 1954 JE QUARTAL

Sondergruppen	laufend unterstützte Parteien / Personen				
	am 30.06.1952	am 30.09.1952	am 31.12.1952	am 31.03.1953	am 30.06.1953
„Berufsfürsorge"	110 / 204	111 / 205	107 / 198	91 / 168	95 / 176
„Sonderfürsorge"	27 / 75	21 / 57	26 / 81	24 / 60	27 / 68

Sondergruppen	laufend unterstützte Parteien / Personen		
	am 30.09.1953	am 31.12.1953	am 30.03.1954
„Berufsfürsorge"	86 / 159	81 / 150	56 / 104
„Sonderfürsorge"	22 / 55	31 / 78	43 / 108

Höchstens 110 und wenigstens 56 Kriegsversehrte wurden ab Mitte 1952 bis Anfang 1954 im Rahmen der *„Berufsfürsorge"* und wenigstens 21 beziehungsweise höchstens 43 Versehrte innerhalb der *„Sonderfürsorge"* unterstützt. Mit Beginn des zweiten Quartals 1954 wurde die Anzahl der innerhalb der *„Berufs"*- beziehungsweise *„Sonderfürsorge"* unterstützten Kriegsversehrten nicht mehr statistisch ausgewiesen.

TABELLE 16: DIE HÖHE DER IM RAHMEN DER "BERUFS"- UND "SONDERFÜRSORGE" AUFGEWENDETEN FINANZIELLEN MITTEL 1952 - 1954 JE QUARTAL IN DM

Sondergruppen	Unterstützungen insgesamt in DM			
	am 30.06.1952	am 30.09.1952	am 31.12.1952	am 31.03.1953
„Berufsfürsorge"	50.717,--	44.654,--	43.211,--	41.847,--

---

[473] StAH, Sozialbehörde II, 014.72 - 4 Band 1: „Berufsfürsorge für Kriegsbeschädigte gemäß § 26 *BVG"* und „Sonderfürsorge für Kriegsblinde, Ohnhänder und sonstige Empfänger einer Pflegezulage sowie für Hirnverletzte gemäß § 25 Abs. 2 BVG": am 30.06.1952; am 30.09.1952; am 31.12.1952; am 31.03.1953; am 30.06.1953; am 30.09.1953; am 31.12.1953; am 31.03.1954; am 30.06.1954; am 30.09.1954; am 31.12.1954; am 31.03.1955

"Sonderfürsorge"	4.826,55	6.677,25	7.972,25	3.930,55

Sondergruppen	Unterstützungen insgesamt in DM			
	am 30.06.1953	am 30.09.1953	am 31.12.1953	am 31.03.1954
"Berufsfürsorge"	39.154,--	38.992,--	53.725,--	40.621,--
"Sonderfürsorge"	44.175,19	50.415,50	31.352,71	16.683,04

Sondergruppen	Unterstützungen insgesamt in DM			
	am 30.06.1954	am 30.09.1954	am 31.12.1954	am 31.03.1955
"Berufsfürsorge"	37.288,80	45.629,88	55.541,44	40.196,81
"Sonderfürsorge"	27.461,20	31.032,53	37.351,91	26.417,61

Für die „*Berufsfürsorge*" wurden im betreffenden Zeitraum je Quartal - für höchstens 110 beziehungsweise wenigstens 56 Kriegsversehrte - zwischen knapp vierzig- und gut fünfzigtausend DM aufgewendet. Auf die „*Sonderfürsorge*" entfielen - für höchstens 43 beziehungsweise wenigstens 21 Kriegsversehrte - zunächst Beträge von deutlich unter 10.000,- DM je Quartal. Im zweiten Quartal 1953 erhöhte sich die Summe schlagartig auf mehr als 40.000,- DM; im dritten Quartal d.J. erreichte sie mit mehr als 50.000,- DM ihren Höhepunkt, um dann bis 1955 auf unter 30.000,- DM zu sinken.

Da die Höhe der Unterstützung nur insgesamt ausgewiesen wurde, können Angaben, welche sich auf die Höhe der jeweiligen Unterstützungszahlungen beziehen, nur für Kriegsversehrte und ihre Angehörigen gemeinsam gemacht werden. Am Ende des zweiten Quartals 1952 belief sich die Höhe der Unterstützung auf durchschnittlich 249.- DM, am Ende des dritten und vierten Quartals waren es 218.- DM. Im ersten Quartal 1953 erhielten Versehrte und ihre Angehörigen 249.- DM, im zweiten 222.-DM, im dritten 245.- DM und im vierten Quartal 1953 358.- DM. Im ersten Quartal 1954 erhöhte sich die Unterstützung schließlich auf 391.-DM. Mit anderen Worten: Die Unterstützungszahlungen für Versehrte und ihre Angehörigen schwankten in den Jahren 1952 - 1954 zwischen gut 200.- und nicht ganz 400.- DM je Quartal; wobei zu fragen ist, ob es sinnvoll ist, einen statistischen Mittelwert zu errechnen oder ob u.U. von unterschiedlich hohen Unterstützungszahlungen ausgegangen werden muss.

Finanzielle Unterstützungen wurden - wie das Beispiel Nordrhein-Westfalen im Folgenden zeigt - ergänzt durch rechtliche Besserstellungen, beispielsweise von kriegsversehrten Selbstständigen. Im Jahre 1952 bestimmte ein Erlass des nordrhein-westfälischen *Sozialministers*, dass bei der Berechnung des *Betriebsberechtigungsalters der Apotheker* eine vorhandene Kriegsbeschädigung zugunsten des Antragstellers anzurechnen war. Bewerbern um *Apothekenbetriebsrechte* mit Bescheid über eine Kriegsbeschädigung von 40% war zusätzlich ein Jahr und für jede weitere 10% je ein weiteres Jahr anzurechnen.[474] Auch in Berlin wurde eine Schwerbeschädigung bei der Bewerbung um die Verleihung von *Apothekenbetriebsrechten* zugunsten des Versehrten berücksichtigt.[475]

Schwerkriegsversehrte, die sich im kleingewerblichen Bereich selbstständig machen wollten, unterstützte die Hamburger Verwaltung insofern, als sie ihnen Gewerbeflächen auf staatlichen Grundstücken vermietete; beispielsweise auf dem Gelände von Schulen:[476] Im Herbst 1947 beantragte der schwerkriegsbeschädigte Erwin Schaap auf dem Schulgrundstück in der Bahrenfelder Straße 275 einen 400 qm großen Platz, um Karren abzustellen. Herr Schaap beabsichtigte, als Karrenvermieter tätig zu sein. Befürwortet wurde sein Antrag vom *"Verband f. d. Verkehrsgewerbe"*. Das *Wohnungsamt* entsprach seinem Gesuch: Bis zum 30. Juni 1948 konnte Herr Schaap ein 400 qm großes Grundstück auf dem Schulhof mieten. Die Mietvereinbarung selbst hatte Herr Schaap - gemäß *Wohnungsamt* - mit der Schulbehörde zu treffen. Hinzugefügt wurde: *"Bei Eigenbedarf der Schulbehörde ist das Wohnungsamt nicht verpflichtet, Ihnen Ersatzraum zu stellen."*[477]

5.4 "VERSEHRTENWERKSTÄTTEN"

Seit 1920 existierte in Hamburg die *"Hamburger Werkstätten für Erwerbsbeschränkte Gmbh"* (*HAWEE*), deren alleiniger Gesellschafter die Hansestadt Hamburg war.[478] Die *HAWEE* betreute drei Personengruppen:[479] Kriegsverletzte, Unfallverletzte und Personen mit angeborenen oder erworbenen körperlichen Behinderungen. **1955 waren 40% der**

---

[474] Erlass des Sozialministers vom 7. Juli 1952, betr.: Anrechnung von Kriegsbeschädigung bei der Berechnung des Betriebsberechtigungsalters der Apotheker im Lande Nordrhein-Westfalen. In: „Deutsche Apotheker-Zeitung", 92. Jhg., Nr. 35, 29. August 1952, S. 651

[475] Richtlinien über die Verleihung von Apothekenbetriebsrechten (Personalkonzessionen) in Berlin(West) vom 30. November 1952. In: „Deutsche Apotheker-Zeitung", 92. Jhg., Nr. 52, 26. Dezember 1952, S. 995 - 996

[476] StAH, Wohnungsamt II, 216: Aktenvermerk vom 27. November 1947 u. Schreiben des Wohnungsamtes vom 9. Dezember 1947 an Erwin Schaap

[477] Ebd.

[478] StAH, Staatliche Pressestelle V, II K I a: "Hamburger Werkstätten für Erwerbsbeschränkte Gmbh": "Jahresbericht für das dreiundzwanzigste (27.) Geschäftsjahr vom 1.4.1946 bis zum 31.3.1947", S. 3

[479] StAH, Staatliche Pressestelle VI, 1545: "Hamburger Werkstätten für Erwerbsbehinderte G.m.b.H.. Zehn Jahre Wiederaufbau 1945 - 1955", 15. November 1955, S. 3

Belegschaftsmitglieder Kriegsversehrte. Gegenstand der *HAWEE* war es, erwerbslose und fürsorgebedürftige, in Hamburg wohnhafte Erwerbsbeschränkte zu beschäftigen, denen auf dem freien Arbeitsmarkt keine Arbeit vermittelt werden konnte. Zur Aufgabe der *HA-WEE* gehörte es darüber hinaus auch, *"Erwerbsbeschränkten sobald wie möglich die Erwerbsbefähigung für den freien Arbeitsmarkt zu geben".*[480] In den ersten zehn Jahren nach Kriegsende schieden ca. 30% der Belegschaft jährlich aus, um *"in den Arbeitsprozeß der freien Wirtschaft aufgenommen zu werden".*[481] Im Herbst 1947 beschäftigte die *HAWEE* ungefähr zweihundert Mitarbeiterinnen und Mitarbeiter in unterschiedlichen handwerklichen Berufen:[482]

> *"Etwa 200 Mitarbeiter, Frauen und Männer aller Altersstufen, sind in Schuhmacher-, Tischlerei-, Näherei-, Weberei-, Korbmacherei- und Bürstenbinderwerkstätten beschäftigt, nützliche Gebrauchsgegenstände aller Art (keinen Firlefanz) herzustellen bzw. zu reparieren. So betreuen z.B. über die Sozialbehörde die Schuster und Schneider seit langem Altrentner, Flüchtlinge, eltern- und heimatlose Jugendliche und sonstige Wohlfahrtsbedürftige, die zum Teil in städtischen Heimen und Wohnlagern untergebracht sind."*

Die *HAWEE* zahlte den in der jeweiligen Branche geltenden Tariflohn.[483] Eine im Jahre 1955 angefertigte Übersicht vermittelt einen Eindruck vom Beschäftigungsstand in den ersten zehn Jahren nach Kriegsende; begonnen wurde 1945 mit 35 Mitarbeitern, 1946 waren mehr als 100 Menschen bei der *HAWEE* beschäftigt und ab 1951 hatte die *HAWEE* jährlich mehr als 200 Mitarbeiter:[484]

<u>TABELLE</u> 17: DIE MITARBEITERZAHL DER *HAWEE* 1945 - 1955

1945	1946	1947	1948	1949	1950	1951	1952	1953	1954	1955
35	116	174	217	194	196	200	206	253	219	237

Zum eigenen Selbstverständnis der *HAWEE* hieß es im *"Jahresbericht"* 1946/47:[485]

> *"Um weitere Arbeitsplätze für die Umschulung von Kriegsbeschädigten zu schaffen, wurden im Schwerbeschädigtenheim Harburg, Hastedtplatz, Umschulungswerkstätten in Zusammenarbeit mit der Arbeitsfürsorge der Sozialbehörde eingerichtet. In Schuhmacher-,*

---

[480] Ebd.

[481] Ebd., S. 5

[482] StAH, Staatliche Pressestelle V, I K I a: "Ein Werk sozialer Taten". In: "Hamburger Volkszeitung" vom 27. September 1947

[483] StAH, Staatliche Pressestelle VI, 1545: "Hamburger Werkstätten für Erwerbsbehinderte G.m.b.H.. Zehn Jahre Wiederaufbau 1945 - 1955", 15. November 1955, S. 4

[484] Ebd., S. 3

[485] StAH, Staatliche Pressestelle V, II K I a: "Hamburger Werkstätten für Erwerbsbeschränkte Gmbh": "Jahresbericht für das dreiundzwanzigste (27.) Geschäftsjahr vom 1.4.1946 bis zum 31.3.1947", S. 6 - 7

Schneider- und Tischlerwerkstätten haben dort die Schwerbeschädigten Gelegenheit, einen handwerklichen Beruf zu erlernen, der ihnen die Möglichkeit geben soll, den Weg ins Leben zurückzufinden(...)Wir möchten bei dieser Gelegenheit darauf hinweisen, daß wir im Gegensatz zu manchen anderen Schwerbeschädigten-Werkstätten auf dem Standpunkt stehen, daß es falsch ist, den Schwerbeschädigten nur Beschäftigung durch Bastelarbeiten, Anfertigung von Spielzeug und dergleichen zu geben. Wir stehen vielmehr auf dem Standpunkt, daß, wenn es die Art der Beschädigung nur irgend zuläßt, nur eine ordnungsgemäße Berufsausbildung den Schwerbeschädigten eine neue Lebensgrundlage geben kann. In unseren Werkstätten haben die Schwerbeschädigten bereits nach zweijähriger Lehrzeit die Zustimmung der Handwerkskammer, zur Gesellenprüfung zugelassen zu werden."

Auch Anfang des Jahres 1948 wurden Versehrte von der *HAWEE* innerhalb von zwei Jahren auf die Gesellenprüfung für Schuhmacher, Schneider und Tischler vorbereitet.[486]Der Lohndurchschnitt je Erwerbsbehindertem belief sich 1955 auf 3155.- DM[487], d.h. ca. 263.- DM monatlich.

Um die Beschäftigung Kriegsversehrter zu gewährleisten und ihnen gleichzeitig lange Arbeitswege zu ersparen, richteten zudem einzelne Versehrtenheime in ihren Räumlichkeiten Werkstätten ein, wie ein Beispiel aus Lübeck zeigt:[488]

„Im Versehrtenheim des Deutschen Roten Kreuzes in Lübeck sind 86 Versehrte untergebracht, 24 von ihnen arbeiten in Lübecker Betrieben. Um den Schwerversehrten die Beschwernisse eines weiten Anmarschweges zur Arbeitsstätte zu ersparen, wurde eine Werkstätte im Heim eingerichtet. Eine Lübecker Firma liefert halbfertige Radio-Einzelteile, die hier mit einfachen Werkzeugen und Hilfsmitteln an Fertigwaren umgearbeitet werden. Die Männer arbeiten im Gruppenakkord und haben durchschnittlich einen monatlichen Reinverdienst von 150 Mark, wovon sie dem Heim 45 Mark an Pension zahlen."

---

[486]StAH, Staatliche Pressestelle V, II S I b: Schreiben von Stadtamtmann Vick vom 2. Januar 1948 an die Berliner Tageszeitung "Telegraf"
[487]StAH, Staatliche Pressestelle VI, 1545: "Hamburger Werkstätten für Erwerbsbehinderte G.m.b.H.. Zehn Jahre Wiederaufbau 1945 - 1955", 15. November 1955, S. 4
[488]StAH, Sozialbehörde II, 150.10-5: „DHG-Pressestelle", Übersicht Auswärtige Presse vom 2. Juli 1946

5.5 ERWERBSTÄTIGKEIT BLINDER

Im *Reservelazarett* Langenhorn erfolgte im August 1945 eine „*blindentechnische Grundausbildung*", d.h., gelehrt wurde dort „*Punktschrift, Maschinenschreiben, Deutsch und Rechnen*".[489] Anfang 1946 bestanden Heime für Kriegsblinde mit der Möglichkeit zur Berufsausbildung in Hamburg-Wandsbek und in Timmendorf in Schleswig-Holstein; wobei das Heim in Wandsbek 1946 bereits wieder geräumt wurde.[490] In Hamburg-Eppendorf, in der Breitenfelder Straße, existierte 1946 die so genannte *Blindenanstalt Hamburg*.[491] Im Juni 1947 wurden 41 Kriegsblinde im „*Umschulungsheim Hamburg-Berne*" ausgebildet.[492] Im Jahre 1948 wurden Kriegsblinde in Hamburg zum Maschinenschreiber, Stenotypisten, Masseur und Bürstenmacher umgeschult. Ausbildungsstätte für die zwei zuerst genannten Berufe war das im so genannten *Alten Schloss* im Stadtteil Berne untergebrachte Blindenheim.[493] Ein Jahr zuvor, 1947, hatten dort 70 Blinde gewohnt.[494] Blinde erhielten im *Alten Schloss* zunächst eine sechsmonatige Grundausbildung, die sie mit dem Lesen der Blindenschrift und dem Umgang mit Schreibmaschinen vertraut machte. Zum Maschinenschreiber wurden Blinde im Anschluss an die Grundausbildung innerhalb von fünf bis sieben Monaten und zum Stenotypisten innerhalb von zehn Monaten ausgebildet. In Verbindung mit der *Gesundheitsbehörde* bestand 1948 die Möglichkeit, zum Masseur ausgebildet zu werden. Die "*Deutsche Kriegsblinden-Arbeitsgemeinschaft*" bildete Kriegsblinde im selben Jahr innerhalb von vier Monaten zum Bürstenmacher aus.[495]

Fünf Jahre später, 1953, waren entsprechend dem *BUND DER KRIEGSBLINDEN DEUTSCHLANDS* Zweidrittel aller Kriegsblinden in Deutschland berufstätig.[496] Blinde, die in so genannten *Büro- und Verwaltungsberufen* arbeiteten, waren - wie oben erwähnt - u.a. als Telefonisten tätig; eine Tatsache, die den Präsidenten der *Bundesanstalt für Arbeitsvermittlung und Arbeitslosenversicherung* 1955 veranlasste, den Präsidenten der *Landesarbeitsämter* als

---

[489] StAH, Sozialbehörde II, 150.10 - 0 Band 1: Niederschrift über eine Besprechung am 23. August 1945 über die „Fürsorge für Kriegsopfer"

[490] StAH, Sozialbehörde II, 150.10-9: Schreiben von Stadtamtmann Blohm vom 28. Februar 1946 an Senatsdirektor Völcker, Landesfürsorgeamt, Bieberhaus

[491] StAH, Verbindungsstelle zur Militärregierung, III 1 Band 3: Schreiben der Deutschen Hilfsgemeinschft vom 20. Februar 1946 an "609 /L/R) Det Mil Gov"

[492] StAH, Sozialbehörde II, 150.10 - 1 Band 1: Schreiben der Hauptfürsorgestelle für Schwerbeschädigte vom 18. Juni 1947 an Landesverwaltungsrat Dr. Paulsen

[493] StAH, Staatliche Pressestelle V, II S I b: Schreiben von Stadtamtmann Vick vom 2. Januar 1948 an die Berliner Tageszeitung "Telegraf"

[494] Paul Neumann: Appell an die Mitarbeiter der freien Wohlfahrtspflege in der Hansestadt Hamburg. In: Hilfe in Not, S. 5 - 23, hier: S. 11

[495] StAH, Staatliche Pressestelle V, II S I b: Schreiben von Stadtamtmann Vick vom 2. Januar 1948 an die Berliner Tageszeitung "Telegraf"

[496] StAH, Landesarbeitsamt, Abl. 6.6.1990, 5351 - 5360 A: Anlage zum "Bericht des Arbeitsamtes Hamburg I/28 - 5355 A vom 7.2.1956"

Arbeitsgrundlage das Buch *"Der blinde Telefonist"* von Fr. W. Gust zu schicken.[497] Anschaulich wird die Situation blinder Berufstätiger in einem Schreiben geschildert, welches wiederum der Präsident der *Bundesanstalt für Arbeitsvermittlung* ein Jahr später, im Mai 1956, an die Präsidenten der *Landesarbeitsämter* richtete. Der Präsident der *Bundesanstalt für Arbeitsvermittlung* beschreibt darin, welche Aufgaben wieviele Blinde 1956 bei der *Deutschen Bundespost* erfüllten.[498] Insgesamt beschäftigte die *Deutsche Bundespost* 1956 224 Blinde; nämlich im

TABELLE 18: DIE ANZAHL DER BLINDEN BESCHÄFTIGTEN IM EINFACHEN / MITTLEREN / GEHOBENEN MITTLEREN UND HÖHEREN POSTDIENST IM JAHR 1956

einfachen Dienst	38 Arbeiter, Angestellte und Beamte
mittleren Dienst	180 Angestellte und Beamte
gehobenen mittleren Dienst	1 Beamten
höheren Dienst	5 Angestellte und Beamte.

Hinsichtlich der Arbeitstätigkeit heißt es, dass Blinde im <u>einfachen Dienst</u> folgende Arbeiten ausführten:[499]

"Zerlegen von Fernsprechgeräten (Werkstatt),
Ein- und Auspacken von Geräten oder Teilen;
Formulare zuschneiden, zusammenstellen, stempeln;
Rechnungen falten und verschließen;
Ausbessern von Beutelverschlüssen."

Im <u>mittleren Dienst</u> waren Blinde als Telefonisten und Stenotypisten beschäftigt; wobei sie sich verschiedener technischer Arbeitshilfen bedienten: der Gesprächsaufnahme- und Gesprächswiedergabegeräte sowie der Blindensteno- und Blindenschreibmaschinen. Insgesamt beschäftigte die Post:[500]

"105 Telefonisten bei Fernsprechnebenstellenanlagen,
15 Telefonisten als Zahlengeber im Bezirkssprechverkehr,
5 Telefonisten für Annahme von Störungsmeldungen,
2 Telefonisten im Störungssuchdienst und für Prüfverbindungen."

---

[497] StAH, Landesarbeitsamt, Abl. 6.6.1990, 5000 - 5003 AB: Schreiben des Präsidenten der Bundesanstalt für Arbeitsvermittlung und Arbeitslosenversicherung vom 14. Mai 1955 an die Präsidenten der Landesarbeitsämter
[498] StAH, Landesarbeitsamt, Abl. 6.6.1990, 5361 - 5370 A: Schreiben des Präsidenten der Bundesanstalt für Arbeitsvermittlung und Arbeitslosenversicherung vom 30. Mai 1956 an die Präsidenten der Landesarbeitsämter
[499] Ebd.
[500] Ebd.

Lehrtätigkeiten, juristische und archivalische Arbeiten führten Blinde im <u>gehobenen mittle-</u><u>ren</u> und <u>höheren Dienst</u> aus.[501]

Zwei Jahre zuvor, im April 1954, hatte der Präsident der *Bundesanstalt* die Präsidenten der *Landesarbeitsämter* auf die Beschäftigungsmöglichkeiten für Blinde in der Industrie aufmerksam gemacht und ihnen die Schrift *"Blinde arbeiten im Schaltwerk"* zugeschickt, welche von den *"Siemens-Schuckertwerken"* herausgegeben worden war. *"Bohren, Gewindeschneiden, Entgraten, Senken und Fräsen"* gehörte bei *"Siemens"* zu den Arbeitsstätigkeiten Blinder. Die wöchentliche Arbeitszeit betrug bei *"Siemens"* für Blinde und Sehende 48 Stunden, Versehrte und Nichtversehrte arbeiteten im *"Stücklohn"*.[502]

5.6 KRIEGSVERSEHRTENSCHICKSALE NACHVOLLZOGEN MIT-HILFE VON KRANKENUNTERLAGEN DES *AK ST. GEORG*

Angaben zum vor der Verwundung ausgeübten Beruf sind den Krankenunterlagen ebenso zu entnehmen wie solche zum Beruf nach der Verwundung. Auch wurde die Berufsstellung vermerkt.[503]

Nicht ganz die Hälfte der Versehrten, 49% (32), war berufstätig. Ein Viertel der Kriegsversehrten, 25% (16), gab an, Rentner zu sein. Erwerbslos waren nach eigenen Angaben 11% (7). Keine Angaben zur Berufstätigkeit machten 15% (10). Letzteres galt auch für eine der beiden Frauen, die andere war Rentnerin.

Acht Tätigkeitsfelder erbrachte die Auswertung der auf den Krankenunterlagen des *AK St. Georg* vermerkten Angaben zur beruflichen Tätigkeit:

1. BILDUNG

2. GASTRONOMIE

3. GESUNDHEIT

4. HANDEL

5. HANDWERK

---

[501] Ebd.

[502] StAH, Landesarbeitsamt, Abl. 6.6.1990, 5371 - 5373 A: "BLINDE arbeiten IM SCHALTWERK", hrsg. v. d. Siemens-Schuckertwerke Aktiengesellschaft, Berlin-Siemensstadt o.J.

[503] Da die im Folgenden zu nennenden Prozentwerte auf volle Kommastellen aufgerundet wurden, kann eine Addition derselben zu einem höheren Prozentwert als 100 führen.

6. KUNST und KULTUR

7. VERWALTUNG

8. SONSTIGES.

Im Einzelnen sind diesen Tätigkeitsfeldern folgende Berufe zuzuordnen:

1. Volksschullehrer

2. Gaststättenhelfer, Koch

3. Arzt

4. Inhaber einer Lebensmittelfirma, Lebensmittelgroßhändler, Lebensmittelverkäufer

5. Bauarbeiter, Bauhelfer, Betriebsschlosser, Dekorateur, Glaserhelfer, Justierer, Konditor, Küfer, Maler, Maschinenbauer, Maurer, Radiomechaniker, Schlosser, Schneider, Schuhmacher

6. Graphiker, Sänger

7. Angestellter des Arbeitsamtes, Technischer Angestellter bei der Baubehörde, Justizsekretär, Kontrolleur, Postfachangestellter, Reichsbahnhelfer, Telegrammzusteller bei der Post, Mitarbeiter der "Kleiderkammer" der Sozialbehörde

8. *"Einfüller"* in einer Gewürzfabrik, Hafenarbeiter, Heimarbeiter, Milchkontrolleur, Packer, Pförtner, Reinigungskraft bei der Bahn, Tankwart, Wieger.

Die im *AK St. Georg* behandelten Kriegsversehrten waren schwerpunktmäßig im Bereich des HANDWERKS und der VERWALTUNG beschäftigt beziehungsweise übten Tätigkeiten aus, die nicht eindeutig einem bestimmten Tätigkeitsfeld zuzuordnen sind.

Für 72% (44) der Kriegsversehrten ist es möglich, Angaben zu ihrer Berufsstellung zu machen. Auf dieser Grundlage kann für mindestens **60%** (39) der im *AK St. Georg* behandelten Kriegsversehrten gesagt werden, dass sie **angestellt** waren. 11% (7) der behandelten Versehrten gaben an, selbstständig zu sein. Wird für diejenigen verglichen, welche Angaben zum vor und nach der Verwundung ausgeübten Beruf machten, ob sich die Art der Berufstätigkeit unterschied, ist festzuhalten, dass dies auf 20% (12) der im *AK St. Georg* behandelten Kriegsversehrten zutraf.

6. KRIEGSOPFERORGANISATIONEN

Vier bedeutende Kriegsopferverbände gibt es in Deutschland. Zwei, der *Reichsbund der Kriegs- und Zivilbeschädigten, Sozialrentner und Hinterbliebenen* (seit 1999 *Sozialverband Deutschland (SoVD)*) und der *Verband der Kriegsbeschädigten, Kriegshinterbliebenen und Sozialrentner Deutschlands* (seit 1994 *Sozialverband VdK Deutschland*), vertreten entsprechend ihrem Selbstverständnis alle deutschen Kriegsopfer und Behinderten.[504] Weitere zwei Spezialverbände, der Verband der Blinden und der der Hirnverletzten, verstehen sich als Interessenvertetung einer bestimmten Gruppe von Versehrten.[505] Mit Ausnahme des *VdK* wurden alle Verbände bereits während des *Ersten Weltkrieges* ins Leben gerufen. Nach dem Ende des *Zweiten Weltkrieges* bedingte es die alliierte Zulassungspolitik, dass der *Reichsbund* zunächst nur im Norden - in der britischen Zone - und der *VdK* im Süden beziehungsweise Westen - in der französischen und amerikanischen Zone - zugelassen wurde.[506]

Der *Bund der Kriegsblinden Deutschlands (BKD)* ist die älteste deutsche Kriegsopferorganisation: Im Jahre 1916 wurde der *Bund erblindeter Krieger* in Berlin gegründet. Nach der Gleichschaltung der Kriegsopferverbände im Jahre 1933 existierte der Bund innerhalb der *Nationalsozialistischen Kriegsopfer-Versorgung (NSKOV)* als Fachabteilung *Bund erblindeter Krieger* weiter. 1945 wurde diese gemeinsam mit der *NSKOV* von den Alliierten aufgelöst. Anfang 1946 gründete sich unter dem Namen *St. Georg - Bund der durch Gewalteinwirkung Erblindeten* der Kern einer neuen Organisation. In Hamburg erfolgten erste Versuche einer Wiedergründung bereits im Sommer 1945 (vgl. 6.3 *ST.GEORG - BUND DER ERBLINDETEN e.V.*). Das nach dem Ende des *Zweiten Weltkrieges* in Deutschland von den Alliierten propagierte so genannte *Mischverbandssystem* [507], d.h. die gemeinsame Vertretung von Kriegs- und Zivilbeschädigten, lehnte die Vertretung der Kriegsblinden, der 1949 gegründete *Bund der Kriegsblinden Deutschlands (BKD)*, von Anfang an ab. Der *BKD* war und ist eine reine Kriegsopferorganisation.[508] Erster Vorsitzender des *BKD* wurde 1949 Dr. Peter Plein, der bereits von 1929 bis 1936 den Vorsitz des *Bundes erblindeter Krieger* inne gehabt hatte. 1953 löste ihn Dr. Hans Ludwig ab. Seit 1951 erscheint das so genannte *Kriegsblinden-Jahrbuch*; eine Publikation des *BKD*, in der Kriegsblinde über ihr Schicksal berichten. Im Jahre 1952 vergab der *BKD* erstmals den „*Hörspielpreis der Kriegsblinden*" für das beste deutschsprachige Hörspiel. 1954 wurde in Marburg/Lahn die „*Deutsche Blindenhörbücherei*" gegründet, der der *BKD* als Gesellschafter angehört.

---

[504] Hudemann, S. 432

[505] Ebd.

[506] Ebd., S. 417

[507] Ebd., S. 419

[508] Ebd., S. 432 - 434. Als Hintergrund hierfür ist es anzusehen, dass Kriegsblinde Entschädigungsanprüche gegenüber dem Staat geltend machen wollten und sich insofern von im zivilen Leben erblindeten Menschen unterschieden (Gespräch mit Herrn Skiba am 7. Juli 2004).

Anfang 1917 wurde der *Verein zur Fürsorge für hirnverletzte Krieger* gegründet. Der Verein ist als organisatorischer Ausgangspunkt des *Bundes Hirnverletzter Kriegs- und Arbeitsopfer* (seit 1974 *Bund Deutscher Hirnbeschädigter (BDH)*) anzusehen, welcher 1948 als Zusammenschluss von Hirnverletztenverbänden der *Amerikanischen* und *Britischen Besatzungszone* entstand.[509] Der Hirnverletztenverband der *Britischen Besatzungszone* war 1946 gegründet worden.[510] Als *Gruppe hirnverletzter Krieger* war die Vertretung der Hirnverletzten zwischen 1933 und 1945 organisatorisch an die *NSKOV* gebunden.[511]

Der als Reaktion auf die Folgen des *Ersten Weltkrieges* 1917 in Berlin gegründete *Reichsbund der Kriegs- und Zivilbeschädigten, Sozialrentner und Hinterbliebenen* (zunächst *Bund der Kriegsteilnehmer und Kriegsbeschädigten*) hatte sich im April 1933 selbst aufgelöst. Im Spätsommer beziehungsweise Frühherbst 1946 wurde er als *Reichsbund der Körperbehinderten und Hinterbliebenen* in Hamburg neu ins Leben gerufen.[512]

Der *Verband der Kriegsbeschädigten, Kriegshinterbliebenen und Sozialrentner Deutschlands (VdK)* schließlich entstand 1948/50 durch den Zusammenschluss mehrerer Kriegsopferverbände der amerikanischen und französischen Zone.[513]

6.1 UNION DER SCHWERBESCHÄDIGTEN BEIDER WELTKRIEGE

Am 27. Februar 1946 wurde in Hamburg die *UNION DER SCHWERBESCHÄDIGTEN BEIDER WELTKRIEGE* unter maßgeblicher Beteiligung von Dr. Gerhard Lehfeldt gegründet. Ideeller Zweck der *Union*sgründung war es, dem deutschen Volk *„unablässig die Schwere des Verbrechens eines Krieges"* vor Augen zu halten.[514] Darüber hinaus sollten Schwerkriegsbeschädigte in vielfacher Hinsicht praktisch unterstützt werden:[515] Zur Seite stehen wollte die *Union* Schwerkriegsbeschädigten, die bei Behörden oder Hilfsverbänden Anträge zu stellen hatten. Auch gedachte die *Union* gutachterlich Stellung zu nehmen, wenn Fragen angesprochen wurden, die Kriegsbeschädigte betrafen. Über den Einzelfall hinaus gehend war beabsichtigt, die Gesetzgebung *„im Sinne einer ständigen Verbesserung der Lage der Schwerkriegsbeschädigten"* zu beeinflussen. Die *Union* trat ein für die Sicherstellung der finanziellen

---

[509] Ebd., S. 435 - 437
[510] BA Koblenz, Z 40, 270, Bl. 26-27: "Beglaubigte Abschrift aus dem Vereinsregister" des "Amtsgerichtes Bonn" vom März 1946
[511] Ebd., S. 436
[512] StAH, Sozialbehörde II, 4.012.81 - 7 Band 1: Schreiben von Dr. Nevermann, Sozialverwaltung Hamburg, vom 11. November 1946 an die Kreisverwaltung Oberbergischer Kreis
[513] Hudemann, S. 417
[514] StAH, Sozialbehörde II, 012.81 - 7 Band 1: Satzungen der Union der Schwerbeschädigten beider Weltkriege, Hamburg
[515] Vgl. ebd.

und ärztlichen Versorgung, einschließlich der *Heil-* und *Erholungsfürsorge* sowie für die Sicherung der Belieferung der Schwerkriegsbeschädigten mit Prothesen, Heilmitteln und Medikamenten. Einsetzen wollte sich die *Union* dafür, dass Beschädigte bei der Vergabe von Arbeit berücksichtigt wurden und dass auch ihre Arbeit *„angemessen"* entlohnt wurde. Auch sollte ein *„intensiver Schutz des Arbeitsverhältnisses"* geschaffen werden. Zielsetzung war es ferner, Schwerkriegsbeschädigte mit Wohnraum, Kleidung und Nahrung zu versorgen. Erleichterungen und Vergünstigungen sollten für Kriegsversehrte auf allen Verkehrsmitteln durchgesetzt werden. Auch eine kulturelle Betreuung der Schwerkriegsbeschädigten wurde angestrebt. Mitglied der *Union* konnte jeder werden, dessen *„körperliche Integrität für die Zeit seines Lebens schwer beeinträchtigt worden ist durch Kriegsereignisse jeder Art, vorausgesetzt jedoch, daß ihre Leiden durch die Versorgungsbehörden anerkannt worden sind, insbesondere jeder Schwerkriegsbeschädigte ohne Rücksicht darauf, ob er seinen Einstufungsbescheid schon erhalten hat oder nicht. Im Falle noch nicht erfolgter Einstufung muß die schwere körperliche Beeinträchtigung durch ärztliches Attest belegt sein. Unterschiede zwischen Verletzten des ersten und des zweiten Weltkrieges dürfen in keinem einzigen Falle gemacht werden."* Ausgeschlossen von der Mitgliedschaft waren *„aktive Nationalsozialisten"*, wobei ein *„strenger Maßstab"* angelegt werden sollte. Das so genannte *Eintrittsgeld* in die *Union* betrug 1.- RM. Monatlich war ebenfalls eine RM zu zahlen. Im Falle *„einer besonderen Notlage"* konnte der Vorstand von der Erhebung jeglicher Zahlung absehen.[516]

Mitte April 1946 kam es zu einem Wechsel an der Spitze der *Union*; Dr. Gerhard Lehfeldt wurde als Vorsitzender abgelöst.[517]

Im November d.J. forderte die Besatzungsmacht die *Union* auf, sich bis zum 31. Dezember 1946 aufzulösen. Als Vertretung der Schwerkriegsbeschädigten wollte die *Britische Besatzungsmacht* <u>nur eine</u> Vereinigung dulden. Die *Britische Besatzungsmacht* favorisierte hierbei den von Senator a.D. Paul Neumann geführten *Reichsbund der Körperbehinderten und Hinterbliebenen*, der im Jahre 1946 in Hamburg wieder ins Leben gerufen worden war. Gegen den Bescheid der Militärregierung legte die *Union* Widerspruch ein.[518] Die *Union* begründete ihren Widerspruch damit, dass sie von einzelnen Schwerbeschädigten mit der Wahrung ihrer Interessen beauftragt worden sei, die gegen ablehnende Bescheide Einspruch erhoben hatten, welche ihnen von der *Landesversicherungsanstalt* Hamburg hinsichtlich der Gewährung von Renten erteilt worden waren.[519] Die *Britische Besatzungsmacht* überließ die Entscheidung, ob die *Union* aufgelöst werden sollte oder nicht, im Weiteren der Hamburger *Sozialverwaltung*.[520] Eine

---

[516] StAH, Sozialbehörde II, 012.81 - 7 Band 1: Schreiben des Reichsbundes der Körperbehinderten und Hinterbliebenen vom 28. Januar 1947 an Senator Eisenbarth, Sozialverwaltung Hamburg
[517] Ebd.
[518] StAH, Sozialbehörde II, 012.81 - 7 Band 1: Aktenvermerk vom 16. Dezember 1946
[519] StAH, Sozialbehörde II, 012.81 - 7 Band 1: Schreiben der Union der Schwerbeschädigten und Hinterbliebenen vom 12. Dezember 1946 an J. Dickinson, Public Health (Welfare)
[520] StAH, Sozialbehörde II, 012.81 - 7 Band 1: Schreiben von J. Dickinson, Public Health (Welfare), HQ Military Government vom 18. Januar 1947 an die Hamburger Sozialverwaltung

Stellungnahme des Rechtsreferenten der *Sozialverwaltung* zur Frage der Auflösung der *Union der Schwerbeschädigten und Hinterbliebenen* erfolgte im Februar 1947.[521] Entsprechend dieser Stellungnahme war es nach „*geltendem deutschen Recht*" [der Rechtsreferent bezog sich auf Art. 124 der *Weimarer Reichsverfassung*!] nicht möglich, die *Union* durch einen „*Verwaltungsakt*" aufzulösen. Auch bestand - wie er formulierte - seitens der Militärregierung für die Bildung von „*Wohlfahrtsvereinen keine Beschränkung*".[522] Der Rechtsreferent machte darauf aufmerksam, dass es - sollte die *Union* aufgelöst werden - nicht möglich wäre, „*die Neubildung von Vereinen gleicher Art in der britischen Zone*" zu verhindern. Das „*Ziel einer Schwerbeschädigten - Einheitsorganisation*" könne mithin „*trotz der Auflösung der Union nicht sichergestellt*" werden.[523] Am 25. Februar 1947 wandte sich der für die *Sozialverwaltung* zuständige Senator Eisenbarth an das *Rechtsamt* des Senats und bat um gutachterliche Stellungnahme zu der Frage, „*ob rechtliche Bedenken bestehen, nunmehr die Auflösung der Union durchzuführen*".[524] Das *Rechtsamt* teilte dem Senator daraufhin am 19. März 1947 mit, dass „*nach deutschem Recht infolge des Grundsatzes der Vereinsfreiheit keine Möglichkeit der Auflösung*" gegeben sei.[525] Einige Tage später, am 25. März 1947, erhielt Senator Eisenbarth ein Schreiben des Bundesvorstandes des *Reichsbundes der Körperbeschädigten, Sozialrentner und Hinterbliebenen*, in dem der Senator aufgefordert wurde, die *Union* für aufgelöst zu erklären und ihr „*jede öffentliche Tätigkeit*" zu untersagen.[526] Senator Eisenbarth richtete nunmehr ein Schreiben an die „*Verbindungsstelle des Zonen-Wohlfahrts-Beratungsausschusses für die britische Zone Deutschlands*", in welchem er fragte, ob von dieser Seite daran gedacht sei, in den bestehenden Konflikt einzugreifen.[527] Einem am 3. Mai 1947 von Senatsdirektor Völcker angefertigtem Aktenvermerk ist zu entnehmen, dass sich zwischenzeitlich sowohl die CDU als auch die FDP für den Fortbestand der *Union* ausgesprochen hatte.[528] In dem betreffenden Vermerk hieß es weiter, dass aus britischer Sicht die Gründe, „*die seinerzeit zur Auflösung Veranlassung gegeben hätten (Mängel an der inneren Organisation) heute nicht mehr bestünden*".[529] Senatsdirektor Völcker führte überdies aus:[530]

---

[521] StAH, Sozialbehörde II, 012.81 - 7 Band 1: „Stellungnahme des Rechtsreferenten zur Frage der Auflösung der Union der Schwerbeschädigten und Hinterbliebenen", Senatsrat Dr. Litzenberg, vom 5. Februar 1947

[522] Ebd.

[523] Ebd.

[524] StAH, Sozialbehörde II, 012.81 - 7 Band 1: Schreiben von Senator Eisenbarth, Sozialverwaltung Hamburg, vom 25. Februar 1947 an das Rechtsamt des Senats der Hansestadt Hamburg

[525] StAH, Sozialbehörde II, 012.81 - 7 Band 1: Schreiben des Rechtsamtes des Senats der Hansestadt Hamburg vom 19. März 1947 an Senator Eisenbart, Sozialverwaltung Hamburg

[526] StAH, Sozialbehörde II, 012.81 - 7 Band 1: Schreiben des Reichsbundes der Körperbeschädigten, Sozialrentner und Hinterbliebenen vom 25. März 1947 an Senator Eisenbarth, Sozialverwaltung Hamburg

[527] StAH, Sozialbehörde II, 012.81 - 7 Band 1: Schreiben von Senator Eisenbarth, Sozialverwaltung Hamburg, vom 31. März 1947 an die Verbindungsstelle des Zonen-Wohlfahrts-Beratungsausschusses für die britische Zone Deutschlands

[528] StAH, Sozialbehörde II, 012.81 - 7 Band 1: Aktenvermerk von Senatsdirektor Völcker vom 3. Mai 1947

[529] Ebd.

[530] Ebd.

> *„Auf ihre [gemeint ist eine Vertreterin der Britischen Besatzungsmacht] Frage nach den Gründen, aus denen die deutschen Stellen Wert auf die Auflösung der Union legten, habe ich auf die grundsätzliche Einstellung hingewiesen, wie sie sich aus den Verhandlungen des Zonen-Wohlfahrts-Beratungsausschusses ergeben hat. In allen anderen Ländern der britischen Zone sei dementsprechend auch nur der Reichsbund zugelassen, nur Hamburg mache eine Ausnahme. Damit sei hier der Gedanke, die Organisation der Beschädigten nach der Analogie der Gewerkschaften aufzuziehen, nicht durchgeführt worden."*

Überlegungen grundsätzlicher Art zur Struktur der Vertretung der Kriegsbeschädigten bedingten demnach die ablehnende Haltung der Hamburger *Sozialverwaltung* gegenüber der Existenz zweier Organisationen; wobei dem von Senator a.D. Neumann geführten *Reichsbund* der Vorzug gegeben wurde. Von britischer Seite war - laut Aktenvermerk - gegenüber Senatsdirektor Völcker erklärt worden, dass die Vorstandsmitglieder der *Union* zu einer Besprechung geladen würden, anläßlich derer ihnen die Wahl gelassen werden sollte, sich in den *Reichsbund* einzugliedern oder aber die Auflösung der *Union* herbeizuführen.[531] Ende Mai 1947 bot Senator a.D. Neumann Henry Vick von der *Union* für den Fall, dass die Mitglieder der *Union* geschlossen in den *Reichsbund* eintreten sollten, einen Vorstandsposten im Landesverband Hamburg des *Reichsbund*es an.[532] Knapp zwei Wochen später, am 11. Juni 1947, teilte Henry Vick dem *Reichsbund* mit, dass die Mitglieder des Verwaltungsausschusses der *Union* es abgelehnt hätten, dem *Reichsbund* beizutreten.[533] Die parteipolitische Nähe des *Reichsbund*es zur SPD stellte - wie den Akten zu entnehmen ist - den Hauptgrund für die ablehnende Haltung der Mitglieder der *Union* dar.[534] Auch der *Bund der Hirnverletzten* weigerte sich, Teil des *Reichsbund*es zu werden. 1947 hieß es:[535] *„Der Bund der Hirnverletzten sträubt sich dagegen, in den Reichsbund aufgenommen zu werden. Es bestehen starke Spannungen."* Der Bundesvorstand des *"Bundes Hirnverletzter Kriegs- und Arbeitsopfer e.V."* sprach dem *Reichsbund* die Fähigkeit ab, Hirnverletzte in angemessener Weise betreuen zu können; der *Reichsbund* wurde als *"Rechtsbeistand"* gegenüber der *"Versorgungsbehörde"* wahrgenommen, wohingegen die eigene Tätigkeit nicht im juristischen Bereich, sondern auf dem Gebiet der *"psychologischen Nachbehandlung"* angesiedelt sein sollte.[536] Im Dezember 1947 relativierte die *Britische*

---

[531] Ebd.

[532] StAH, Sozialbehörde II, 012.81 - 7 Band 1: Schreiben des Vorsitzenden des Reichsbundes, Senator a.D. Paul Neumann, vom 29. Mai 1947 an Henry Vick, Union der Schwerbeschädigten und Hinterbliebenen

[533] StAH, Sozialbehörde II, 012.81 - 7 Band 1: Schreiben von Henry Vick, *Union* der Schwerbeschädig- ten und Hinterbliebenen, vom 11. Juni 1947 an den Reichsbund der Körperbeschädigten, Sozialrentner und Hinterbliebenen

[534] StAH, Sozialbehörde II, 012.81 - 7 Band 1: Schreiben der Union der Schwerbeschädigten und Hinterbliebenen vom 21. Mai 1947 an das „Coordination Committee of the Allied Council" in Berlin

[535] StAH, Sozialbehörde II, 150.10 - 1 Band 2: Vermerk über die Sitzung des „Arbeitsausschusses der Hauptfürsorgestellen" am 29. August 1947. Vgl. auch: BA Koblenz, Z 40, 270, Bl. 19: Schreiben des Präsidenten des "Zentralamtes für Arbeit in der britischen Zone" vom 4. August 1947 an den Bundesvorstand des "Reichsbund[e]s der Körperbeschädigten, Sozialrentner und Hinterbliebenen"

[536] BA Koblenz, Z 40, 270, Bl. 21: Schreiben des "Bundes Hirnverletzter Kriegs- und Arbeitsopfer e.V." vom August 1947 an den Präsidenten [des Zentralamtes] für Arbeit in der britischen Zone

Besatzungsmacht ihre im Mai d.J. eingenommene Haltung dahingehend, dass es nunmehr als „*undemokratisch*" bezeichnet wurde, „*die Union in eine Einheitsorganisation zwingen zu wollen*".[537] Tatsächlich existierte die *Union der Schwerbeschädigten und Hinterbliebenen* in Hamburg - und in anderen Teilen Norddeutschlands - bis 1950 als eigenständige Organisation. Im April 1950 schloss sie sich dem *Verband der Kriegsbeschädigten, Kriegshinterbliebenen und Sozialrentner Deutschlands e.V. (VdK)* an[538], der - wie eingangs erwähnt - nach 1945 in der *Amerikanischen* und *Französischen Besatzungszone* als Vertretung der Kriegsbeschädigten gegründet worden war.

Wurde bereits gesagt, dass die *Union* im Interesse der Kriegsversehrten gutachterlich Stellung nahm, soweit es sich um die Durchsetzung individueller Rentenansprüche handelte, ist den Akten darüber hinaus zu entnehmen, inwieweit von ihrer Seite auch versucht wurde, Kriegsversehrte in das Arbeitsleben zu integrieren. Beispielsweise hielt die - laut einem Zeitungsartikel im Herbst 1947 „*12.000 Mitglieder zählende*" Union - im Oktober d.J. im „*Zeltbau Hagenbeck*" eine Kundgebung ab, auf der sie die „*Einreihung der Schwerbeschädigten in den Arbeitsprozeß*" forderte.[539] Außerdem widmete sich die im April 1949 in Hamburg durchgeführte „*Bundestagung*", an der „*380 Delegierte(...)aus der ganzen britischen Zone*" teilnahmen, „*vornehmlich dem Streben nach einer aktiveren Arbeitsbeschaffung*" für Kriegsbeschädigte.[540] Von den Arbeitgebern wurde gefordert, „*(...)bei allen Einstellungen gewissenhaft zu prüfen(...), ob der zu besetzende Arbeitsplatz nicht von einem Schwerbeschädigten eingenommen werden*" könne.[541] Darüber hinaus befassten sich die Delegierten anläßlich der Tagung in grundsätzlicher Art und Weise mit der Rentenversorgung Kriegsversehrter. Die „*Hamburger Freie Presse*" schrieb hierzu:[542]

> „*Einen großen Raum nahm daneben die Diskussion über die bessere Versorgung der Kriegsbeschädigten, Hinterbliebenen und Waisen ein. Eingedenk der Tatsache, daß unser Vaterland arm ist, erheben die Kriegsopfer den berechtigten Anspruch, daß ihnen eine menschenwürdige und menschenmöglich gerechte Versorgung zuteil werde. Wenn, was durch viele bittere und nahezu unfaßbare Beispiele belegt wurde, wiederum eine methodische 'Rentenquetsche' betrieben und mit einem kostspieligen behördlichen und bürokratischen Aufwand eine Pfennigfeilscherei seitens des Landesversicherungsamtes ausgeübt wird, so ist es*

---

[537] StAH, Sozialbehörde II, 012.81 - 7 Band 1: Aktenvermerk von Senatsdirektor Völcker vom 8. Dezember 1947

[538] StAH, Sozialbehörde II, 012.81 - 7 Band 1: Schreiben des 1. Vorsitzenden des Landesverbandes Hamburg der Union der Kriegbeschädigten und Hinterbliebenen Deutschlands e.V., Korup, vom 1. April 1950 an die Sozialbehörde Hamburg. Vgl. auch: BA Koblenz, B 149, 1802, Bl. 83: Schreiben des VdK vom 18. März 1950 an das Bundesministerium für Arbeit

[539] StAH, Sozialbehörde II, 150.10 - 1 Band 2: „Gegen Hungerrenten - Direktive 27. Kundgebung der Schwerbeschädigten und Hinterbliebenen". In: „Hamburger Allgemeine" vom 21. Oktober 1947

[540] StAH, Sozialbehörde II, 012.81 - 7 Band 1: „Kriegsbeschädigte fordern gerechte Versorgung". In: "Hamburger Freie Presse" vom 26. April 1949

[541] StAH, Sozialbehörde II, 012.81 - 7 Band 1: „Der Dank des Vaterlandes...Kriegsversehrte in der Rentenquetsche - Erwerbslosigkeit droht". In: „Die Welt" vom 12. Mai 1949

[542] StAH, Sozialbehörde II, 012.81 - 7 Band 1: „Kriegsbeschädigte fordern gerechte Versorgung". In: "Hamburger Freie Presse" vom 26. April 1949

> *höchste Zeit, daß die Öffentlichkeit sich einmal eingehend so unwürdiger Vorgänge an-*
> *nimmt, wie sie hier geschildert wurden. Wie es überhaupt dringend geboten scheint, daß man*
> *die wenig glückliche Direktive 27 als bisherige Grundlage der Rentenbehandlung durch von*
> *Frankfurt zu erlassendes, gründlich revidiertes und sozial gerechtes Versorgungswerk, ab-*
> *löst. Auch nach einem unglücklichen Kriege geht es nicht an, daß man seine Opfer der Ver-*
> *bitterung und Verzweiflung ausliefert(was die zunehmenden Selbstmorde ausweisen) und*
> *ihnen beispielsweise den vollen Genuß ihrer [sic!], oft durch jahrzehntelange Beitragszah-*
> *lung erworbenen Anspruches auf Invaliden- oder Angestelltenrente streitig macht, weil sie*
> *daneben die karge Kriegsbeschädigten- oder Hinterbliebenenrente beziehen."*

Die Delegierten wandten sich dagegen, in versicherungspflichtigen Arbeitsverhältnissen entstandene Rentenansprüche, die vor der Soldatenzeit erworben worden waren, mit genehmigten Kriegsbeschädigtenrenten zu verrechnen. Gefordert wurde ein *„sozial gerechtes Versorgungswerk"*, das *„die wenig glückliche [Sozialversicherungs-]Direktive [Nr.]27 als bisherige Grundlage der Rentenbehandlung"* ablösen sollte. Dass die Rentenversorgung Kriegsbeschädigter ein umstrittenes Thema war, belegt ein Artikel in der Tageszeitung *„Die Welt"* vom Mai 1949, in dem es hieß:[543]

> *„Die rigorosen Abbaumaßnahmen bewirken eine Flut von Einsprüchen und Berufungen.*
> *Mehr als 3.000 Fälle rechtsuchender Kriegsopfer harren beim Oberversicherungsamt der*
> *Entscheidung. 1200 Beschwerden liegen bei der Spruchkammer der*
> *Landesversicherungsanstalt."*

Auf die *„Notlage der Schwerbeschädigten"* hatte zuvor auch die *„Hamburger Allgemeine"* aufmerksam gemacht:[544]

> *„Zu 100 Prozent Kriegsbeschädigte erhalten z. Zt. monatlich 100 DM. Hinterbliebene im*
> *Höchstfall 120 DM Rente, während das Existenzminimum für eine Familie bei etwa*
> *214 DM liegt. Daneben wurden vielfach in letzter Zeit die Renten herabgesetzt(...)."*

Das Engagement der *Union* ging im Jahre 1949 über die Veranstaltung der *„Bundestagung"* hinaus: Am 7. August d.J. fand im *„Metropol-Theater"* in der Holländischen Reihe in

---

Hamburg-Altona eine „*Großkundgebung*" statt[545] , auf der eine Resolution gefasst wurde, die eine finanzielle Besserstellung der Versehrten forderte.[546]

Das 1950 in Kraft getretene *Bundesversorgungsgesetz* sah schließlich vor, dass jeder Versehrte, dessen Erwerbsfähigkeit um 25% gemindert war, Anspruch auf eine *Grundrente* hatte. Diese wurde ohne Rücksicht auf die sonstigen Einkünfte gezahlt. Das *BVG* kam damit auf die Regelung zurück, die bereits in der *Weimarer Republik* gegolten hatte.[547] *Grundrenten* wurden gemäß dem *BVG* nach festen Sätzen bestimmt; diese waren entsprechend dem Grad der jeweiligen Erwerbsminderung abgestuft. „*Schwerstbeschädigte*" erhielten eine „*Schwerstbeschädigtenzulage*". Entsprechend dem jeweiligen Grad der Erwerbsminderung trat neben die *Grundrente* eine so genannte *Ausgleichsrente*. Bei der *Ausgleichsrente* wurde das sonstige Einkommen des Beschädigten in gewissem Umfang angerechnet.[548]

6.2 REICHSBUND DER KRIEGS- UND ZIVILBESCHÄDIGTEN, SOZIAL-RENTNER UND HINTERBLIEBENEN

Der *REICHSBUND DER KRIEGS- UND ZIVILBESCHÄDIGTEN, SOZIALRENT-NER UND HINTERBLIEBENEN* wurde Anfang des Jahres 1946 in Hamburg als *REICHSBUND DER KÖRPERBESCHÄDIGTEN, SOZIALRENTNER UND HIN-TERBLIEBENEN* wieder ins Leben gerufen.[549] Einige Monate nach seiner Wiedergründung informierte der so genannte *Rohrpostbrief* die Mitglieder des *Reichsbundes* über den Hamburger und andere bereits existierende Landesverbände.[550] Ende November d.J., am 29., fand in Hamburg die erste *"Zonenkonferenz aller bereits in der britischen Zone bestehenden Interessenvertretungen der* **Körperbeschädigten**, *Sozialrentner und* **Hinterbliebenen**" statt.[551] Am 1. Januar 1947 erfolgte die Gründung des *REICHSBUNDES DER KRIEGS- UND ZIVIL-BESCHÄDIGTEN, SOZIALRENTNER UND HINTERBLIEBENEN*.[552] Der

---

[545] StAH, Sozialbehörde II, 012.81 - 7 Band 1: Schreiben des Geschäftsführers der Union, Scholz, vom 3. August 1949 an die Hauptfürsorgestelle für Schwerbeschädigte

[546] StAH, Sozialbehörde II, 012.81 - 7 Band 1: Schreiben der *Union* vom 15. August 1949 an den Senatsausschuss für soziale Fragen

[547] Vgl. 1.1 FORSCHUNGSSTAND

[548] Aye, S. 14

[549] StAH, Staatliche Pressestelle V, I K III b: "Nöte der Kriegs- und Arbeitsopfer". In: "Hamburger Echo" vom 30. April 1946

[550] StAH, Sozialbehörde II, 150.10 - 1 Band 1: „Rohrpostbrief" des „Reichsbundes der Körperbehinderten und Hinterbliebenen" vom November 1946

[551] StAH, Staatliche Pressestelle V, II K III b: "Protokoll der Zonenkonferenz aller bereits in der britischen Zone bestehenden Interessenvertretung der Körperbeschädigten, Sozialrentner und Hinterbliebenen am 29. November 1946 im Phönixsaal des Hamburger Rathauses"

[552] StAH, Staatliche Pressestelle V, II K III b: "Informationen über Aufbau und Ziele des Reichsbundes der Kriegs- und Zivilbeschädigten, Sozialrentner und Hinterbliebenen"

„*Rohrpostbrief*" vom Juli 1947 beschäftigte sich mit der *Sozialversicherungs-Direktive Nr. 27*.[553] Im Frühjahr 1947 gehörten dem *Reichsbund* 9.000 Hamburger Versehrte an; in der britischen Zone insgesamt zählte der *Reichsbund* 150.000 Mitglieder.[554] Nach eigenen Angaben hatte der *Reichsbund* 1947 162.000 Mitglieder; bis Mai 1949 konnte die Anzahl der Mitglieder auf 300.000 gesteigert werden.[555] Werden die von Gertrud Schiefelbein für das Frühjahr 1949 genannten Zahlenangaben in Erinnerung gerufen[556], die besagen, dass zum genannten Zeitpunkt in Hamburg ungefähr 34.000 Kriegsbeschädigte lebten, gehörte vermutlich ein Viertel bis ein Drittel aller Hamburger Versehrten in den vierziger Jahren dem *Reichsbund* an.

In der unmittelbaren Zeit nach seiner Wiedergründung verwendete sich der *Reichsbund* u.a. bei der Hamburger Verwaltung für die Belange einzelner *Prothesen-Handwerker*. Der *Reichsbund* forderte die *Hauptfürsorgestelle für Schwerbeschädigte* beispielsweise auf, diesen bei der Beschaffung von Betriebsräumen behilflich zu sein.[557] Auch richtete der *Reichsbund* am 23. Oktober 1947 eine Anfrage an die Bürgerschaft der Hansestadt Hamburg, in welcher er Auskunft „*zur Lage der Belieferung von orthopädischen Ersatzstücken für Körperbeschädigte durch die Orthopädische beschaffungsstelle*" erbat.[558]

Das vom *Reichsbund* im Jahre 1947 gefeierte Weihnachtsfest unterstützte die *DHG* mit 127.000 Reichsmark.[559]

Im Juli 1948 versammelten sich 800 Funktionäre des *Reichsbundes* im Hamburger Gewerkschaftshaus. Zum betreffenden Zeitpunkt zählte der *Reichsbund* - laut einem Zeitungsbericht - 400.000 Mitglieder; womit sich ein Widerspruch zu den o.g. eigenen Angaben des *Reichsbund*es ergibt. Gefordert wurde im Juli 1948 u.a. eine nachhaltige Verbesserung der Rentensituation der Kriegsopfer.[560] Dass Zahlenangaben, welche aus Zeitungsartikeln stammen, nicht unbedingt der tatsächlich gegebenen Situation entsprechen müssen, belegt auch ein Artikel, der ein gutes Jahr später erschienen ist. In dem betreffenden Artikel ist die Rede davon, dass der *Reichsbund* im Dezember 1949 in der „*britischen Zone*" 350.000 Mitglieder

---

[553] StAH, Sozialbehörde II, 150.10 - 1 Band 1: „Rohrpostbrief" des „Reichsbundes der Körperbehinderten und Hinterbliebenen" vom Juli 1947

[554] StAH, Sozialbehörde II, 150.10 - 1 Band 1: „Wieder Kriegsopferversorgung. Sehr magere Rentensätze in Aussicht genommen". In: „Hamburger Echo" vom 29. April 1947

[555] StAH, Staatliche Pressestelle V, II K III b: "Informationen über Aufbau und Ziele des Reichsbundes der Kriegs- und Zivilbeschädigten, Sozialrentner und Hinterbliebenen"

[556] Vgl. 2. DIE ANZAHL DER KRIEGSVERSEHRTEN

[557] StAH, Sozialbehörde II, 150.10-5: Schreiben des Reichsbundes der Körperbehinderten und Hinterbliebenen vom 22. Januar 1947 an die Hauptfürsorgestelle für Schwerbeschädigte

[558] StAH, Sozialbehörde II, 150.10-5: Abschrift eines Schreibens des Reichsbundes vom 23. Oktober 1947 an die Bürgerschaft der Hansestadt Hamburg

[559] StAH, Staatliche Pressestelle V, II K IV b: "Kurze Übersicht in Zahlen über die Arbeit der Deutschen Hilfsgemeinschaft bis zum Ende des Jahres 1947"

[560] StAH, Sozialbehörde II, 150.10 - 1 Band 2: „Um die Rentenversorgung". In: „Hamburger Allgemeine", 13. Juli 1948

zählte.[561] In Hamburg engagierte sich der *Reichsbund* im genannten Jahr nachdrücklich für die Wohnraumsituation der in einem Harburger Heim untergebrachten Kriegsversehrten.[562] Grundsätzlich erhielten die Mitglieder des *Reichsbund*es Ende der vierziger Jahre für einen Mitgliedsbeitrag von 0,90 DM das monatlich erscheinende Mitteilungsblatt "*Reichsbund*", kulturelle Vergünstigungen, Rechtsschutz und Sterbefallunterstützung. Auch unterhielt der *Reichsbund* für seine Mitglieder ein eigenes Erholungsheim in Bad Sachsa.[563] Anfang der fünfziger Jahre setzte sich der *Reichsbund* für eine Vereinigung mit dem *VdK* ein.[564]

Mitte des Jahres 1955 veranstaltete der *Reichsbund* sein erstes "*Bundestreffen*" in Hamburg. Nahezu einhunderttausend Teilnehmer zählte die Tagung. Zum betreffenden Zeitpunkt hatte der *Reichsbund* ca. 800.000 Mitglieder.[565] In Hamburg zählte der *Reichsbund* 1954 28.000 Mitglieder.[566]

6.3 *ST.GEORG - BUND DER ERBLINDETEN E.V.*

Nach dem Ende des *Zweiten Weltkrieges* entstanden in den einzelnen Besatzungszonen regionale Kriegsblindenvereinigungen. In Hamburg gründete sich die Vereinigung *ST.GEORG - BUND DER ERBLINDETEN e.V.*: Mitte Juli 1945 ersuchte der im *Ersten Weltkrieg* erblindete Hans F. W. Voigt Bürgermeister Petersen, ihn bei der Militärregierung hinsichtlich der Wiedergründung des 1933 gleichgeschalteten BUNDES DER ERBLINDETEN zu unterstützen.[567] Im August d.J. - im Anschluss an ein Treffen mit Dr. Basedow von der Hamburger Verwaltung - wiederholte er seine Bitte.[568] Vier Monate später, im Dezember 1945, setzte sich Bürgermeister Petersen - nachdem er von unterschiedlichen Seiten Gutachten eingeholt hatte, u.a. vom Leiter der *Hauptfürsorgestelle für Kriegsbeschädigte und Kriegshinterbliebene* der Provinz Schleswig-Holstein[569] - für die Belange der Kriegsblinden ein. Er bat die

---

[561] StAH, Sozialbehörde II, 150.10 - 1 Band 3: „Für die Kriegsopfer". In: „Hamburger Abendblatt" vom 3. Dezember 1949

[562] Vgl. 4. DIE MATERIELLE UND KULTURELLE VERSORGUNG DER KRIEGSOPFER

[563] StAH, Staatliche Pressestelle V, II K III b: "Informationen über Aufbau und Ziele des Reichsbundes der Kriegs- und Zivilbeschädigten, Sozialrentner und Hinterbliebenen"

[564] BA Koblenz, B 149, 1802, Bl. 77ff.: Schreiben des Reichsbundes an "sämtliche Teilnehmer unserer Bundeskonferenz vom 14.-15. Januar 1950 in Hamburg", betr.: "Einigungsverhandlungen mit dem Vdk" vom 27. Januar 1950

[565] StAH, Staatliche Pressestelle VI, 1577: Ansprache von Bürgermeister Dr. Sieveking beim Bundestreffen des Reichsbundes ('Festlicher Auftakt') am 18. Juni 1955

[566] StAH, Staatliche Pressestelle VI, 1577: "Besondere Gemeinschaft". In: "Hamburger Anzeiger" vom 9. November 1954

[567] StAH, Verbindungsstelle zur Militärregierung, III 1 Band 3: Schreiben von Hans F. W. Voigt vom 16. Juli 1945 an den Hamburger Bürgermeister Rudolf Petersen

[568] StAH, Verbindungsstelle zur Militärregierung, III 1 Band 3: Schreiben von Hans F. W. Voigt, "Deutsche Kriegsblinden-Arbeitsgemeinschaft, gemeinnützige G.m.b.H., Zweigniederlassung Hamburg", vom 18. August 1945 an den Hamburger Bürgermeister Rudolf Petersen

[569] StAH, Verbindungsstelle zur Militärregierung, III 1 Band 3: Schreiben vom Leiter der Hauptfürsorgestelle für Kriegsbeschädigte und Kriegshinterbliebene der Provinz Schleswig-Holstein, Höper, vom 17. August 1945 an Bürgermeister Rudolf

Miitärregierung, Hans F. W. Voigt die Wiedergründung einer Kriegsblindenvereinigung zu gestatten. Bürgermeister Petersen machte geltend, dass sich Hans F. W. Voigt bereits um eine Kooperation mit der englischen Kriegsblindenvereinigung *"St. Dunstan's"* bemüht habe. Ein Umstand, der für ihn spräche - so Petersen. Bürgermeister Petersen wies darauf hin, dass die Wiedergründung des *BUNDES DER ERBLINDETEN* erforderlich sei, da es staatlicherseits nicht möglich wäre, sich in angemessener Art und Weise für die Belange der Kriegsblinden einzusetzen. Der Bürgermeister nahm die ihm gegenüber von Hans F. W. Voigt vertretene Argumentation auf, nur Kriegsblinde selbst könnten Kriegsblinde vertreten.[570]

Institutionell konnte der *BUND DER ERBLINDETEN* in der Hansestadt auf die 1905 von einzelnen Hamburger Bürgern gegründete *„Stiftung Centralbibliothek für Blinde"* zurückgreifen. Diese hielt für Blinde Bücher in *„Brailleschrift"* bereit. Mittels spezieller Schreibmaschinen übertrugen seit Anfang des 20. Jahrhunderts Freiwillige veröffentlichte Bücher für die Bibliothek in Blindenschrift.

Im November 1948 wandte sich ein Vertreter des *BUNDES DER durch Gewalteinwirkung*[571] *ERBLINDETEN* an die *Amtliche Hauptfürsorgestelle* und bat, dass diese sich für die Einführung eines neuen Blindenstocks einsetzen möchte.[572] Der vom Hamburger Walter Wittke konstruierte Gehstock sollte 15.- DM kosten. In einem Rundschreiben an die Leiter der Landesverbände und Bezirke des *BUNDES DER durch Gewalteinwirkung ER-BLINDETEN* war dieser Gehstock folgendermaßen beschrieben worden:[573]

> *„Dieser Gehstock(...)besteht zur halben Höhe aus einem Holzstock mit Metallspitze, dem ein vernickeltes Rohr und ein Handgriff aufgesetzt sind. Etwa in halber Höhe des Stockes sind gelbe Fenster eingelassen. Der Handgriff trägt zwei Schalter. Beim eindrücken [sic!] des vorderen Schalters werden die vier Fenster hell erleuchtet. Eine auffallende Erscheinung in der Dunkelheit, so daß ein wirksames Warnungszeichen insbes. für Kraftfahrzeuge dadurch gegeben wird. Ob aber das Licht tatsächlich eingeschaltet worden ist, vermag der Erblindete zu kontrollieren durch die Bedienung eines zweiten Schalters, der einen Summerton*

Petersen

[570] StAH, Verbindungsstelle zur Militärregierung, III 1 Band 3: Schreiben des Bürgermeisters der Hansestadt Hamburg vom 4. Dezember 1945 an "O/C 609 (L/R) Det Mil Gov", betr.: "Union of Blind Ex-Soldiers"

[571] In einem Gespräch am 7. Juli 2004 wies Herr Skiba vom Bund der Kriegsblinden darauf hin, dass die Britische Besatzungsmacht darauf bestanden habe, der Bund der Erblindeten müsse entsprechend dem "Mischverbandssystem" organisiert sein und von daher auch im zivilen Leben Erblindete als Mitglieder aufnehmen. Um auf die ursprüngliche Herkunft aufmerksam zu machen, wurde deshalb von den Mitgliedern der Name BUND DER durch Gewalteinwirkung ERBLINDETEN gewählt.. Schreiben des Bundes, die entsprechende Briefköpfe tragen, finden sich in: BA Koblenz, B 149, 1802

[572] StAH, Sozialbehörde II, 150.10-5: Schreiben eines Vertreters des BUNDES DER ERBLINDETEN vom 18. November 1948 an die Amtliche Hauptfürsorgestelle

[573] StAH, Sozialbehörde II, 150.10 - 5: Rundschreiben Nr. 30 des BUNDES DER ERBLINDETEN vom 22. Oktober 1948

und Vibrieren des Griffes in der Hand hervorruft, wenn die gelben Fenster tatsächlich erhellt worden sind."

Auch bei der *LVA* setzte sich der *BUND DER durch Gewalteinwirkung ERBLINDETEN* für den Gehstock ein und ersuchte diese, den Stock als *orthopädisches Hilfsmittel* anzuerkennen. Dargelegt wurde, dass eine Anerkennung als *orthopädisches Hilfsmittel* durch die *LVA* der in Hamburg-Jenfeld gelegenen Herstellerfirma, (dem „*Mechan. Betrieb''*) Walter Grote, als Unterlage für ein Kreditersuchen bei ihrer Bank dienen könne.[574] Im Dezember 1948 teilte die *LVA* dem *BUND DER durch Gewalteinwirkung ERBLINDETEN* mit, dass sie die Einführung des Blindenstocks als *orthopädisches Hilfsmittel* noch nicht - der Stock sei „*praktisch nicht erprobt''* - genehmigen wolle, jedoch wäre sie bereit, diesen in „*Sonderfällen*" zu befürworten und „*nach einiger Zeit Erfahrungsberichte*" von den Nutzern anzufordern.[575] Abgelehnt hatte die *LVA* Hamburg zuvor die von den Interessenvertretern der Blinden geforderte Ausstattung aller Blinden mit Schreibmaschinen; und dies obwohl die *Hauptfürsorgestelle* Hamburg gegenüber der *LVA* Schreibmaschinen als ebenso wichtig für Blinde wie eine *Blindenuhr* und einen *Führhund* bezeichnet hatte.[576] Ungefähr 300 Kriegsblinde waren im ersten Jahrzehnt nach dem Ende des *Zweiten Weltkrieges* in Hamburg im *BUND DER durch Gewalteinwirkung ERBLINDETEN* organisiert[577]; in Westdeutschland waren es im Mai 1949 6402, davon 6200 Kriegsblinde und in der *Britischen Besatzungszone* insgesamt 3400 Blinde.[578] 1950 zählte der BUND in der *Bundesrepublik Deutschland*, einschließlich West-Berlin, ca. 7.000 Mitglieder.[579]

---

[574] StAH, Sozialbehörde II, 150.10 - 5: Schreiben des BUNDES DER ERBLINDETEN vom 18. November 1948 an die LVA Hamburg

[575] StAH, Sozialbehörde II, 150.10 - 5: Schreiben der LVA Hamburg vom 8. Dezember 1948 an den BUND DER ERBLINDETEN

[576] StAH, Sozialbehörde II, 150.10 - 5: Schreiben der Hauptfürsorgestelle Hamburg vom 1. Dezember 1948 an den BUND DER ERBLINDETEN

[577] Gespräch mit Herrn Skiba am 7. Juli 2004

[578] BA Koblenz, B 149, 1802, Bl. 4: Vermerk betr.: "Arbeitsgemeinschaft aller Verbände der durch Gewalteinwirkung Erblindeten Westdeutschlands" vom 9. Mai 1949

[579] BA Koblenz, B 149, 1802, Bl. 91: Schreiben des Bundesministers für Arbeit vom 27. Juni 1950 an den "Leiter des Amtes Bundeszone"

Seite 138

IV. SCHLUSSBETRACHTUNG

Seite 140

Sowohl die Kriegsopferversorgung - hinsichtlich des Verwaltungsaufbaus und der Art materieller Unterstützungen - als auch die berufsfördernden Maßnahmen und die Kriegsopferorganisationen wurden nach 1945 in (West-)Deutschland maßgeblich durch die in der *Weimarer Republik* gelegten Grundlagen beeinflusst.

Die verwaltungsmäßige Zuständigkeit entsprach dem *Weimarer* Vorbild: Zentralstelle für die Kriegsbeschädigtenfürsorge wurde - wie 1919 das *Reichsarbeitsministerium* - 1949 das *Bundesarbeitsminsterium*. Die Durchführung der bundesweiten Verordnungen oblag in Hamburg - wie schon in der *Weimarer Republik* - nach 1945 der *Hauptfürsorgestelle für Kriegsbeschädigte und Kriegshinterbliebene* beziehungsweise den regionalen *Fürsorgestellen für Kriegsbeschädigte und Kriegshinterbliebene*.

Entsprechungen fanden nach dem *Zweiten Weltkrieg* das *Reichsversorgungsgesetz* (1920) mit dem *Bundesversorgungsgesetz* (1950) und das *Schwerbeschädigtengesetz* (1923) mit dem *Gesetz über die Beschäftigung Schwerbeschädigter* (1953) sowie die so genannten *Versehrtheitsausgleichsrechte*, welche Inhabern von *Schwerbeschädigtenausweisen* gewährt wurden. Mit anderen Worten: **Die finanzielle Entschädigung und Versorgung Kriegsversehrter, ihre (Re-)Integration in das Berufsleben und die Sicherung von Heilbehandlungen sowie die Gewährleistung der Mobilität und Teilnahme am kulturellen Leben wurde von der *Weimarer Republik* übernommen.**

Gleiches galt für *Versehrtenwerkstätten* und Kriegsopferorganisationen, die größtenteils bereits in der *Weimarer Zeit* existiert hatten; so der *Reichsbund der Kriegs- und Zivilbeschädigten, Sozialrentner und Hinterbliebenen*, der *Bund der Kriegsblinden Deutschlands* und der *Bund hirnverletzter Kriegs- und Arbeitsopfer*.

Anders als zwischen 1919 und 1933 bedingte es die wirtschaftliche Entwicklung in der *Bundesrepublik Deutschland* jedoch, dass Kriegsversehrte die ihnen eingeräumten Rechte nach 1945 langfristig nutzen konnten. Prägnantestes Beispiel hierfür ist die (Re-)Integration Versehrter in das Erwerbsleben mithilfe des *Bundesversorgungsgesetz*es und des *Gesetzes über die Beschäftigung Schwerbeschädigter*, die durch die gute konjunkturelle Entwicklung in den fünfziger Jahren befördert wurde.

Für die Hansestadt Hamburg kann festgehalten werden, dass die medizinische Versorgung Versehrter von den Institutionen geleistet wurde, die auch für die medizinische Versorgung nicht Versehrter verantwortlich waren. Es gab in Hamburg bei der *Heilfürsorge* keine gesonderte Fürsorge für Kriegsbeschädigte. Inwieweit es sich hierbei um eine Hamburger Besonderheit handelte, müsste durch weitere Forschungen geklärt werden. Zur beruflichen Förderung Versehrter wurden hingegen Sondereinrichtungen geschaffen. Verwaltungsmäßig zuständig für die genannten Bereiche waren in Hamburg *Fachverwaltungen, Regionale Verwaltungen* und die so genannten *Sonderverwaltungen*, d.h. konkret: die *Sozial-* und die *Gesundheitsverwaltung* beziehungsweise ab 1947 die *Sozial-* und die *Gesundheitsbehörde*, die *Hauptfürsorgestelle für Kriegsbeschädigte und Kriegshinterbliebene* und die *Fürsorgestellen für Kriegsbeschädigte und Kriegshinterbliebene* in den einzelnen Ortsämtern sowie das *Landesarbeitsamt Hamburg*.

Die soziale Situation Kriegsversehrter nach 1945 bis zur Mitte der fünfziger Jahre war durch Mangel gekennzeichnet; die prothetische Versorgung konnte erst viele Monate nach der Antragsstellung gewährleistet werden, die zum Lebensunterhalt bereitgestellten finanziellen Mittel waren gering.

Wie auch für nicht Versehrte zutreffend gab es Unterschiede hinsichtlich des für Einheimische und Fremde zur Verfügung stehenden Wohnraumes in der Stadt. Konnten Hamburger Kriegsversehrte u.U. gemeinsam mit ihrer Familie wohnen, standen für Fremde Plätze in Gemeinschaftsunterkünften bereit; in ehemaligen Schulen und Kasernen. Die dem einzelnen Kriegsversehrten zugestandene Wohnfläche unterschritt teilweise die vom Hamburger Senat festgelegten Vorgaben bezüglich deren Mindestgröße.

Inwieweit Kriegsversehrte ihre Situation dahingehend reflektierten, dass sie wahrnahmen, den gegebenen gesellschaftlichen Normen vermeintlich oder tatsächlich nicht zu genügen, lautete eine Frage am Anfang der Untersuchung. Als Eindruck für Hamburg ergibt sich jetzt, dass die wirtschaftliche Mangel- und zugleich Aufbruchssituation nach 1945 derartige Fragen gar nicht hat aufkommen lassen. <u>Gefragt wurde nicht, wer was nicht konnte, sondern, wer was konnte.</u> Anders formuliert: Kriegsbeschädigte wurden als Arbeitskräfte gebraucht; von daher legte die Gesellschaft Wert auf ihre gesundheitliche Genesung im Rahmen des Möglichen.[580] Dies galt auch für Versehrte, welche in Ausübung ihres Dienstes für einzelne Gliederungen der *NSDAP* verwundet worden waren.[581] **Auszugehen ist von einer geringen sozialen Distanz zu Kriegsversehrten.** Zwar fehlten zunächst die finanziellen Mittel und einzelne Rohstoffe für eine angemessene Versorgung der Kriegsversehrten, doch wurden diese nach und nach bereitgestellt. Auch die Versehrten selbst dachten daran, wie das Beispiel von Herrn Liebetau zeigt, wieder eine Arbeit aufzunehmen und äußerten dies in der Öffentlichkeit, ohne dass ihr Ansinnen hinterfragt wurde. Werden in diesem Zusammenhang die Ergebnisse sozialpsychologischer Forschungen zitiert, welche sich auf die gesellschaftliche Integration körperbehinderter Menschen beziehen, darf gesagt werden, dass die Zeit nach dem Ende des *Zweiten Weltkrieges* hierfür sehr günstige Bedingungen bot. So schreibt Heinrich Tröster:[582]

---

[580] Vgl. 3.1.2 PROTHESENVERSORGUNG
[581] Vgl. 3.1 AMPUTATIONEN
[582] Heinrich Tröster: Einstellungen und Verhalten gegenüber Behinderten. Konzepte, Ergebisse und Perspektiven sozialpsychologischer Forschung, Bern / Stuttgart / Toronto 1990, S. 7

> *"Für eine erfolgreiche soziale Ein- und Wiedereingliederung behinderter Menschen stellen die gesetzlichen Rahmenbedingungen und die Möglichkeiten der medizinischen, schulischen und beruflichen Rehabilitation notwendige, aber keineswegs hinreichende Voraussetzungen dar. Entscheidend für die Chancen behinderter Menschen, gleichberechtigt am gesellschaftlichen Leben teilzunehmen, ist die Reaktion ihrer sozialen Umwelt. Den Einstellungen und den Verhaltensweisen Nichtbehinderter, die behinderte Menschen in der sozialen Interaktion erfahren, kommt dabei eine entscheidende Bedeutung zu."*

Nicht außer Acht gelassen werden darf jedoch, dass neben der zunächst gegebenen Fürsorgebereitschaft seitens der Bevölkerung[583] Ende der vierziger Jahre auch eine deutliche Ablehnung gegenüber Kriegsversehrten nachgewiesen werden konnte.[584]

Grundsätzlich ist festzuhalten, dass die Kriegsopferversorgung nach dem *Ersten* und *Zweiten Weltkrieg* entscheidend die Situation körper- und sinnesbehinderter Menschen in Deutschland beeinflusst hat: Die große Anzahl Kriegsversehrter bedingte organisatorische, rechtliche und medizinische Entwicklungen, die bis heute fortwirken.

Einflussnahmen der *Britischen Besatzungsmacht* auf die Situation deutscher Kriegsversehrter konnten in mehrfacher Hinsicht nachgewiesen werden: Sowohl die materielle Versorgung Kriegsversehrter (Renten, Wohnen) als auch die Struktur der Kriegsversehrtenorganisationen wurde seitens der Besatzungsmacht beeinflusst. Im Vordergrund stand hierbei das Anliegen, die deutsche Gesellschaft zu entmilitarisieren: Abgelehnt wurde eine gesonderte finanzielle Versorgung Kriegsversehrter; Zahlungen gemäß dem *Wehrmachtsfürsorge- und Versorgungsgesetz* wurden abgelöst durch Rentenzahlungen enstprechend den Prinzipien der *Angestellten- und Invalidenversicherung* beziehungsweise der *Unfallversicherung*. Die damit verbundene finanzielle Einbuße für Versehrte wurde durch finanzielle Mittel ausgeglichen, welche die Fürsorge bereitstellte. So genannte *Belastete* erhielten zeitweilig ausschließlich finanzielle Unterstützung seitens der Fürsorge. Geleistet wurden die entsprechenden Zahlungen nicht mehr vom *Versorgungsamt* (die Militärregierung löste dieses auf), sondern von der *LVA*. Auch die Arbeitsvermittlung ging auf eine zivile Einrichtung über; nämlich auf das *Arbeitsamt*. Im Bereich der Kriegsversehrtenorganisationen propagierte die Besatzungsmacht das *"Mischverbandssystem"*, d.h. hier lehnte die Besatzungsmacht gleichfalls einen gesonderten Zusammenschluss Kriegsversehrter ab.

---

[583] Vgl. 4.6 FREIZEITANGEBOTE
[584] Vgl. 4. DIE MATERIELLE UND KULTURELLE VERSORGUNG DER KRIEGSOPFER, insb. 4.7 "BETTELUNWESEN"

Seite 144

V. ANHANG

Seite 146

7. ABKÜRZUNGSVERZEICHNIS

A K	Allgemeines Krankenhaus
A O K	Allgemeine Ortskrankenkasse
B V G	Bundesversorgungsgesetz
C D U	Christlich Demokratische Union
D H G	Deutsche Hilfsgemeinschaft e.V.
D M	Deutsche Mark
D R K	Deutsches Rotes Kreuz
F D P	Freie Demokratische Partei
L V A	Landesversicherungsanstalt
N S D A P	Nationalsozialistische Arbeiterpartei Deutschlands
N S K O V	Nationalsozialistische Kriegsopferversorgung
N W D R	Nordwestdeutscher Rundfunk
R A D	Reichsarbeitsdienst
R M	Reichsmark
R V G	Reichsversorgungsgesetz
S B Z	Sowjetische Besatzungszone
S P D	Sozialdemokratische Partei Deutschlands
T B C	Tuberkulose
W F V G	Wehrmachtsfürsorge- und Versorgungsgesetz

Seite 148

8. VERZEICHNIS der benutzten QUELLEN

8.1 UNGEDRUCKTE QUELLEN

BUNDESARCHIV KOBLENZ (BA Koblenz)

Zentralamt für Arbeit in der Britischen Zone (Z 40)

79:
Schadenersatzleistung an Deutsche für durch Angehörige der Besatzungsbehörden verursachte Schäden (1947-1948)
80:
Bizonale Arbeitsgemeinschaft für Sozialversicherung (1948)
88:
Behandlung der Hauptschuldigen und Belasteten in der Sozialversicherung (1948)
102:
Beschäftigung Schwerbeschädigter (1947-1948)
127:
Bundestag des *Reichsbundes* der Körperbeschädigten, Sozialrentner und Hinterbliebenen vom 29.5.-1.6.1948 in Bad Sachsa/Harz (1948)
141:
Tagung über Erstattungsansprüche der Krankenkassen für Leistungen an Kriegsbeschädigte am 1.11.1947 in Hamburg (1947)
204:
Verzeichnis der Heilanstalten, Sanatorien, Krankenhäuser und Heime der Sozialversicherungsträger (1947)
212:
Finanzierung einer Ausbildungsstätte für Blindenhunde in Detmold (1948)
225:
Durchführung der *Sozialversicherungsdirektive Nr. 27* (1947-1948)
270:
Vertretung der hirnverletzten Kriegsbeschädigten durch den "Bund der Hirnverletzten" (1947-1948)
275/276/277:
Bizonale Angleichung der Leistungen an Kriegsbeschädigte und -hinterbliebene (1948)

Bundesministerium für Arbeit und Sozialordnung (B 149)

1799:
Versorgungsansprüche nach der *Sozialversicherungsdirektive nr. 27* (1948-1950)
1802:
Kriegsbeschädigtenverbände (1949-1950) u. Kriegsbeschädigtenversorgung, Allgemeines
(1948-1950)
1818, Band 1:
Neuordnung des Kriegsbeschädigtenrechts (1948-1949)
1826, Band 1:
Gesetz über die Errichtung der Verwaltungsbehörden der Kriegsopferversorgung
(1950-1951)
1828:
Errichtung der Landesämter für Kriegsopferversorgung und Abgrenzung ihrer Bezirke
(1950-1951)
1832:
Krankenbuchlager Kassel (1950-1954)
2353, Band 1 u. 2:
Ärztliche Gutachtertätigkeit (1955-1959)
2485, Band 1:
Orthopädische Versorgung der Kriegsbeschädigten
2579:
Zusammentreffen von KB-Renten mit Renten aus der gesetzlichen RV
2724, Band 1 u. 2 u. 2725, Band 1 u. 2:
Erhebung über die berufliche und soziale Lage kriegsbeschädigter und kriegsblinder Ohnhänder (1954 u. 1954-1964)
12204, Band 1 u. 2:
Orthopädische Versorgung der Kriegsbeschädigten (1956-1968)

STAATSARCHIV HAMBURG (StAHH)

AK St. Georg (352 - 8/2)

Abl. 1993:

Arbeitssignatur

 1 (Januar 1953 - Juni 1954)

2 (Juni 1955)

3 (Januar 1953 - April 1954)

4 (Januar 1953 - März 1954)

5 (Januar 1953 - März 1954)

6 (Januar 1953 - März 1954)

7 (Januar 1953 - März 1954)

8 (Januar 1953 - März 1954)

9 (November 1955)

10 (Juli 1955)

11 (März 1955)

12 (Mai 1955)

13 (Oktober 1955, einmal: April 1955)

14 (April / Mai 1955)

15 (September 1955)

16 (April 1955)

17 (Dezember 1955)

18 (August 1955)

19 (Januar 1953 - März 1954, einmal: September 1952)

20 (Juni 1954)

21 (Mai 1954)

22 (Januar 1953 - März 1954, einmal: Dezember 1952)

23 (Januar 1953 - März 1954)

24 (Januar 1953 - März 1954, einmal: Juni 1952)

25 (Januar 1953 - März 1954)

26 (Januar 1953 - März 1954)

27 (Januar 1953 - März 1954)

28 (Juni 1954)

29 (Januar 1953 - März 1954)

30 (Januar 1953 - März 1954)

31 (Januar - Dezember 1953)

32 (Januar 1953 - März 1954)

33 (Januar 1953 - März 1954)

34 (Januar 1953 - März 1954)

35 (Januar 1953 - März 1954)

36 (Januar 1953 - März 1954)

37 (Februar 1953 - März 1954)

38 (Januar 1953 - März 1954)

39 (Januar 1953 - März 1954)

40 (Januar 1953 - Februar 1954)

41 (Januar 1953 - Februar 1954)

42 (Januar 1953 - März 1954)

43 (Januar 1953 - März 1954)

44 (Januar 1953 - März 1954)

45 (Januar 1953 - März 1954)

46 (Januar 1953 - April 1954)

47 (März 1952 - März 1954)

48 (Januar 1953 - März 1954)

49 (Januar 1953 - März 1954)

50 (Januar 1953 - März 1954)

51 (Januar 1953 - März 1954 , einmal: Dezember 1952)

52 (Februar 1952 - März 1954, einmal: Februar 1951)

53 (Januar 1953 - März 1954)

54 (Januar 1953 - März 1954, einmal: Mai 1952)

55 (Januar 1953 - März 1954, einmal: Mai 1950)

56 (Januar 1953 - März 1954, einmal: Mai 1952)

57 (Januar 1953 - März 1954)

58 (März 1953 - März 1954)

59 (April 1952 - März 1954)

60 (Januar 1953 - März 1954)

61 (Januar 1953 - März 1954)

62 (Januar 1953 - März 1954)

63 (Januar 1953 - März 1954)

64 (Januar 1953 - März 1954)

65 (Januar 1953 - März 1954, einmal: Januar 1955)

66 (Januar 1953 - März 1954)

67 (Januar 1953 - März 1954)

68 (Januar 1953 - April 1954)

69 (Januar 1953 - März 1954)

70 (Januar 1953 - Mai 1954)

71 (Januar 1953 - März 1954)

72 (Januar 1953 - März 1954)

73 (Januar 1953 - März 1954)

74 (Januar 1953 - März 1954)

75 (Januar 1953 - März 1954)

76 (August 1954)

77 (Januar 1953 - März 1954)

78 (Januar 1953 - März 1954)

79 (Januar 1953 - März 1954)

80 (Januar 1953 - März 1954)
81 (Januar 1953 - März 1954)
82 (Januar 1953 - März 1954)
83 (Januar 1953 - März 1954)
84 (Januar 1953 - März 1954)
85 (Januar 1953 - März 1954)
86 (Januar 1953 - März 1954)
87 (Januar 1953 - März 1954)
88 (März 1951 - März 1954)
89 (Januar 1953 - März 1954)
90 (Februar 1953 - März 1954)
91 (Januar 1953 - April 1954)
92 (Januar 1953 - März 1954)
93 (Januar 1953 - März 1954)
94 (Januar 1953 - März 1954)
95 (Februar 1953 - März 1954)
96 (Januar 1953 - März 1954)
97 (Januar 1953 - März 1954, einmal: Dezember 1952)
98 (Juni / Juli 1954)
99 (Januar 1953 - März 1954)
100 (Januar 1953 - März 1954)
101 (Januar 1953 - März 1954)
102 (Februar 1953 - März 1954)
103 (Januar 1953 - März 1954)
104 (Januar 1953 - März 1954)
105 (Januar 1953 - März 1954)
106 (Dezember 1952 - März 1954)
107 (Januar 1953 - März 1954)
108 (Januar 1953 - März 1954)
109 (Januar 1953 - März 1954)
110 (Januar 1953 - März 1954)
111 (Januar 1953 - März 1954)
112 (Januar 1953 - März 1954)
113 (Januar 1953 - März 1954)
114 (Januar 1953 - März 1954)
115 (Januar 1953 - März 1954)
116 (Januar 1953 - März 1954)
117 (Januar 1953 - März 1954)
118 (Januar 1953 - März 1954)

119 (Januar 1953 - März 1954)
120 (Februar 1953 - März 1954)
121 (Januar 1953 - März 1954)
122 (Januar 1953 - März 1954)
123 (Januar 1953 - März 1954)
124 (Januar 1953 - März 1954)
125 (Januar 1953 - März 1954)
126 (Januar 1953 - März 1954)
127 (Januar 1953 - März 1954)
128 (Januar 1953 - März 1954)
129 (Januar 1953 - März 1954)
130 (Januar 1953 - März 1954)
131 (Januar 1953 - März 1954)
131a (Januar 1953 - März 1954)
132 (Januar 1953 - März 1954)
133 (Januar 1953 - März 1954)
134 (Januar 1953 - März 1954)
135 (Januar 1953 - März 1954)
136 (Januar 1953 - März 1954)
137 (Februar 1953 - März 1954)
138 (Juli 1954)
139 (Januar 1953 - März 1954)
140 (Januar 1953 - März 1954)
141 (Januar 1953 - Januar 1954)
142 (Januar 1953 - März 1954)
143 (Januar 1953 - Januar 1954)
144 (Januar 1953 - März 1954)
145 (Januar 1953 - März 1954
146 (Januar 1953 - März 1954)
147 (Januar 1953 - März 1954)
148 (Januar 1953 - Januar 1954)
149 (Januar 1953 - März 1954)
150 (Januar 1953 - Januar 1954)
151 (Januar 1953 - März 1954)
152 (Januar 1953 - März 1954)
153 (Januar 1953 - März 1954, einmal: Dezember 1952)
154 (Januar 1953 - März 1954
155 (Januar 1953 - März 1954)
156 (Januar 1953 - März 1954)

157 (Januar 1953 - Januar 1954)

158 (Januar 1953 - März 1954)

159 (Januar 1953 - Januar 1954, einmal: Dezember 1952)

160 (Januar 1953 - März 1954)

161 (Januar 1953 - März 1954)

162 (Januar 1953 - März 1954)

163 (Februar 1947 - Juli 1952, ohne: 1948)

164 (August 1944 - Februar 1951, ohne: 1945)

165 (Januar 1953 - März 1954)

166 (Juni 1952 - März 1954)

167 (Januar 1953 - März 1954)

168 nicht vorlegbar

169 (Januar 1953 - März 1954)

170 (Januar 1953 - März 1954)

171 (Januar 1947 - März 1948)

172 (Dezember 1939 - März 1952)

173 (Januar 1953 - März 1954)

174 (Januar 1953 - März 1954)

175 (Januar 1953 - März 1954)

176 (Januar 1953 - März 1954)

177 (Januar 1953 - März 1954)

178 (Januar 1953 - März 1954)

179 (Januar 1953 - März 1954)

180 (Januar 1953 - März 1954)

181 (Dezember 1952 - März 1954)

182 (Januar 1953 - März 1954, einmal: September 1954)

183 (Oktober 1954)

184 (Januar 1953 - März 1954)

185 (November 1954)

186 (Januar 1953 - März 1954)

187 (Januar 1953 - März 1954)

188 (Januar 1953 - März 1954, einmal: Januar 1955)

189 (April 1954)

190 (Januar 1953 - März 1954)

191 (Januar 1953 - März 1954)

192 (Januar 1953 - März 1954)

193 nicht vorlegbar

194 (Januar 1953 - März 1954, einmal: November 1952)

195 (Januar 1953 - März 1954)

196 (Januar 1953 - März 1954)
197 (Januar 1952 - März 1954)
198 (Januar 1953 - März 1954)
199 (Januar 1953 - März 1954)
200 (Januar 1953 - März 1954, einmal: Oktober 1937)
201 (Januar 1953 - März 1954)
202 (Januar 1953 - Februar 1954)
203 (Januar 1953 - März 1954)
204 (Januar 1953 - März 1954)
205 (Januar 1953 - März 1954)
206 (Januar 1953 - März 1954)
207 (Januar 1953 - März 1954)
208 (Januar 1953 - März 1954)
209 (Januar 1953 - März 1954, einmal: August 1952)
210 (Januar 1953 - März 1954)
211 (Januar 1953 - März 1954)
212 (Januar 1953 - März 1954)
213 (September 1954, einmal: Juni 1954)
214 (Januar 1953 - März 1954)
215 (Januar 1953 - März 1954)
216 (Januar 1953 - März 1954)
217 (Januar 1953 - März 1954)
218 (Januar 1953 - März 1954)
219 (Januar 1953 - März 1954)
220 (Januar 1953 - März 1954)
221 (Januar 1953 - März 1954)
222 (Januar 1953 - März 1954)
223 (Januar 1953 - März 1954)
224 (Januar 1953 - Februar 1954)
225 (Januar 1953 - Februar 1954)
226 (Januar 1953 - März 1954)
227 (Januar 1953 - März 1954)
228 (Januar 1953 - März 1954)
229 (Januar 1953 - März 1954)
230 (Januar 1953 - März 1954)
231 (Januar 1953 - März 1954)
232 (Januar 1953 - März 1954)
233 (Januar 1953 - März 1954)
234 (Januar 1953 - März 1954)

235 (Januar 1953 - März 1954)
236 (Januar 1953 - April 1954)
237 (Januar 1953 - März 1954)
238 (Januar 1953 - März 1954)
239 (Januar 1953 - März 1954)
240 (Januar 1953 - März 1954, einmal: Dezember 1952)
241 (Januar 1953 - März 1954)
242 (Januar 1953 - März 1954)
243 nicht vorlegbar
244 (Januar 1953 - März 1954)
245 (Februar 1954)
246 (Februar 1953 - April 1954)
247 (Januar 1953 - März 1954)
248 (Januar 1953 - Mai 1954)
249 (Januar 1953 - März 1954)
250 (Januar 1953 - März 1954)
251 (Januar 1953 - März 1954)
252 (Januar 1953 - März 1954)
253 (Januar 1953 - März 1954)
254 (Januar 1953 - März 1954)
255 (Januar 1953 - März 1954)
256 (Januar 1953 - März 1954)
257 (Januar 1953 - März 1954)
258 (Januar 1953 - März 1954)
259 (Januar 1953 - März 1954)
260 (Januar 1953 - März 1954)
261 (Januar 1953 - April 1954)
262 (Januar 1953 - März 1954)
263 (Januar 1953 - März 1954)
264 (Januar 1953 - März 1954)
265 (Januar 1953 - März 1954)
266 (Januar 1953 - März 1954)
267 (Dezember 1952 - März 1954)
268 (Januar 1953 - April 1954)
269 (Januar 1953 - März 1954)
270 (Januar 1953 - März 1954)
271 (Januar 1953 - März 1954)
272 (Januar 1953 - März 1954)
273 (Januar 1953 - März 1954, einmal: Mai 1951)

274 (Januar 1953 - März 1954)
275 (Januar 1953 - März 1954)
276 (Januar 1953 - März 1954)
277 (Januar 1953 - März 1954)
278 (Januar 1953 - März 1954)
279 (Januar 1953 - März 1954)
280 (Januar 1953 - März 1954)
281 (Januar 1953 - März 1954)
282 (Januar 1953 - März 1954)
283 (Januar 1953 - März 1954)
284 (Januar 1953 - März 1954, einmal: November 1958)
285 (Januar 1953 - März 1954)
286 (Januar 1953 - März 1954)
287 (Januar 1953 - März 1954)
288 (Januar 1953 - Mai 1954, einmal: Dezember 1952)
289 (Januar 1953 - März 1954)
290 (Januar 1953 - Januar 1954)
291 (Januar 1953 - März 1954)
292 (Januar 1953 - März 1954)
293 (Januar 1953 - März 1954)
294 (Januar 1953 - März 1954)
295 (Januar 1953 - März 1954)
296 (Januar 1953 - März 1954)
297 (Januar 1953 - März 1954)
298 (Januar 1953 - Januar 1954)
299 (Januar 1953 - März 1954)
300 (Januar 1953 - März 1954)
301 (Januar 1953 - März 1954)
302 (Januar 1953 - März 1954)
303 (Januar 1953 - März 1954)
304 (Januar 1953 - April 1954)

Amt für Wohnungswesen (353 - 4)

Lag.Nr. 74:

Organisation und Tätigkeit der Betreuungsstelle für entlassene Soldaten, 1945 - 1949

Lag.Nr. 119:

Zusammenarbeit mit der Deutschen Hilfsgemeinschaft, 1945 - 1949

Lag.Nr. 175, Band 1:

Mitteilungsblatt des *Wohnungsamte*s, September 1946 bis Mai 1948

Lag.Nr. 175, Band 2:

Mitteilungsblatt des *Wohnungsamte*s, Mai 1948 bis Dezember 1949

Lag.Nr. 175, Band 3:

Mitteilungsblatt des Amtes für Wohnungswesen, Dezember 1949 bis März 1951

Lag.Nr. 175, Band 4:

Mitteilungsblatt des Amtes für Wohnungswesen, April 1951 bis Dezember 1953

Lag.Nr. 656, Band 1:

Organisation, Aufgaben und Tätigkeit der Zentralen Wohnungsvergabe, 1944 u.

Oktober 1945 bis März 1946

Lag.Nr. 656, Band 2:

Organisation, Aufgaben und Tätigkeit der Zentralen Wohnungsvergabe, März 1946 bis Januar 1947

Lag.Nr. 656, Band 3:

Organisation, Aufgaben und Tätigkeit der Zentralen Wohnungsvergabe, Dezember 1946 bis Dezember 1948

Lag.Nr. 656, Band 4:

Organisation, Aufgaben und Tätigkeit der Zentralen Wohnungsvergabe, Dezember 1948 bis Dezember 1950

Lag.Nr. 656, Band 5:

Organisation, Aufgaben und Tätigkeit der Zentralen Wohnungsvergabe, Januar 1951 bis 1960

Handwerkskammer (376-16)

4:

Statistische Erhebung des Hamburger Handwerks vom 1. Oktober 1947

Kiep-Altenloh (622-1)

10:

Vorsitzende, Kuratoriums- und Vorstandsmitglied in der Jacob v. Uexküll-Stiftung zur Ausbildung von Blindenhunden 1948 - 1957

25:

Tierpsychologische Untersuchungen im Rahmen der Ausbildung von Blindenhunden durch die Jacob von Uexküll-Stiftung 1940 - 1945

26:

Bildmaterial zu Nr. 25: Ausbildung von Blindenhunden

Landesarbeitsamt (356 - 7)

Abl. 6.6.1990:

5000 - 5003 AB

5351 - 5360 A

5361 - 5370 Ai

5371 - 5373 A

Staatliche Pressestelle V (135 - 1V)

I D II a:

Artikel über Hamburg

I H I e:

Universitätskrankenhaus Eppendorf

I K I a:

Sozialverwaltung

I K IV b:

Deutsche Hilfsgemeinschaft e.V.

I K III b:

Kriegsbeschädigte und Kriegshinterbliebene

I M I a:

Gesundheitsverwaltung

I S I a:

Arbeitsmarktlage

II K I a:

Sozialverwaltung 1945 - 1949

II K III b:

Kriegsbeschädigte 1946 - 1949

II K IV b:

Deutsche Hilfsgemeinschaft e.V. 1945 - 1949

II M I a:

Gesundheitsverwaltung 1946 - 1949

II R I a:

Lebensmittel. Die Ernährungslage in Deutschland 1946 - 1949

II R I b:

Lebensmittel, Ausgabe der Lebensmittelkarten, Übersicht über die Rationen 1945 - 1948

II S I a:

Arbeitsmarktlage, Lohnordnung, Lohnerhebung 1948 - 1949

II S I b:

Berufsberatung 1947 - 1948

Staatliche Pressestelle VI (135 - 1^{VI})

1545:

Sozialbehörde 1950 - 1976

1574:

Kriegsopferversorgung 1950 - 1973

1575:

Kriegsbeschädigte 1950 - 1979

1577:

Reichsbund 1950 - 1982

1578:

VDK 1952 - 1978

1622:

Arbeitsmarkt 1950 - 1976

1648:

Gesundheitsbehörde 1950 - 1974

Sozialbehörde II (351 - 10 II)

014.72 - 1 Band 1:

Sozialhilfe- und Kriegsopferfürsorgestatistik, Allgemeines, 1934 - 1948

014.72 - 4 Band 1:

Statistiken der Sozialhilfe und der Kriegsopferfürsorge, 1946 - 1955

014.72 - 4 Band 2:

Statistiken der Sozialhilfe und der Kriegsopferfürsorge, 1955 - 1963

150.10 - 2:

Regelung des Rechts der Kriegsopfer durch die Bundesorgane, 1949 - 1950

150.10 - 4:

Versorgungsheilbehandlung, 1945 - 1949

150.10 - 5:

Körperersatzstücke, orthopädische und andere Hilfsmittel für Kriegsbeschädigte, 1945 - 1950

150.10 - 0 Band 1:

Änderungen in der Fürsorge und Versorgung für Kriegsopfer seit der Besetzung, Band 1, 1945

150.10 - 0 Band 2:

Änderungen in der Fürsorge und Versorgung für Kriegsopfer seit der Besetzung, Band 2, 1945 - 1948

150.10 - 0 Band 3:

Änderungen in der Fürsorge und Versorgung für Kriegsopfer seit der Besetzung, Band 3, 1949 - 1951

150.10 - 1 Band 1:

Wiedereinführung einer Rentenversorgung für Kriegsopfer, Band 1, 1945 - 1947

150.10 - 1 Band 2:

Wiedereinführung einer Rentenversorgung für Kriegsopfer, Band 2, 1947 - 1949

150.10 - 7:

Kriegsopferfürsorge allgemein, 1945 - 1950

150.10 - 8:

Erholungsfürsorge für Kriegsopfer und Hinterbliebene, 1945 - 1951

150.10 - 9:

Besondere Fürsorgemaßnahmen für Kriegsopfer, 1945 - 1952

4.012.81 - 7 Band 1:

Verband der Kriegsbeschädigten, Kriegshinterbliebenen und Sozialrentner Deutschlands e.V., 1946 - 1950

4.014.80 - 3 Band 1:

Kriegsopferversorgung, Statistik, Orthopädische Versorgung der Kriegsbeschädigten, 1955 - 1965

Statistisches Landesamt III (135 - 2 II)

4040 - 3:

Untersuchung über die Hilfsbedürftigkeit der unterstützten Parteien in der offenen Fürsorge, 1951 - 1953

Sywottek, Arnold (622-2)

Verbindungsstelle zur Militärregierung (131 - 14)

I 1:

Protokolle der Besprechungen zwischen der Militärregierung und dem Bürgermeister der Hansestadt Hamburg, geführt von deutscher Seite, 25. Juni 1945 bis 5. Juni 1946

III 1 Band 1:

Briefe des Bürgermeisters an die Militärregierung, Kopien für die Verbindungsstelle, 29. Juni bis 29. September 1945

III 1 Band 3:

Briefe des Bürgermeisters an die Militärregierung, Kopien für die Verbindungsstelle, 1. Dezember 1945 bis 18. Februar 1946

III 1 Band 4:

Briefe des Bürgermeisters an die Militärregierung, Kopien für die Verbindungsstelle, 1. März bis 15. Mai 1946

III 1 Band 5:

Briefe des Bürgermeisters an die Militärregierung, Kopien für die Verbindungsstelle, 15. Mai bis 15. August 1946

III 1 Band 6:

16. August bis 15. Dezember 1946

III 1 Band 7:

Briefe des Bürgermeisters an die Militärregierung, Kopien für die Verbindungsstelle, 16. Dezember 1946 bis 14. Mai 1947

III 1 Band 8:

Briefe des Bürgermeisters an die Militärregierung, Kopien für die Verbindungsstelle, 16. Mai bis 31. Dezember 1947

III 1 Band 9:

Briefe des Bürgermeisters an die Militärregierung, Kopien für die Verbindungsstelle, 1. Januar bis 31. August 1948

III 1 Band 10:

Briefe des Bürgermeisters an die Militärregierung, Kopien für die Verbindungsstelle, 1. September 1948 bis 28. März 1950

Wohnungsamt II (353 - 2II)

191:

Finanzamt Blankenese, Oesterleystraße 22, 1945 / 1948 bis 1949

206:

General-Unverzagt-Kaserne, Hamburg, 1946 bis 1950

207:

Panzerkaserne, Neugraben-Fischbek, 1946 bis 1951

214:

Schule Ahrensburger Straße 53, 1943 bis 1946

216:

Schule Bahrenfelder Straße 275, 1945 bis 1949

239:

Schule Tieloh 28, 1943 bis 1950

Seite 168

8.2 GEDRUCKTE QUELLEN

ABSCHRIFT EINER ÜBERSETZUNG DER *SOZIALVERSICHERUNGS-DIREK-TIVE NR. 27* VOM 2. MAI 1947. In: StAH, Sozialbehörde II, 150.10 - 1 Band 1

HAMBURGER ÄRZTEBLATT, hrsg. v. d. Ärztekammer Hamburg (seit 1./2. Jhg., Nr. 8: hrsg. v. d. Ärztekammer Hamburg und der Kassenärztlichen Vereinigung, Landesstelle Hamburg; seit 1./2. Jhg., Nr. 11: hrsg. v. d. Ärztekammer Hamburg und der Kassenärztlichen Vereinigung, Landesstelle Hamburg und der Vereinigung angestellter Ärzte e.V.; seit 3. Jhg., Nr. 11: hrsg. v. d. Ärztekammer Hamburg und der Kassenärztlichen Vereinigung, Landesstelle Hamburg und der Vereinigung angestellter Ärzte e.V. (Marburger Bund); seit 4. Jhg., Nr. 1: hrsg. v. d. Ärztekammer Hamburg und der Kassenärztlichen Vereinigung, Landesstelle Hamburg und der Vereinigung angestellter Ärzte e.V. (Marburger Bund) und dem Verband der Ärzte Deutschlands (Hartmannbund, Landesverband Hamburg), 1./2. - 9. Jhg., 1947/48 - 1955

GEFÄHRLICHER ANGRIFF ABGEWEHRT. In: Ärztliche Mitteilungen, 38. Jhg., Heft 14, 18. Juli 1953, S. 378 - 380

DEUTSCHE APOTHEKER-ZEITUNG, vereinigt mit Süddeutsche Apotheker-Zeitung, Schriftleitung: Roland Schmiedel u. Herbert Hügel, 90. - 92. Jhg., 1950 - 1952

BOHLECKE, HEINZ: Gehschulmethoden für Beinamputierte am Versorgungskrankenhaus Bad Pyrmont. In: Zeitschrift für Orthopädie und ihre Grenzgebiete, 83. Band, 1953, S. 628 - 634

BROSCHKO, KARL: Die Kassenärztliche Abrechnung in Hamburg. In: Hamburger Ärzteblatt, 1. Jhg., Nr. 5, Februar 1948, S. 102-106

BUNDESMINISTER FÜR ARBEIT (Hrsg.): Gesetz über die Versorgung der Opfer des Krieges. *Bundesversorgungsgesetz,* i.d. Fassung v. 7. August 1953, Bonn 1955

BUNDESVERSORGUNGSGESETZ. Keine Befreiung der versicherten Beschädigten vom Arzneikostenanteil und Gebühr [sic!] für das Verordnungsblatt bei Behandlung von Schädigungsfolgen. In: Hamburger Ärzteblatt, 5. Jhg., Nr. 6, Juni 1951, S. 121

DAS BUNDESVERSORGUNGSGESETZ. Ärztlicher Bundestarif für das Versorgungswesen. In: Hamburger Ärzteblatt, 5. Jhg., Nr. 8, August 1951, S. 157 - 159

DUBITSCHER, F.: Feststellungen bei 1000 Hirnverletzten an Hand der Versorgungsakten. In: Monatsschrift für Unfallheilkunde und Versicherungsmedizin, 56. Jhg., 1953, S. 65 - 82

EHRLICH, W.: Ergibt die Absetzung nach PIROGOFF wirklich einen schlechten Stumpf? In:Monatsschrift für Unfallheilkunde und Versicherungsmedizin, 58. Jhg., 1955, S. 309 - 311

ELLE, RUDOLF: Die Haftprothese. In: Monatsschrift für Unfallheilkunde und Versicherungsmedizin, 52. Jhg., 1949, S. 100 - 105

DERS.: Vaduzer Kontaktprothese oder Dreharm. In: Zentralblatt für Chirurgie, 76. Jhg. (1951), Heft 19, S. 1346 - 1348

ERLASS DES SOZIALMINISTERS VOM 7. JULI 1952, betr.: Anrechnung von Kriegsbeschädigung bei der Berechnung des Betriebsberechtigungsalters der Apotheker im Lande Nordrhein-Westfalen. In: Deutsche Apotheker-Zeitung, 92. Jhg., 1952, S. 651

ERLER, FRITZ: Oberschenkelstumpfverlängerung. In: Zentralblatt für Chirurgie, 74. Jhg. (1949), Heft 6, S. 623 - 624

ESSER, HEINZ: Sozial.-med. Behandlung der Arbeitsversehrten. In: Ärztliche Mitteilungen, 35. Jhg., Heft 24, 15. Dezember 1950, S. 515 - 516

GEBÜHRENFREIHEIT SCHWERBESCHÄDIGTER. In: Deutsche Apotheker-Zeitung, 91. Jhg., 1951, Nr. 14, S. 240

GESUNDHEITSBEHÖRDE DER FREIEN UND HANSESTADT HAMBURG (Hrsg.): Das hamburgische öffentliche Gesundheitswesen. Ein Bericht über die seit Beendigung des Krieges geleistete Arbeit der Gesundheitsbehörde, Hamburg o.J. [1953]

GRÖMIG, HANS u. URSULA: Operationsduldungspflicht in der Bundesversorgung. In: Monatsschrift für Unfallheilkunde und Versicherungsmedizin, 55. Jhg., 1952, S. 362 - 364

DAS ÄRZTLICHE GUTACHTEN IM VERSICHERUNGSWESEN, hrsg. v. A. W. Fischer, R. Herget u. G. Molineus, Bd. 1 u. 2, zweite (völlig umgearb.) Aufl., München 1955

HEPP, OSKAR: Die ärztliche Begutachtung von Amputierten. In: Das ärztliche Gutachten im Versicherungswesen, S. 399 - 419

HESS, PAUL: Der Pirogoff-Stumpf. Indikation und Technik. In: Monatschrift für Unfallheilkunde und Versicherungsmedizin, 52. Jhg., 1949, S. 362 - 368

HILGENFELDT: Brauchbarmachung ungünstiger Chopartstümpfe durch einen neuartigen, beweglichen Fußstumpf. In: Zentralblatt für Chirurgie, 72. Jhg. (1947), Heft 2, S. 143 - 154

HOFER, HELMUT: Stumpfversorgung und Prothesierung bei Körperversehrten. In: Monatsschrift für Unfallheilkunde und Versicherungsmedizin, 52. Jhg., 1949, S. 331 - 340

JAHRESBERICHT VERSORGUNGSAMT HAMBURG. Rechnungsjahre 1951 und 1952 (1. Mai 1951 - 31. März 1953), o. O. / J.

JORDAN, F.: Das ärztliche Gutachten als Grundlage der Rechtsprechung in der Sozialversicherung und Kriegsopferversorgung. In: Monatsschrift für Unfallheilkunde und Versicherungsmedizin, 54 Jhg., 1951, S. 161 - 166

KANDLER, JOHANN: Die Kriegsopferversorgung im Wandel der Zeit. In: Bundesminister für Arbeit (Hrsg.): Gesetz über die Versorgung der Opfer des Krieges. Bundesversorgungsgesetz, i.d. Fassung v. 7. August 1953, Bonn 1955, S. 11 - 26

KOESTLER, JOSEF: Zur prothesengerechten Formung kurzer Amputationsstümpfe. In: Monatsschrift für Unfallheilkunde und Versicherungsmedizin, 52. Jhg., 1949, S. 181 - 182

KRÖMER, KARL: Über die funktionsarme Strecke bei Amputationsstümpfen, ihre Bedeutung und Beseitigung. In: Monatsschrift für Unfallheilkunde und Versicherungsmedizin, 54 Jhg., 1951, S. 211 - 214

LANG, KARL: Amputationen. In: Zentralblatt für Chirurgie, 76. Jhg. (1951), Heft 19, S. 1343 - 1346

LUBOZKIJ, DAVID: Amputation und Prothesierung. In: Zentralblatt für Chirurgie, 72. Jhg. (1947), Heft 7, S. 781 -782

LUES, HEDWIG: Grundsätze der staatlichen Wohlfahrtspflege in der Hansestadt Hamburg. In: Hilfe in Not. Aus der Arbeit der öffentlichen und freien Wohlfahrtspflege in der Hansestadt Hamburg, Hamburg o.J. (1948), S. 24 - 43

LUTZKI, A. V.: „Referat: Nervensystem". In: Zentralblatt für Chirurgie, 77. Jhg. (1952), Heft 16, S. 699 - 700

ÄRZTLICHE MITTEILUNGEN, hrsg. im Auftr. d. Arbeitsgemeinschaft der Westdeutschen Ärztekammern u. d. Arbeitsgemeinschaft der Landesstellen der Kassenärztlichen Vereinigungen (für das Vereinigte Wirtschaftsgebiet), 34. - 38. Jhg., 1949 - 1953 u. 40. Jhg., 1955

MITTEILUNGEN DER ÄRZTEKAMMER HAMBURG: Gefälligkeitsgutachten. In: Hamburger Ärzteblatt, 4. Jhg., Nr. 2, Februar 1950, S. 33

MITTEILUNGEN DER KASSENÄRZTLICHEN VEREINIGUNG HAMBURG: Die Versorgung der Kriegsbeschädigten. In: Hamburger Ärzteblatt, 5. Jhg., Nr. 9, September 1951, S. 185

MONATSSCHRIFT FÜR UNFALLHEILKUNDE UND VERSICHERUNGSMEDIZIN. Organ der deutschen Gesellschaft für Unfallheilkunde, Versicherungs- und Versorgungsmedizin, hrsg. v. A. Bürkle de la Camp, A. Hübner u. B. Martin, 52. - 58 Jhg., 1949 - 1955

MUTSCHLER, HANS HEINZ: Die Visierlappenplastik bei Nachamputationen. In: Monatsschrift für Unfallheilkunde und Versicherungsmedizin, 52. Jhg., 1949, S. 321 - 331

NEUMANN, PAUL: Appell an die Mitarbeiter der freien Wohlfahrtspflege in der Hansestadt Hamburg. In:Hilfe in Not. Aus der Arbeit der öffentlichen und freien Wohlfahrtspflege in der Hansestadt Hamburg, Hamburg o.J. (1948), S. 5 - 23

PERAZZINI, FRITZ: Diskushernie bei Beinamputierten. In: Zeitschrift für Orthopädie und ihre Grenzgebiete, Bd. 82, 1952, S. 110 - 116

REICHSBUND DER KRIEGS- UND ZIVILBESCHÄDIGTEN, SOZIALRENT-
NER UND HINTERBLIEBENEN (Hrsg.): Anhaltspunkte für die Ärztliche Gutachtertätigkeit im Versorgungswesen in der amtlichen Fassung des
Bundesministeriums für Arbeit, Schriftenreihe des Reichsbundes, Folge 8, August
1952

DERS.: Bewährung und neue Ziele 1954 - 1956. Ansprachen, Referate und Beschlüsse
sowie Sozialpolitisches Aktionsprogramm, Reichsbund - Bundeskonferenz, Hamburg 15. - 16. September 1956

DERS.: Verwaltungsvorschriften zur Durchführung des Gesetzes über die Versorgung
der Opfer des Krieges (Bundesversorgungsgesetz) mit den Rechtsverordnungen zu
den §§ 13 und 28 *BVG*, Schriftenreihe des Reichsbundes, Folge 2, Februar 1951

RICHTER, MAX / FRITZ ZAPPE: Die Direktiven und Anordnungen zur Sozialversicherung einschließlich des Kriegsbeschädigtenrechts, Heft 1 d. Sammlung Sozialer
Gesetze, hrsg. v. Mitteilungsblatt für die Sozialversicherung, Lübeck 1948

RICHTLINIEN ÜBER DIE VERLEIHUNG VON APOTHEKENBETRIEBS-
RECHTEN (PERSONALKONZESSIONEN) IN BERLIN (WEST) VOM 30.
NOVEMBER 1952. In: Deutsche Apotheker-Zeitung, 92. Jhg., Nr. 52, 26. Dezem-
ber 1952, S. 995 - 996

SCHIEFELBEIN, GERTRUD: Versorgung und Fürsorge im Kriegsopferrecht. Eine
Untersuchung über Entstehung und Wandel ihrer Probleme in den Ländern
Deutschland, England und den Vereinigten Staaten, Dissertation zur Erlangung der
Würde eines Doktors der Rechts- und Staatswissenschaftlichen Fakultät der Uni-
versität Hamburg, Hamburg 1950

SCHLESMANN, C.: Die ärztliche Gutachtertätigkeit im Versorgungswesen nach den
Bestimmungen des Bundesversorgungsgesetzes vom 20. Dezember 1950. In: Hamburger Ärzteblatt, 6. Jhg., Nr. 7, Juli 1952, S. 135 - 138

SCHRIFTENREIHE AUS DEM GEBIETE DES ÖFFENTLICHEN GESUND-
HEITSWESENS, hrsg. v. d. Abteilung Gesundheitswesen des Bundesministeriums
des Innern, Heft 1: Das Gesundheitswesen in der Bundesrepublik Deutschland, bearb. v. Maria Daelen u. Friedrich Koch, Stuttgart 1954

SIEHLOW, KURT: Krankengymnastik und Versehrtensport im Rahmen klinischer Behandlung. In: Zentralblatt für Chirurgie, 74. Jhg. (1949), Heft 8, S. 787 - 797

SIEHLOW, KURT u. GERHARD BUCHHOLZ: Wertungsgehen für Beinprothesenträger. In: Zeitschrift für Orthopädie und ihre Grenzgebiete, Bd. 83, 1953, S. 635 - 639

SIEVERS: Das Bundesversorgungsgesetz. In: Ärztliche Mitteilungen, 36. Jhg., Heft 13, 1. Mai 1951, S. 185 - 188

SOZIALVERSICHERUNGSANORDNUNG NR. 11 des Präsidenten des Zentralamts für Arbeit in der britischen Zone, 5. Juli 1947. In: Sonderdruck des Arbeitsblattes für die britische Zone, S. 3 - 8

SOZIALVERSICHERUNGSDIREKTIVE NR. 27 der Kontrollkommission für Deutschland, 2. Mai 1947. In: Sonderdruck des Arbeitsblattes für die *britische zone*, S. 1 - 3

BAYERISCHES STAATSMINISTERIUM FÜR ARBEIT UND SOZIALORDNUNG, FAMILIE, FRAUEN UND GESUNDHEIT (Hrsg.): 50 Jahre Kriegsopferversorgung in Bayern 1945 - 1995, München 1995

STATISTIK DER ÄRZTESCHAFT. In: Hamburger Ärzteblatt, 9. Jhg., Nr. 4, April 1955, S. 80 - 81

STOCKHAUSEN, JOSEF: So geht es nicht! Gesetzentwurf über das Verwaltungsverfahren in der Kriegsopferversorgung. In: Ärztliche Mitteilungen, 38. Jhg., Heft 12, 20. Juni 1953, S. 329

THIEDING, FR.: Das Bundesversorgungsgesetz. In: Hamburger Ärzteblatt, 5. Jhg., Nr. 5, Mai 1951, S. 87 - 90

TRÜB, C. L.: Die Durchführung des Bundesversorgungsgesetzes. In: Der öffentliche Gesundheitsdienst. Monatsschrift für Gesundheitsverwaltung und Sozialhygiene, Schriftleitung: E. Schröder u.a., 13. Jhg., 1951/52, S. 301 - 308

„VERSEHRTE WARTEN IMMER NOCH...EIN WORT AN DIE VERANTWORTLICHEN MÄNNER". In: „Hamburger Allgemeine", Nr. 62, 1. November 1946

VERSORGUNGSAMT HAMBURG: Jahresbericht. Rechnungsjahre 1951 und 1952 (1. Mai 1951 - 31. März 1953), Hamburg 1953

VOGL, A.: Das Amputationsneurom im Lichte der Synallaxtheorie. In: Zentralblatt für Chirurgie, 73. Jhg. (1948), Heft 5, S. 458 - 462

WEBER, GEORG: Erfahrungen mit der frühzeitigen Nachamputation nach Extremitätenverletzungen. In: Zentralblatt für Chirurgie, 74. Jhg. (1949), Heft 3, S. 239 - 244

WESTER, FRITZ: Gesetz über die Versorgung der Opfer des Krieges (Bundesversorgungsgesetz). In: Ärztliche Mitteilungen, 35. Jhg., Heft 21, 1. November 1950, S. 453

ZEITSCHRIFT FÜR ORTHOPÄDIE UND IHRE GRENZGEBIETE, Organ der Deutschen Orthopädischen Gesellschaft, hrsg. v. M. Brandes u.a., Bd. 82 - 83, 1952 - 1953

ZENTRALBLATT FÜR CHIRURGIE, hrsg. v. W. Anschütz u.a., 72. Jhg. (1947) bis 80. Jhg. (1955)

ZOHLEN, E.: Pirogoff mit Marknagel. In: Zentralblatt für Chirurgie, 76. Jhg. (1951), Heft 10, S. 680 - 683

Seite 176

9. LITERATURVERZEICHNIS

SO VIEL ANFANG WAR NIE. Deutsche Städte 1945 - 1949, hrsg. v. Hermann Glaser, Lutz von Pufendorf u. Michael Schöneich, Berlin (West) 1989

AYE, HANS ADOLF: Die Kriegsopferversorgung, 4. neubearb. Aufl., Bad Godesberg 1964

BERGER, THOMAS / KARL-HEINZ MÜLLER (Hrsg.): Lebenssituationen 1945 - 1948. Materialien zum Alltagsleben in den westlichen Besatzungszonen 1945 - 1948, Hannover 1983

BROSZAT, MARTIN / KLAUS-DIETMAR HENKE / HANS WOLLER (Hrsg.): Von Stalingrad zur *Währungsreform*. Zur Sozialgeschichte des Umbruchs in Deutschland, München 1989Caiger-Smith, Martin (Hrsg.): Bilder vom Feind. Englische Pressefotografen im Nachkriegsdeutschland, Berlin (West) 1988

BUND DER KRIEGSBLINDEN DEUTSCHLANDS e.V. (Hrsg.): Kriegsblinden-Jahrbuch 2003, Bonn 2003

BUND DER KRIEGSBLINDEN DEUTSCHLANDS e.V. (Hrsg.): 75 Jahre Bund der Kriegsblinden Deutschlands e.V., 1916 - 1991, Bonn 1991

COHEN, DEBORAH: The War Come Home. Disabled Veterans in Britain and Germany, 1914 - 1939, Berkeley / Los Angeles / London 2001

DEUTSCHLAND HANDBUCH. Eine doppelte Bilanz 1949 -1989, hrsg. v. Werner Weidenfeld u. Hartmut Zimmermann, München / Wien 1989

DINTER, ELMAR: Held oder Feigling. Die körperlichen und seelischen Belastungen des Soldaten im Krieg, Herford 1982

DUBITSCHER: Die Aufgaben des Arztes der Versorgungsverwaltung im Sozialgerichtsverfahren. In: Herbsttagung 1957 des Ärztlichen Sachverständigenbeirats für Fragen der Kriegsopferversorgung vom 28. - 30. Oktober 1957 im Bundesministerium für Arbeit, Bonn o. J., S. 164 - 178

AUS DEN ERFAHRUNGSBERICHTEN DER BERATENDEN CHIRURGEN IM KRIEG 1939 - 1945, bearb. v. Oberstabsarzt Dr. med. Dr. phil. H. Fischer, Bd. V d. Abhandlungen aus Wehrmedizin, Wehrpharmazie und Wehrveterinärwesen (Wehrdienst und Gesundheit), Darmstadt 1963

FISCHER, HUBERT: Der deutsche Sanitätsdienst 1921 - 1945. Organisation, Dokumente und persönliche Erfahrungen, Bd. 5, Teil C: Der Sanitätsdienst der Wehrmacht im 2. Weltkrieg (1939 - 1945), Ergänzungen zu den Bd. 1 - 5, Dokumente, Osnabrück 1988

FRITZ, STEPHEN G.: Frontsoldaten. The German Soldier in Word War II, Kentucky 1995

GABRIELSSON, PETER: Bürgermeister, Senatoren, Staatsräte der Freien und Hansestadt Hamburg 1945 - 1995. Zuständigkeiten und Behörden, Bd. 50 d. Beitr. zur Geschichte Hamburgs, hrsg. v. Verein für Hamburgische Geschichte, Hamburg 1995

GARBE, DETLEF: Projektgruppe für die vergessenen Opfer des NS-Regimes in Hamburg. In: Angelika Ebbinghaus, Heidrun Kaupen-Haas, Karl Heinz Roth: Heilen und Vernichten im Mustergau Hamburg. Bevölkerungs- und Gesundheitspolitik im Dritten Reich, Hamburg 1984, S. 198 - 199

GLATZER, WOLFGANG: Die materiellen Lebensbedingungen in der Bundesrepublik Deutschland. In: Deutschland-Handbuch, S. 276 - 291

GROSCHEK, IRIS: Wo bleibt der Dank des Vaterlandes? Zur Situation der Schwerkriegsbeschädigten des Ersten Weltkrieges unter besonderer Berücksichtigung Hamburgs. In: Zeitschrift des Vereins für Hamburgische Geschichte, Bd. 88, Hamburg 2002, S. 147 - 177

GUTH, EKKEHART (Hrsg.): Sanitätswesen im Zweiten Weltkrieg. Vorträge zur Militärgeschichte, Bd. 11, Herford / Bonn 1990

GUTTMANN, SIR LUDWIG: Sport für Körperbehinderte, München / Wien / Baltimore 1979

HERMANN, THOMAS: Trümmerfrau und Heimkehrer - Zur Sozialgeschichte der Geschlechter im Schleswig-Holstein der Nachkriegszeit. In: Demokratische

Geschichte, Jahrbuch zur Arbeiterbewegung und Demokratie in Schleswig-Holstein VIII, Kiel 1993, S. 301 - 322

HINKELMANN, ULRICH: Folgeschäden am Skelettsystem bei Oberschenkelamputierten. Eine Untersuchung an 78 Kriegsversehrten nach mehr als 40 Jahren, Diss. med., Bonn 1995

HIRNVERLETZTENSCHICKSALE. Dargestellt an Offen-Hirnverletzten des Ersten Weltkrieges 1914/18, v. Kurt Czechmanek, Hans Mücher u. Friedrich Panse, Heft 85 d. Medizinischen Schriftenreihe des Bundesministeriums für Arbeit und Sozialordnung: Arbeit und Gesundheit, hrsg. v. Ernst Goetz, Fritz Paetzold u. Heinz-Harro Rauschelbach, Stuttgart 1972

HOHLBEIN, HARTMUT: Hamburg 1945. Kriegsende, Not und Neubeginn, Hamburg 1985

HUDEMANN, RAINER: Sozialpolitik im deutschen Südwesten zwischen Tradition und Neuordnung 1945 -1953. Sozialversicherung und Kriegsopferversorgung im Rahmen französischer Besatzungspolitik, Mainz 1988

JOCHHEIM, KURT-ALPHONS / FERDINAND SCHLIEHE / HELFRIED TEICHMANN: Rehabilitation und Hilfen für Behinderte. In: Geschichte der Sozialpolitik in Deutschland. Hrsg. v. Bundesministerium für Arbeit und Sozialordnung und *Bundesarchiv*, Bd. 2/1: Zeit der Besatzungszonen 1945 - 1949. Sozialpolitik zwischen Kriegsende und der Gründung zweier deutscher Staaten. Bandverantwortlicher: Udo Wengst, Baden-Baden 2001, S. 559 - 585

KIEP-ALTENLOH, EMILIE: Politik als Aufgabe. In: Abgeordnete des Deutschen Bundestages. Aufzeichnungen und Erinnerungen, hrsg. v. Deutschen Bundestag, Bd. 1, Boppard am Rhein 1982, S. 321 - 344

KLOEHN, HELGA: Technische Hilfen und Zusatzgeräte im Kraftfahrzeug für Körperbehinderte, Inaugural-Dissertation zur Erlangung der medizinischen Doktorwürde an der Medizinischen Fakultät der Freien Universität Berlin, Berlin (West) 1962

ALS DER KRIEG ZU ENDE WAR. Ein Lesebuch zum Neubeginn in Hamburg und Schleswig-Holstein, hrsg. v. Norddeutschen Verleger- und Buchhändler-Verband e.V., Hamburg 1985

KRUKOWSKA, UTA: Die Studierenden an der Universität Hamburg in den Jahren 1945 bis 1950, Diss. phil., Hamburg 1993

KUSKE, INGOLF: Posttraumatische Anfallsleiden nach offenen Schädel-Hirnverletzungen. Untersuchungen an Soldaten des zweiten Weltkrieges, Inaugural-Dissertation zur Erlangung der Doktorwürde der Hohen Medizinischen Fakultät der Universität zu Köln, Essen 1975

LINDENBLATT, EWALD: Schußverletzungen der größeren Gefäße und deren Spätfolgen unter besonderer Berücksichtigung der Erwerbsminderung. Unterlagen der *Versorgungsämter* Aachen, Duisburg und Düsseldorf, Diss. med., Düsseldorf 1972

MAI, KARL HEINZ: Anfangsjahre. Leipzig 1945 bis 1950, Berlin (West) 1986

MEEHAN, PATRICIA: A strange enemy people. Germans under the British, 1945 - 1950, London 2001

MEYER, SIBYLLE / EVA SCHULZE: Von Liebe sprach damals keiner. Familienalltag in der Nachkriegszeit, München 1985

MÜLLER-MAREIN, JOSEF: Deutschland im Jahre 1. Reportagen aus der Nachkriegszeit, Hamburg 1984

IMPROVISIERTER NEUBEGINN. Hamburg 1943 - 1953, Ansichten des Photographen *Germin*, Bd. 1 der Schriftenreihe Zeitspuren, Erkundungen zur Hamburger Regionalgeschichte, hrsg. v. Prof. Dr. Detlev J. K. Peukert, Hamburg 1989

NÖLDEKE, HARTMUT: Der Sanitätsdienst in der deutschen U-Boot-Waffe und bei den Kleinkampfverbänden. Geschichte der deutschen U-Boot-Medizin, Hamburg 1996

OVERMANS, RÜDIGER: Deutsche Militärische Verluste im Zweiten Weltkrieg, Bd. 46 d. Beiträge zur Militärgeschichte, hrsg. v. Militärgeschichtlichen Forschungsamt, München 1999

PRIGGE, STEFAN: Die "Deutsche Hilfsgemeinschaft e.V." in Hamburg 1945-1954. Struktur, Entwicklung, Arbeitsfelder, Staatsexamensarbeit (Geschichte) Hamburg 1986

ROHDE, HORST: Das deutsche Wehrmachtstransportwesen im Zweiten Weltkrieg. Entstehung - Organisation - Aufgaben, Stuttgart 1971

RÜHLAND, HELMUT: Entwicklung, heutige Gestaltung und Problematik der Kriegs- opferversorgung in der Bundesrepublik Deutschland, Inauguraldissertation zur Er- langung des Doktorgrades der Wirtschafts- und Sozialwissenschaftlichen Fakultät der Universität zu Köln, Köln 1957

SCHMIDT, RUDOLF / ARNOLD KLUDAS: Die deutschen LAZARETTSCHIFFE im Zweiten Weltkrieg, Stuttgart 1978

SCHNEIDER-JANESSEN, KARLHEINZ: Arzt im Krieg. Wie deutsche und russische Ärzte den zweiten Weltkrieg erlebten, Frankfurt am Main 1993

SCHÖRKEN, ROLF: Jugend 1945. Politisches Denken und Lebensgeschichte, Opladen 1990

SCHOLZ, KARL FELIX: Über die Versorgung von Gehirnschüssen in der Neurochi- rurgischen Abteilung eines frontnahen Reserve-Lazarettes im Zweiten Weltkrieg, Inaugural-Dissertation zur Erlangung der Doktorwürde der Hohen Medizinischen Fakultät der Johann Gutenberg-Universität Mainz, Mainz 1960

SCHOTT, HEINZ: Die Chronik der Medizin, Augsburg 1997

HAMBURGER SCHRIFTEN ZUR WIRTSCHAFTS- UND SOZIALPOLITIK, hrsg. v. E. Heimann u.a., Heft 2: Gustav Tonkow, Das Schicksal der Schwerkriegsbe- schädigten in Hamburg, Rostock 1927

SCHÜDDEKOPF, CARL: Krieg. Erzählungen aus dem Schweigen, Deutsche Soldaten über den Zweiten Weltkrieg, Reinbek bei Hamburg 1997

SCHULZ, JÖRG PETER: Die Hamburger Werkstätten für Erwerbsbeschränkte (HAWEE) 1920-1930. Ein sozialpolitisches Experiment, Magisterarbeit (Geschich- te) Hamburg 1988

SONS, HANS-ULRICH: Gesundheitspolitik während der Besatzungszeit. Das öffentli- che Gesundheitswesen in Nordrhein-Westfalen 1945-1949, Wuppertal 1983

STEINBACH, CORDULA: Mobilität für Blinde. Systematische Führhundausbildung, historische und international vergleichende Untersuchungen, Diss. med., Düsseldorf 1988

THOMANN, KLAUS-DIETER / MICHAEL RAUSCHMANN: Die "posttraumatische Belastungsstörung" - historische Aspekte einer "modernen" psychischen Erkrankung im deutschen Sprachraum. In: Medizin Historisches Journal, 38. Jhg. (2003), S. 103 - 138

THOMANN, KLAUS-DIETER: Das behinderte Kind. "Krüppelfürsorge" und Orthopädie in Deutschland 1886 - 1920, Stuttgart / Jena / New York 1995

DERS.: Der "Krüppel": Entstehen und Verschwinden eines Kampfbegriffs. In: Medizinhistorisches Journal. Internationale Vierteljahresschrift für Wissenschaftsgeschichte, hrsg. v. G. Martin, W. F. Kümmel, U. Tröhler, U. Weisser, Bd. 27 (1992), Heft 3/4, S. 221 - 271

DERS.: "Es gibt kein Krüppeltum, wenn der eiserne Wille vorhanden ist, es zu überwinden!" Sonderdruck aus "Medizinisch Orthopädische Technik", 114. Jhg., Heft 3, Mai / Juni 1994, S. 114 - 121

TRÖSTER, HEINRICH: Einstellungen und Verhalten gegenüber Behinderten. Konzepte, Ergebnisse und Perspektiven sozialpsychologischer Forschung, Bern / Stuttgart / Toronto 1990

WILLING, MATTHIAS / MARCEL BOLDORF: Fürsorge (Westzonen) und Sozialfürsorge (SBZ). In: Geschichte der Sozialpolitik in Deutschland. Hrsg. v. Bundesministerium für Arbeit und Sozialordnung und Bundesarchiv, Bd. 2/1: Zeit der Besatzungszonen 1945 - 1949. Sozialpolitik zwischen Kriegsende und der Gründung zweier deutscher Staaten. Bandverantwortlicher: Udo Wengst, Baden-Baden 2001, S. 559 - 585

WISCHNATH, MICHAEL: Empfehlungen für die Bewertung und Erschließung von Kran-kenakten, o. O. / J.

WOLGART, HANS / THEODOR LUIG: Soziale Dienste für Körperbehinderte in Schule und Beruf, Bonn 1976

WOLLOSCHECK, TANJA: Das Schicksal der Beinamputierten des Ersten Weltkrieges in Deutschland, Inaugural-Dissertation zur Erlangung des Doktorgrades der Medizin der Johannes Gutenberg-Universität Mainz, Mainz 1999

Ergänzt wurden die Informationen, welche den Aktenbeständen des *Bundesarchivs* in Koblenz und des *Staatsarchivs der Freien und Hansestadt Hamburg* sowie der aufgeführten Literatur entnommen werden konnten, durch Angaben, die Herr Maximilian Skiba vom *Bund der Kriegsblinden Deutschlands e.V.* und seine Ehefrau anläßlich eines Gesprächs am 7. Juli 2004 mir gegenüber machten. Ich danke Herrn und Frau Skiba für ihre Bereitschaft, die vorliegende Arbeit durch Hinweise und die Vermittlung des Kontaktes zum *Versorgungsamt Hamburg* zu unterstützen. Mein Dank gilt auch Frau Barbara Koschlig und Frau Dr. Heidelies Wittig-Sorg vom *Staatsarchiv Hamburg*, die halfen, im *Staatsarchiv* vorhandene Unterlagen für die Bearbeitung des Themas zugänglich zu machen. Frau Dr. Hauschildt vom *Bundesarchiv* in Koblenz danke ich ebenfalls für ihre Unterstützung. Zusatzinformationen wurden darüber hinaus durch Materialien des *Versorgungsamtes Hamburg* gewonnen, deren Nutzung mir dessen Leiterin, Frau Inge Ott, ermöglichte. Herrn Dr. Torsten Rueting vom Fachbereich 11 der *Universität Hamburg* verdanke ich Hinweise zur *Jakob von Uexküll-Stiftung*. Als Nachfolger von Frau Prof. Dr. Ursula Weisser betreute Herr Prof. Dr. Heinz-Peter Schmiedebach vom *Institut für Geschichte und Ethik der Medizin des Universitätsklinikums Hamburg-Eppendorf* das Forschungsprojekt zur Geschichte deutscher Kriegsversehrter nach dem Ende des *Zweiten Weltkrieges* fachlich. Ich danke allen Genannten für ihre Hilfe.

Seite 184

10. DATENBANKSTRUKTUR: KRANKENUNTERLAGEN
DES *AK ST. GEORG*

65 Krankenakten Versehrter erbrachte die Durchsicht der Krankenunterlagen des *AK St. Georg* aus den Jahren 1945 bis 1955.

I. <u>Signatur</u>

AK St. Georg (352 - 8 / 2), Abl. 1993, Arbeitssignatur: 1 - 304

II. <u>Personaldaten</u>

- Name:
- Geschlecht:
- Geburtsjahrgang:
- Geburtsort:
- Familienstand:
- Anzahl der Kinder:
- Wohnort:
- Beruf
- vor der Verwundung:
- nach der Verwundung:
- Stellung im Beruf:

III. <u>Behandlungsdaten</u>

- Aufnahmezeitpunkt:
- Einweisungsdiagnose:
- Diagnose
- Kostenträger:

Weitere Behandlungsdaten:
- Alter zum Zeitpunkt der Verwundung:
- Art der Verwundung:
- Geschossart:
- MdE:
- Prothetische und andere Hilfsmittel:

IV. <u>Ergänzende Daten</u>

- Bemerkung:
- Beilage:

Seite 186